INTEGRADO

LÍNGUA PORTUGUESA · MATEMÁTICA
HISTÓRIA · GEOGRAFIA · CIÊNCIAS
ARTE · LÍNGUA INGLESA

CÉLIA PASSOS

Cursou Pedagogia na Faculdade de Ciências Humanas de Olinda, PE, com licenciaturas em Educação Especial e Orientação Educacional. Professora do Ensino Fundamental e Médio (Magistério), coordenadora escolar e autora de materiais didáticos.

ZENEIDE SILVA

Cursou Pedagogia na Universidade Católica de Pernambuco, com licenciatura em Supervisão Escolar. Pós-graduada em Literatura Infantil. Mestra em Formação de Educador pela Universidade Isla, Vila de Nova Gaia, Portugal. Formação em *coaching*. Professora do Ensino Fundamental, supervisora escolar e autora de materiais didáticos e paradidáticos.

4ª edição
São Paulo
2022

Coleção Eu Gosto Mais
Integrado 1º ano
© IBEP, 2022

Diretor superintendente	Jorge Yunes
Diretora editorial	Célia de Assis
Coordenadora editorial	VIviane Mendes
Editores	Mizue Jyo, Marília Pugliese Branco, Deborah Quintal, Adriane Gozzo, Soraia Willnauer
Assistentes editoriais	Isabella Mouzinho, Stephanie Paparella, Daniela Venerando, Patrícia Ruiz
Revisores	Denise Santos, Yara Afonso, Pamela P. Cabral da Silva, Marcio Medrado
Secretaria editorial e processos	Elza Mizue Hata Fujihara
Departamento de arte	Aline Benitez, Gisele Gonçalves
Assistentes de iconografia	Victoria Lopes, Irene Araújo, Ana Cristina Melchert
Ilustração	João Anselmo e Izomar, José Luís Juhas, Dawidson França, Mw Ed. Ilustrações, Lu Kobayashi, J. C. Silva/ M10, Anderson de Oliveira Santos, Fábio/Imaginário Studio, Eunice/Conexão, Imaginário Studio e Ulhôa Cintra
Produção Gráfica	Marcelo Ribeiro
Projeto gráfico e capa	Departamento de Arte - Ibep
Diagramação	Dilex Editoração, Dinâmica Produção Editorial, Formata Produções Editoriais, Nany Produções Gráficas, NPublic

Dados Internacionais de Catalogação na Publicação (CIP) de acordo com ISBD

P289e   Passos, Célia

Eu gosto m@is: Integrado / Célia Passos, Zeneide Silva. - 4. ed. - São Paulo : IBEP - Instituto Brasileiro de Edições Pedagógicas, 2022.
464 p. ; 20,5cm x 27,5cm. – (Eu gosto m@is ; v.1)

ISBN: 978-65-5696-250-4 (aluno)
ISBN: 978-65-5696-251-1 (professor)

1. Educação infantil. 2. Livro didático. I. Silva, Zeneide. II. Título. III. Série.

2022-3011   CDD 372.2
                                                                                                          CDU 372.4

Elaborado por Vagner Rodolfo da Silva - CRB-8/9410

Índice para catálogo sistemático:
1. Educação infantil : Livro didático 372.2
2. Educação infantil : Livro didático 372.4

4ª edição – São Paulo – 2022
Todos os direitos reservados

Rua Gomes de Carvalho, 1306, 11º andar, Vila Olímpia
São Paulo – SP – 04547-005 – Brasil – Tel.: (11) 2799-7799
www.grupoibep.com.br/ – editoras@ibep-nacional.com.br

Impressão - Gráfica Mercurio S.A. - Agosto 2024

APRESENTAÇÃO

Querido aluno, querida aluna,

Ao elaborar esta coleção, pensamos muito em vocês. Queremos que esta obra possa acompanhá-los em seu processo de aprendizagem pelo conteúdo atualizado e estimulante que apresenta e pelas propostas de atividades interessantes e bem ilustradas.

Nosso objetivo é que as lições e as atividades possam fazer vocês ampliarem seus conhecimentos e suas habilidades nessa fase de desenvolvimento da vida escolar.

Por meio do conhecimento, podemos contribuir para a construção de uma sociedade mais justa e fraterna: esse é também nosso objetivo ao elaborar esta coleção.

Um grande abraço,

As autoras

SUMÁRIO

	PÁGINA
LÍNGUA PORTUGUESA	5
MATEMÁTICA	127
HISTÓRIA	261
GEOGRAFIA	311
CIÊNCIAS	353
ARTE	411
LÍNGUA INGLESA	449
ALMANAQUE	479
ADESIVOS	497

LÍNGUA PORTUGUESA

1º ANO
ENSINO FUNDAMENTAL

SUMÁRIO

Lição 1 – As letras **8**
- Alfabeto 9
- Letras maiúsculas e minúsculas 11
- Vogais e consoantes 13
- Letra A 14
- Letra E 14
- Letra I 15
- Letra O 15
- Letra U 16

Lição 2 – A baleia **17**
- Letra B 18

Lição 3 – Coco de vintém **22**
- Letra C 23
- ce/ci 26
- ça/ço/çu 28

Lição 4 – O dado doado **30**
- Letra D 31

Lição 5 – Era uma vez uma fada **34**
- Letra F 36

Lição 6 – É gato ou não é? **38**
- Letra G 40
- ge/gi 42
- gue/gui 43
- gua/guo 44

Lição 7 – Ora, hora! **45**
- Letra H 46
- NH 49
- LH 50
- CH 50

Lição 8 – Qual é o animal? **52**
- Letra J 54

Lição 9 – Tá pronto, seu Lobo? **56**
- Letra L 58
- L em final de sílaba 60
- Consoante seguida de L 61

Lição 10 – O macaco foi à feira **62**
- Letra M 63
- M em final de sílaba 65

Lição 11 – De Noemi para Luana **67**
- Letra N 69
- N em final de sílaba 71

Lição 12 – De Paula para os pais **73**
- Letra P 75

Lição 13 – A quituteira do quilombo **77**
- Letra Q 79
- que/qui 79
- qua/quo 80

Lição 14 – O rato Romeu **81**
- Letra R 83
- R entre vogais 87
- RR 88
- R em final de sílaba 89
- Consoante seguida de R 90

Lição 15 – O sapo e o saco **91**
- Letra S 92
- S entre vogais 94
- SS 95
- S em final de sílaba 96

Lição 16 – O telefone e o fio **97**
- Letra T 99

Lição 17 – A vaca e o leite **102**
- Letra V 104

Lição 18 – O gatinho Xexéu **106**
- Letra X 108
- Sons do X 111

Lição 19 – Por que as zebras são listradas? **112**
- Letra Z 116
- Z em final de sílaba 119

Lição 20 – Guaynê do povo mawé **120**
- Letras K, W e Y 122

Ampliando o vocabulário **124**

AS LETRAS

VAMOS COMEÇAR!

 Escute a leitura que o professor vai fazer.

ABC DA PASSARADA

ANDORINHA
BEM-TE-VI
COLEIRINHA
DORMINHOCO
EMA
FALCÃO
GRAÚNA
HARPIA
INHAMBU
JACUTINGA
LINDO-AZUL
MAINÁ
NOIVINHA
OITIBÓ
PINTASSILGO
QUIRIRI
ROLINHA
SABIÁ
TICO-TICO
UIRAPURU
VIUVINHA
XEXÉU
ZABELÊ

LALAU E LAURABEATRIZ. *ZUM-ZUM-ZUM E OUTRAS POESIAS*. SÃO PAULO: COMPANHIA DAS LETRINHAS, 2007. P. 50-51.

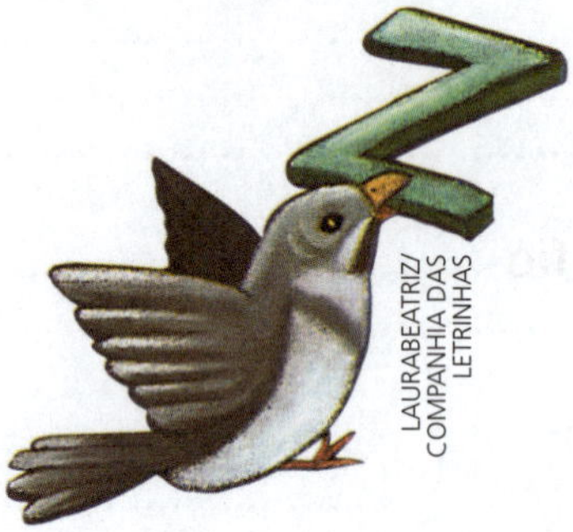

As palavras destacadas em azul também estão na seção **Ampliando o vocabulário**, nas páginas 124 a 126.

O texto que o professor leu é um **poema**. Cada linha de um poema chama-se **verso**.

1. Marque um **X** na informação correta.

a) O título do poema é:

☐ ZUM-ZUM-ZUM E OUTRAS POESIAS. ☐ ABC DA PASSARADA.

b) Em cada verso do poema há um nome de: ☐ AVE. ☐ PESSOA.

2. Copie um verso do poema.

_____

3. Com que letra começa o verso que você copiou na atividade 2? ☐

4. Circule a primeira letra de cada palavra do poema.

Marque um **X** na resposta e complete a frase. Algum verso do poema começa com a mesma letra do seu nome?

☐ SIM. O VERSO _____, QUE

COMEÇA COM A LETRA _____.

☐ NÃO. MEU NOME COMEÇA COM A LETRA _____.

ESTUDO DA LÍNGUA

ALFABETO

Para escrever as palavras que falamos, usamos as 26 **letras** do **alfabeto**.

As letras representam os **sons** da fala. Quando aprendemos a juntar as letras corretamente, conseguimos formar palavras. Para isso, precisamos conhecer os sons que as letras têm.

1. Fale o nome de cada letra em voz alta, com o professor e os colegas.

A B C D E F G H I J K L
M N O P Q R S T U V W
X Y Z

2. Cada letra tem um som. Preste atenção ao som que o professor vai falar. Depois, repita com ele.

3. Pinte as letras do seu nome no alfabeto. Depois, fale para o professor o nome e som das letras que você pintou.

4. Recorte as letras móveis das páginas 481 a 485, seguindo as orientações do professor.

a) Forme seu nome com as letras móveis e mostre para o professor.

b) Copie seu nome no espaço abaixo.

c) Quantas letras tem seu nome?

d) Em seu nome há alguma letra que se repete? Qual?

e) Você conhece outro nome que começa com a mesma letra do seu?

5. Participe de uma brincadeira.

Escreva seu nome no quadro.

- O professor vai falar uma letra de cada vez. Se essa letra aparecer em seu nome, circule-a com lápis de cor.
- Quando você circular todas as letras, fale seu nome em voz alta para os colegas.

LAURA

FREEPIK

10

LETRAS MAIÚSCULAS E MINÚSCULAS

As letras podem ser maiúsculas ou minúsculas, de imprensa ou cursivas.

1. Observe e leia as letras do alfabeto.

A a	B b	C c	D d
E e	F f	G g	H h
I i	J j	K k	L l
M m	N n	O o	P p
Q q	R r	S s	T t
U u	V v	W w	X x
Y y	Z z		

2. Copie o alfabeto minúsculo.

a b c d e f

g h i j k

l m n o p

q r s t u

v w x y z

3. Copie o alfabeto maiúsculo.

A B C D E F

G H I J K

L M N O P

Q R S T U

V W X Y Z

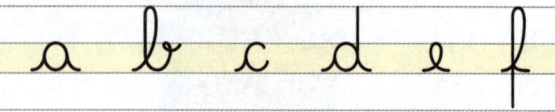

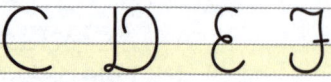

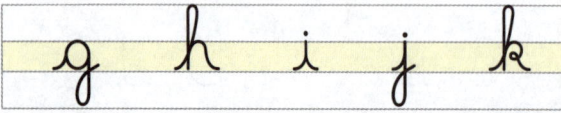

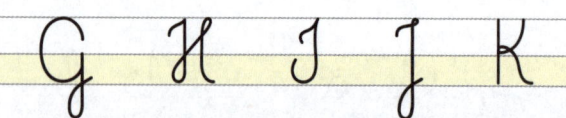

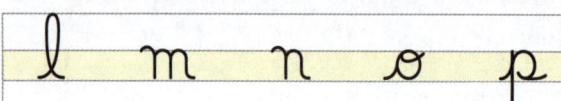

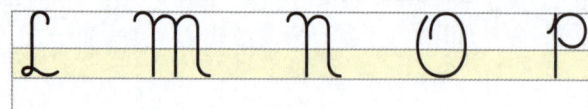

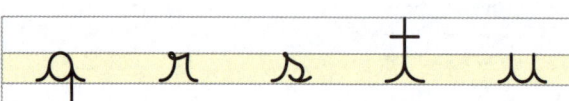

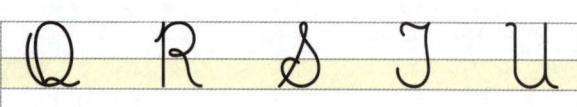

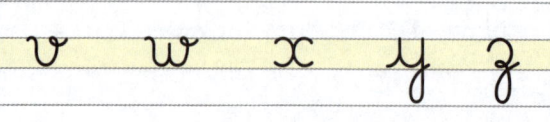

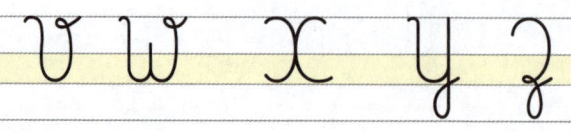

VOGAIS E CONSOANTES

As letras **A, E, I, O, U** são as que mais aparecem nas palavras. Elas são chamadas de **vogais**. As outras letras são as **consoantes**.

1. No quadro abaixo, circule as vogais.

2. Organize os crachás com os colegas.

a) Em uma mesa, coloquem os crachás iniciados por vogal.

b) Em outra mesa, coloquem os crachás iniciados por consoante.

3. Copie dos crachás:

a) UM NOME INICIADO POR VOGAL:

b) UM NOME INICIADO POR CONSOANTE:

LETRA A

4. Complete as palavras com 𝒶 ou 𝒶. Use a letra 𝒶 maiúscula no nome das pessoas.

5. Qual é o nome de cada figura? Fale em voz alta. Circule as figuras que têm o som da letra **A** no nome.

LETRA E

6. Complete as palavras com ℰ ou ℯ. Use a letra ℰ maiúscula no nome das pessoas.

7. Qual é o nome de cada figura? Fale em voz alta. Circule as figuras que têm o som da letra **E** no nome.

LETRA I

8. Complete as palavras com I ou i. Use a letra I maiúscula no nome das pessoas.

9. Qual é o nome de cada figura? Fale em voz alta. Circule as figuras que têm o som da letra **I** no nome.

LETRA O

10. Complete as palavras com O ou o. Use a letra O maiúscula no nome das pessoas.

11. Qual é o nome de cada figura? Fale em voz alta. Circule as figuras que têm o som da letra **O** no nome.

LETRA U

12. Complete as palavras com 𝒰 ou 𝓊. Use a letra 𝒰 maiúscula no nome das pessoas.

___rso

___rsula

___lisses

___r___b___

13. Qual é o nome de cada figura? Fale em voz alta. Circule as figuras que têm o som da letra **U** no nome.

14. Você e os colegas vão produzir uma lista com nomes de pessoas. O professor vai organizar grupos e distribuir as letras. Ditem para o professor os nomes de pessoas iniciados pelas letras que seu grupo recebeu. Copie da lista um nome que:

a) COMEÇA COM A MESMA LETRA DO SEU NOME.

b) TERMINA COM A MESMA LETRA DO SEU NOME.

c) TEM A MESMA QUANTIDADE DE LETRAS QUE SEU NOME.

2 A BALEIA

VAMOS COMEÇAR!

A cantiga que você vai ouvir fala de um animal bem grande que vive no mar. Que animal será esse?

Escute o professor cantar. Depois, cante com os colegas.

> **A BALEIA**
>
> A BALEIA, A BALEIA
> É AMIGA DA SEREIA
> OLHA O QUE ELA FAZ
> OLHA O QUE ELA FAZ
> TIBUM, CHUÁ
> TIBUM, CHUÁ
>
> DOMÍNIO PÚBLICO.

ESTUDO DO TEXTO

1. Pinte o título da cantiga.

   A BALEIA   A SEREIA

2. Circule a palavra **BALEIA** no texto da cantiga.

3. Onde a baleia vive? Marque um **X** na resposta.

   ☐ NO RIO   ☐ NO MAR

4. De acordo com a cantiga, que barulho a baleia faz ao cair na água? Sublinhe.

   TIBUM, CHUÁ   TIQUE-TAQUE   ZUM-ZUM

 5. Converse com os colegas.
   a) De quem a baleia é amiga?
   b) O que as palavras **baleia** e **sereia** têm de parecido?

17

ESTUDO DA LÍNGUA

LETRA B

BA BE BI BO BU ba be bi bo bu

Ba Be Bi Bo Bu ba be bi bo bu

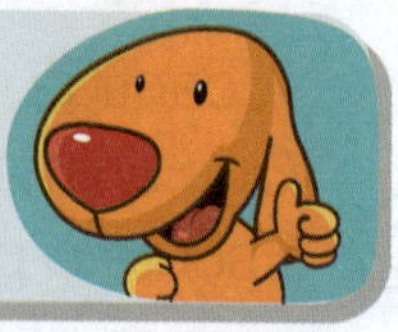

1. Forme o nome da figura com as letras móveis. Depois copie a palavra que você formou.

ILUSTRAÇÕES: FREEPIK

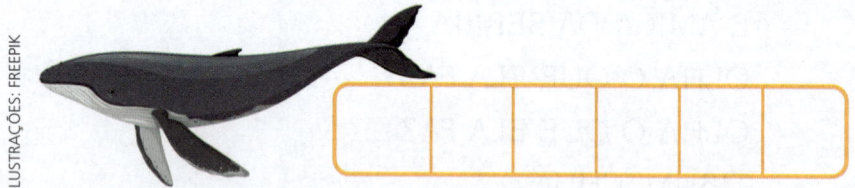

a) Use 4 letras da palavra que você formou para escrever o nome da figura abaixo.

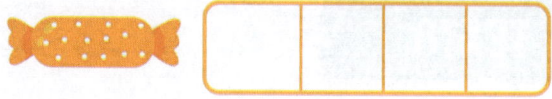

b) Troque a segunda letra por **O** e forme outra palavra.

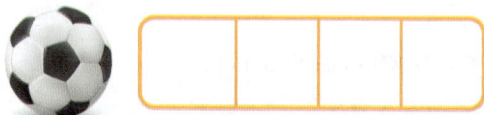

c) Agora troque a última letra por **O** e forme outra palavra.

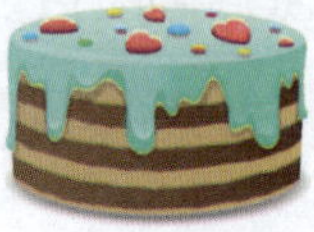

d) O que você percebeu ao trocar uma letra da palavra?

2. Mude a letra em destaque na palavra abaixo pela vogal indicada no quadrinho e forme novas palavras.

BRYAN SOLOMON/ SHUTTERSTOCK

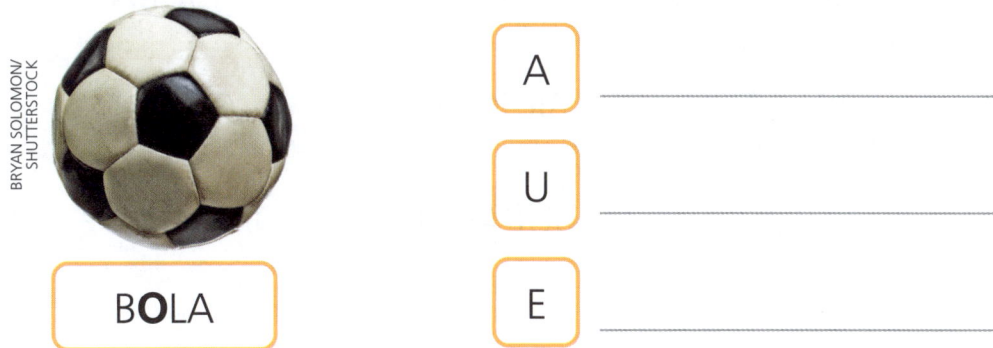

B**O**LA

A ______________________

U ______________________

E ______________________

3. Leia as palavras abaixo.

BA	LA
BU	LA

BE	LA
BE	CO

BO	LA
BI	CO

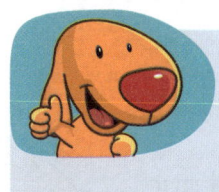

Cada parte de uma palavra chama-se **sílaba**. A sílaba pode ter consoante e vogal ou ser formada apenas por vogal.
Exemplo: BA-LEI-A.

4. Organize as palavras da atividade 3 nos quadros, de acordo com a sílaba inicial.

BA	
BE	
BI	
BO	
BU	

5. Pinte as sílabas que se repetem nas palavras em cada quadro.

| BALANÇO | ABACAXI | JUBA |

| BILHETE | BICICLETA | CABIDE |

| BULE | BURACO | JABUTI |

6. Leia as palavras.

BAÚ	BIA	BIBI	BEBO
BOBO	BOA	OBA	BABÁ
BEBEU	BABA	BEBIA	BOI

7. Ouça a leitura de cada palavra. Marque um **X** na palavra que identifica cada imagem e depois copie-a.

☐ BAÚ
☐ BONECA

_____

☐ BEBÊ
☐ BABÁ

_____

☐ BOA
☐ BOI

_____

> O sinal que aparece na letra **u** da palavra **baú** chama-se **acento agudo**. Esse sinal pode ser utilizado em todas as vogais. As vogais **e** e **o**, quando levam acento agudo, têm som aberto.
>
> O sinal que aparece na letra **e** da palavra **bebê** chama-se **acento circunflexo**. Esse sinal pode ser utilizado nas vogais **a**, **e** e **o**, deixando-as com um som fechado.

8. Junte as sílabas e forme palavras.

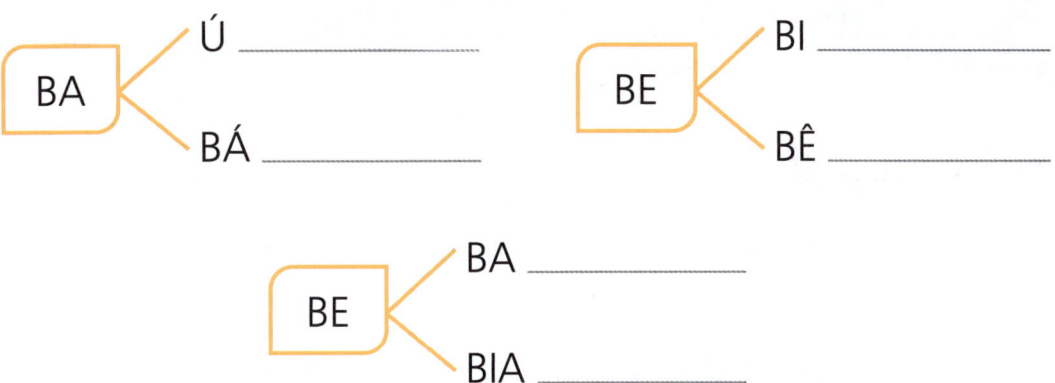

9. Leia e ligue as palavras em letra de imprensa maiúscula às mesmas palavras escritas em letra cursiva minúscula.

10. Complete o nome de cada figura.

COCO DE VINTÉM

VAMOS COMEÇAR!

 Escute a cantiga que o professor vai ensinar. Depois, cante também.

COCO DE VINTÉM

NA BAHIA TEM,
TEM, TEM, TEM.
NA BAHIA TEM, Ô BAIANA,
COCO DE VINTÉM.

DOMÍNIO PÚBLICO.

 **ESTUDO DO TEXTO**

1. Copie da letra da cantiga uma palavra em que o som das sílabas se repetem.

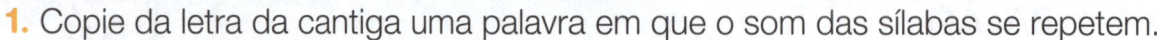

 As palavras rimam quando terminam com sons iguais ou parecidos.

2. Escute o que o professor vai ler e marque a informação verdadeira. Na cantiga acima, as palavras que rimam são:

☐ BAHIA E BAIANA. ☐ TEM E VINTÉM.

3. Quais sons são formados quando juntamos a letra **c** com **a**, **o** e **u**? E se juntarmos a letra **c** com **e** e **i**?

22

ESTUDO DA LÍNGUA

LETRA C

CA CO CU ca co cu

Ca Co Cu ca co cu

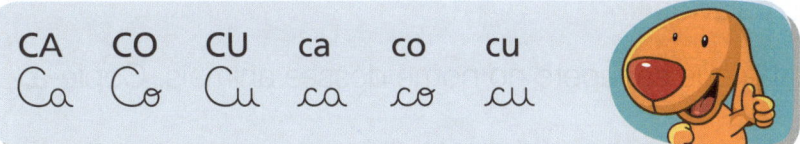

1. O professor vai ler o nome de dois animais.

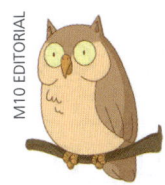

M10 EDITORIAL

CORUJA

OLILLIA/SHUTTERSTOCK

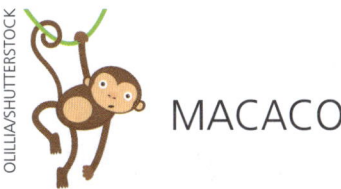

MACACO

a) Pinte a sílaba que aparece no nome dos dois animais.

b) Escreva cada parte das palavras, separando-as em sílabas.

2. Ouça a leitura do nome das ilustrações e escreva:

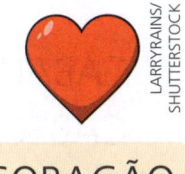

LARRYRAINS/ SHUTTERSTOCK

CORAÇÃO

FREEPIK

COELHO

BLUERINGMEDIA/ SHUTTERSTOCK

BONECO

NEXTMARS/ SHUTTERSTOCK

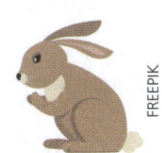

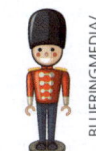

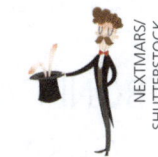

MÁGICO

a) PALAVRAS QUE COMEÇAM COM **CO**.

____

b) PALAVRAS QUE TERMINAM COM **CO**.

____

3. Diga outra palavra que tenha a sílaba CO. Copie aqui uma das palavras que o professor escreveu no quadro.

____

4. O professor vai ler o nome de outros animais.

| VACA | CAVALO | JACARÉ |

a) Repita o nome de cada animal em voz alta, batendo uma palma para cada sílaba dessas palavras.

b) Pinte a sílaba que se repete no nome desses animais. Copie-a. ☐

5. Observe as palavras separadas em sílabas.

BO	CA			
MA	CA			
CA	BI	DE		

TO	CA
CA	JU
CA	MA

CA	ME	LO		
SO	NE	CA		
BI	BLI	O	TE	CA

- Pinte as palavras de acordo com a legenda.

DE 🖍 AS PALAVRAS QUE COMEÇAM COM **CA**.

DE 🖍 AS PALAVRAS QUE TERMINAM COM **CA**.

6. Escute a leitura das palavras do quadro. Depois, complete a tabela.

| BONECA | CADELA | PETECA | CABANA |
| CASA | SAPECA | CUECA | CABEÇA |

COMEÇAM COM O MESMO SOM	TERMINAM COM O MESMO SOM

24

7. Com a ajuda do professor, leia as palavras em voz alta. Circule a palavra que começa e termina com a mesma sílaba.

CANECA   CANETA

8. Leia as palavras.

CUECA	CABO	CUBO	ECO
COLA	CUIA	CUCA	ACABOU
CAIU	BOCA	BICA	CACO

9. Leia estas palavras com o professor e os colegas.

coqueiro   cocada   coquinho

Copie o nome:

a) DO DOCE FEITO DE COCO:

_____

b) DO COCO PEQUENO:

_____

c) DA PLANTA QUE DÁ COCO:

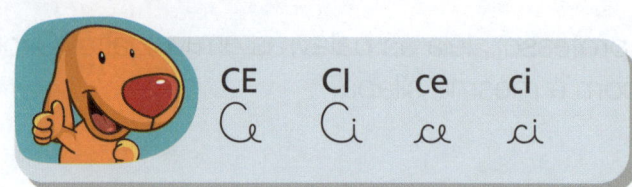

1. Escute o que o professor vai ler. Preste atenção ao som da letra **C** nestas palavras.

CEBOLA

CENOURA

CIGARRA

CINEMA

Quando a letra **c** vem seguida das letras **e** ou **i**, ela tem um som diferente de quando é seguida de **a**, **o** e **u**.

2. O professor vai ler o título de cada livro.

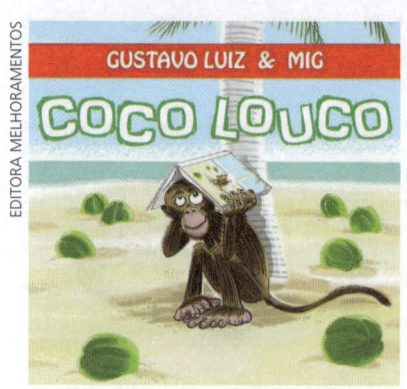

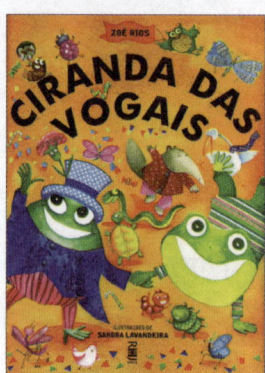

a) Circule, no título de cada livro, as palavras escritas com a letra **c**.

b) Copie a palavra de um dos títulos em que a letra **c** tem o mesmo som inicial de **cinema**.

_____

3. Leia a tirinha com a ajuda do professor.

Mauricio de Sousa. *As tiras clássicas da turma da mônica*. v. 7. Barueri: Panini, 2011.

- Por que o personagem Cascão foi para a rodoviária? Conte aos colegas o que você entendeu da tirinha.

4. Copie da tirinha uma palavra escrita com a letra **C**.

_____

5. Ligue e forme palavras. Veja o modelo.

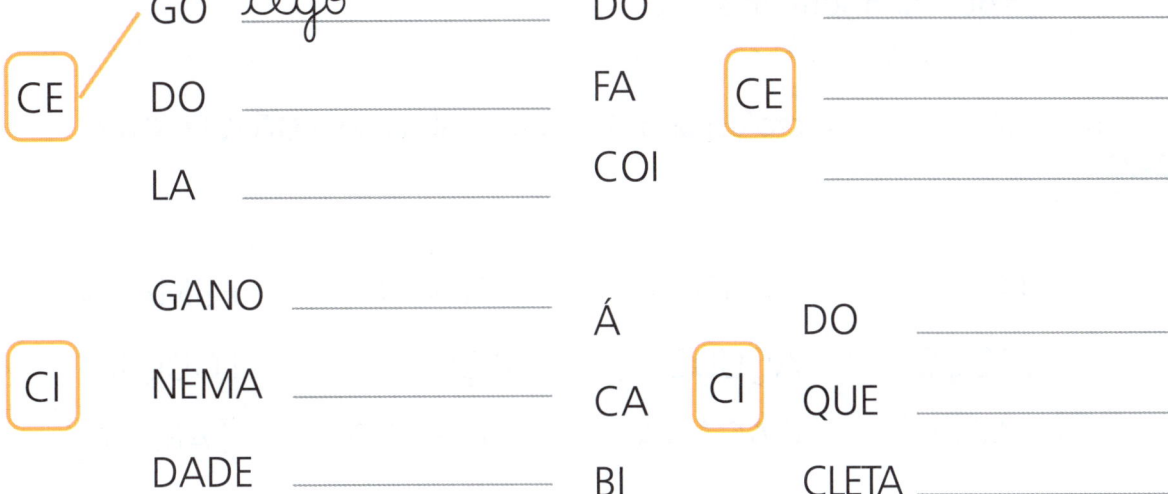

6. Desembaralhe as sílabas e forme palavras.

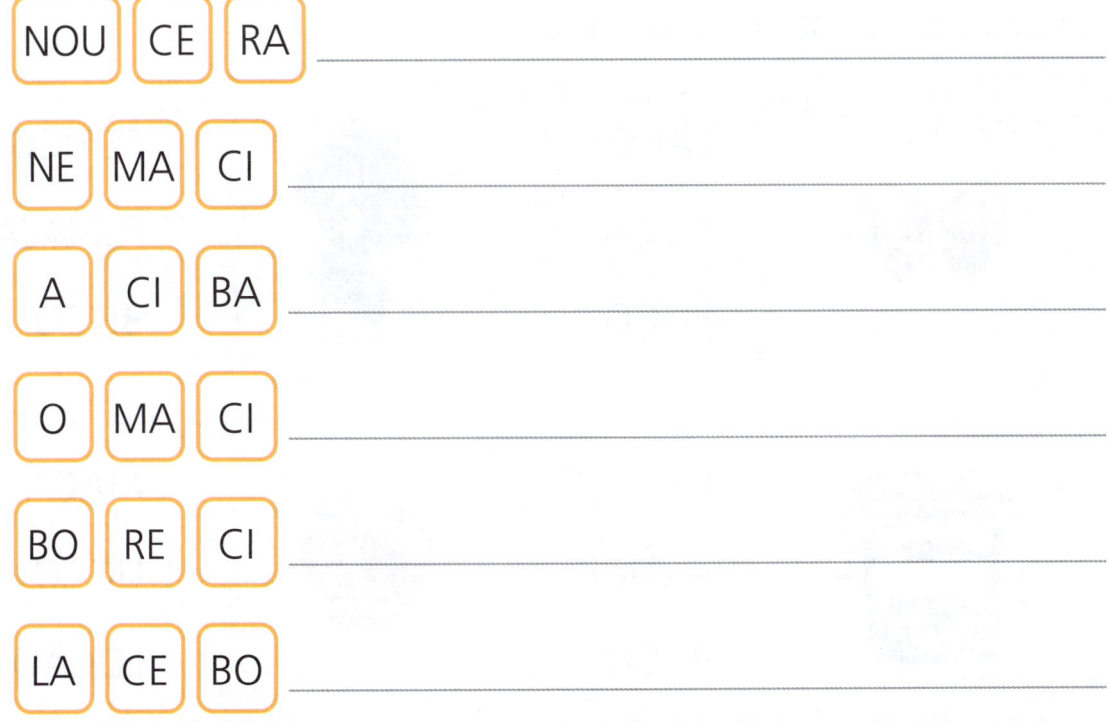

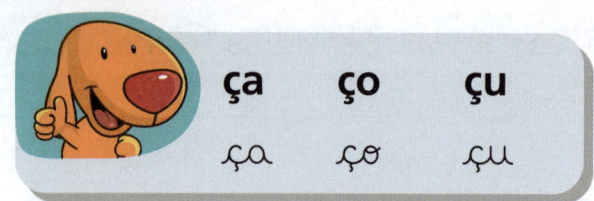

A cedilha é um sinal usado na letra **c** para que ela fique com som de **s**.

1. Leia as palavras com o professor e circule as sílabas com **ÇA**, **ÇO**, **ÇU** e **ÇÃO**.

TAÇA	CABEÇA	PEDAÇO	FUMAÇA
MOÇO	AÇUDE	AÇO	LOUÇA
LAÇO	CAÇADA	BAGAÇO	CARROÇA
POÇO	CAROÇO	CAÇULA	FORÇA
PALHAÇO	CORAÇÃO	DOAÇÃO	AÇÚCAR

2. Marque com um **X** o nome da figura.

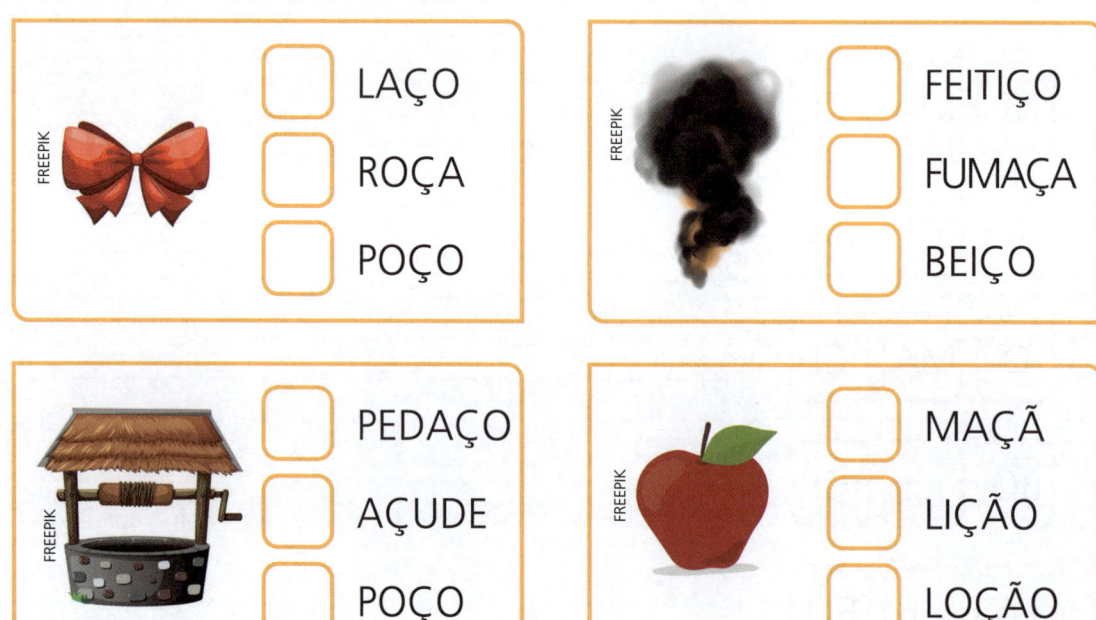

- LAÇO
- ROÇA
- POÇO

- FEITIÇO
- FUMAÇA
- BEIÇO

- PEDAÇO
- AÇUDE
- POÇO

- MAÇÃ
- LIÇÃO
- LOÇÃO

3. Separe as sílabas das palavras. Depois, escreva ao lado o número de sílabas.

CAROÇO _____ ☐

LAÇO _____ ☐

MOÇA _____ ☐

PEDAÇO _____ ☐

CABEÇA _____ ☐

ALVOROÇO _____ ☐

4. Procure no diagrama palavras com **Ç**. Depois, escreva o nome das figuras.

M	O	Ç	A	O	O	T	S	A
L	J	F	H	N	G	Z	A	U
F	H	M	A	Ç	Ã	P	G	S
M	R	Q	B	A	O	Z	M	T
R	G	C	O	R	A	Ç	Ã	O

_____   _____   _____

O sinal que aparece na letra **a** das palavras **maçã** e **coração** chama-se **til**. Esse sinal é usado nas vogais **a** e **o**, deixando-as com um som nasal.

_____

LIÇÃO 4

O DADO DOADO

VAMOS COMEÇAR!

Você sabe o que significa a palavra **doar**?

O professor vai ler um poema sobre um dado que foi doado.

Observe a ilustração. O que há de estranho nesse dado?

DADO

DADO
DOADO A
DORIVAL FOI
DEVOLVIDO
DEVIDO A
DAR O
DOIS
DUAS VEZES.

NANI. *ABECEDÁRIO HILÁRIO*. BELO HORIZONTE: ABACATTE, 2009. P. 11.

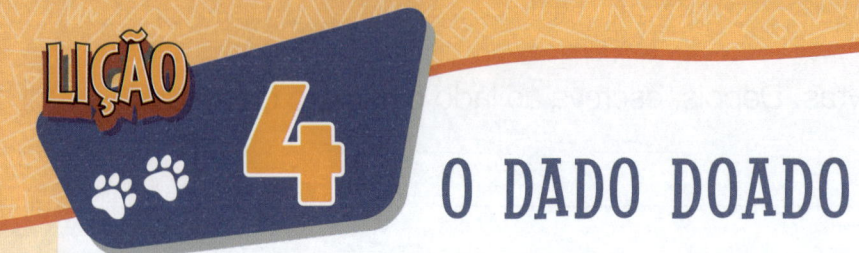

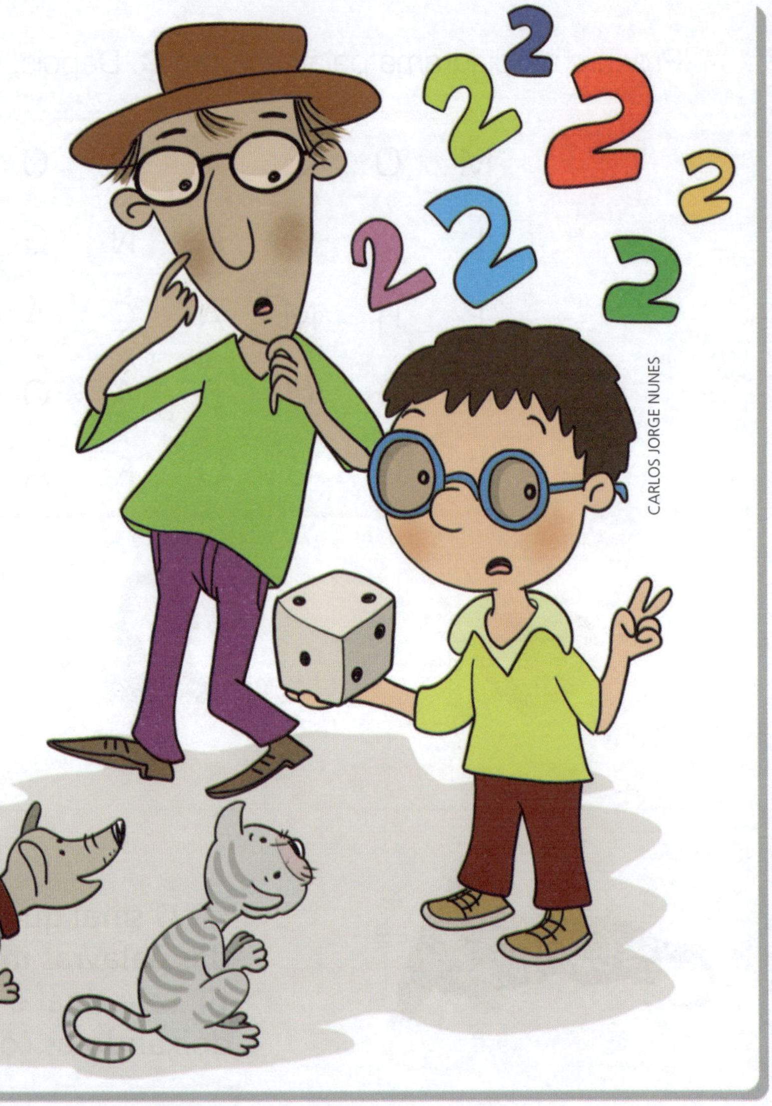

CARLOS JORGE NUNES

ESTUDO DO TEXTO

1. Copie do poema.

a) NOME DO OBJETO DOADO: _____

b) NOME DE QUEM GANHOU O OBJETO: _____

2. Desenhe a quantidade de pontos que podem aparecer nos lados de um dado.

GOMOLACH/SHUTTERSTOCK

3. Marque um **X** na resposta correta.

a) O dado foi devolvido. Isso significa que ele:

☐ NÃO FOI ACEITO.   ☐ FOI DOADO.

b) Por que o dado foi devolvido?

☐ PORQUE NÃO TINHA O DOIS.

☐ PORQUE TINHA O DOIS DUAS VEZES.

4. No livro *Abecedário hilário* há um poema para cada letra do alfabeto.

a) Para que letra do alfabeto o poema "Dado" foi escrito? PARA A LETRA ☐.

b) Conte aos colegas o que você observou no poema para responder ao item **a**.

ESTUDO DA LÍNGUA

LETRA D

| DA | DE | DI | DO | DU | da | de | di | do | du |

LÍNGUA PORTUGUESA

1. Pinte as letras que tornam uma palavra diferente da outra. Depois, copie as palavras.

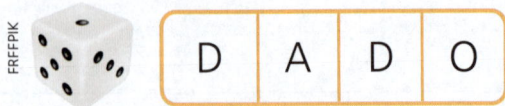

_____

_____

Que sílaba é igual no nome dessas figuras? Escreva-a no quadrinho.

2. Observe as figuras e leia o nome delas.

REDE · BODE

BALDE

a) Que sílaba aparece nas três palavras?

Circule-as e escreva no quadrinho.

b) Essa sílaba aparece no início, no meio ou no final das palavras? Pinte a resposta.

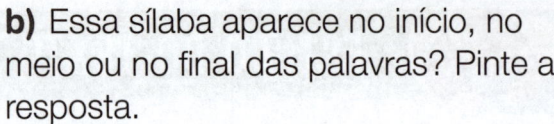

NO INÍCIO

NO MEIO

NO FINAL

3. Use as sílabas da palavra **DADO** para completar o nome das figuras. Depois, copie.

CANU____   CADEA____

_____   _____

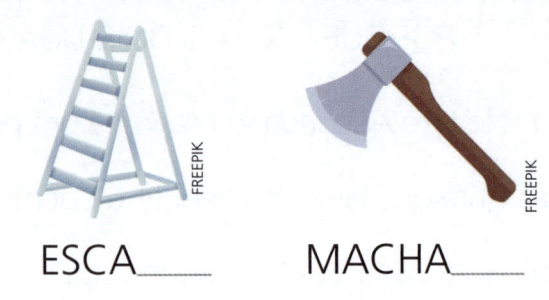

ESCA____   MACHA____

_____   _____

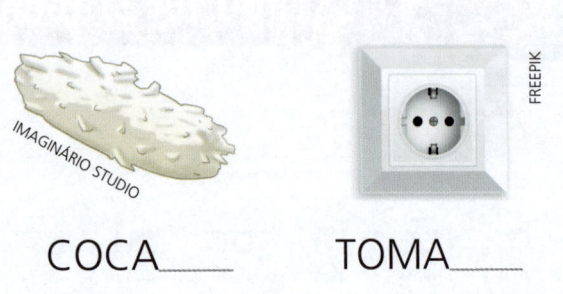

COCA____   TOMA____

_____   _____

a) Você escreveu as sílabas **DA** e **DO**:

☐ NO INÍCIO DAS PALAVRAS.

☐ NO MEIO DAS PALAVRAS.

☐ NO FINAL DAS PALAVRAS.

b) As sílabas **DA** e **DO** também podem ser escritas no início e no meio da palavra. Fale outros exemplos para o professor escrever no quadro.

4. Encontre o nome das figuras no diagrama.

DEDO   CUECA   CADEADO

BOCA   CUBO   CABO

E	C	U	E	C	A	I	C
C	Q	T	C	N	W	L	U
A	B	D	E	D	O	R	B
B	F	Z	S	A	O	A	O
O	M	B	O	C	A	G	N
B	P	X	H	V	J	U	A
C	A	D	E	A	D	O	K

• Separe oralmente as palavras em sílabas. Circule a figura que tem mais sílabas no nome.

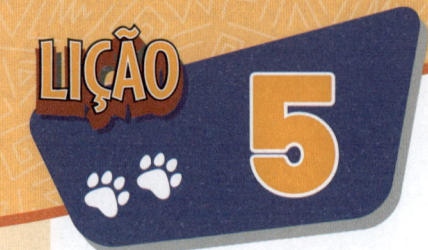

LIÇÃO 5

ERA UMA VEZ UMA FADA

VAMOS COMEÇAR!

Acompanhe a leitura do texto. Depois, desenhe na cena a personagem que falta.

ERA UMA VEZ

ERA UMA VEZ...
UMA FADA
QUE VIVIA NA COZINHA.
PEGAVA FARINHA,
OVO, FERMENTO,
UMA COLHER DE VENTO,
UM POUCO DE AÇÚCAR,
TRÊS BATIDAS NA PORTA
E... SCATAPLAM
SURGIA UMA TORTA.
[...]

JOSÉ DE NICOLA. *ALFABETÁRIO*. 3. ED. SÃO PAULO: MODERNA, 2017. P. 12. (COLEÇÃO GIRASSOL).

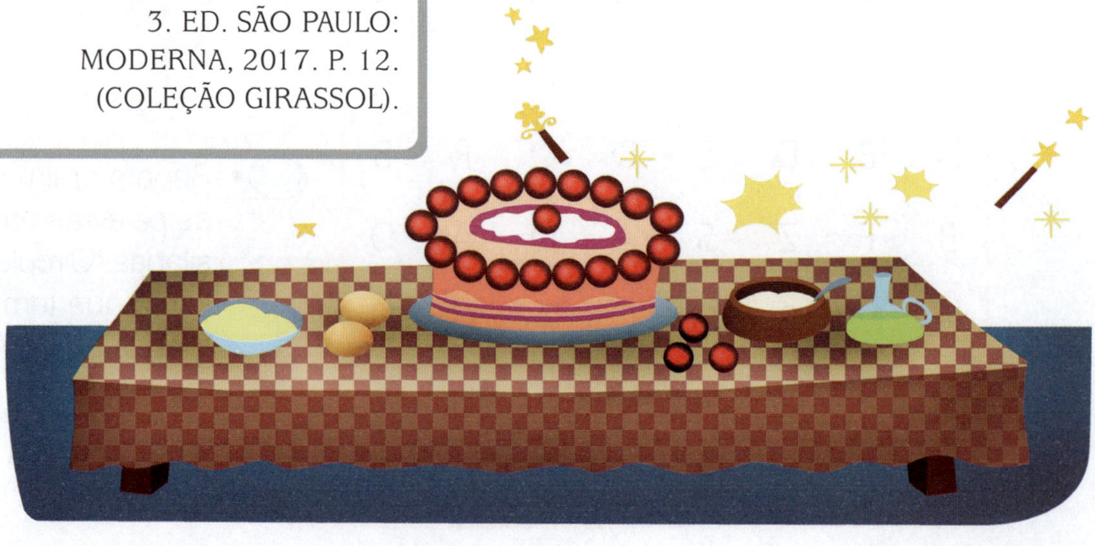

MS ILUSTRAÇÕES

ESTUDO DO TEXTO

1. Marque um **X** na resposta correta.

a) O texto "Era uma vez":

☐ É UMA CANTIGA.   ☐ É UM POEMA.

b) Uma colher de vento e três batidas na porta são ingredientes:

☐ INVENTADOS PELA FADA.

☐ UTILIZADOS EM MUITAS RECEITAS.

2. Que palavra mágica foi usada para fazer surgir uma torta? Pinte o verso em que essa palavra está escrita.

> TRÊS BATIDAS NA PORTA

> E... SCATAPLAM

> SURGIA UMA TORTA.

3. Leia com o professor. Depois, ligue as palavras do poema que terminam com o mesmo som.

FARINHA   TORTA

FERMENTO   COZINHA

PORTA   VENTO

ESTUDO DA LÍNGUA

LETRA F

| FA | FE | FI | FO | FU | fa | fe | fi | fo | fu |
| Fa | Fe | Fi | Fo | Fu | fa | fe | fi | fo | fu |

1. Forme o nome da figura abaixo com as letras móveis.

VANESSA ALEXANDRE

a) Marque um **X** no quadrinho onde está escrito o nome da figura.

☐ FACA

☐ FADA

☐ FALA

b) Separe as sílabas do nome da figura.

2. Circule as palavras do poema que começam com a mesma letra de FADA.

FARINHA   OVO   FERMENTO

AÇÚCAR   TORTA

3. Brinque de formar palavras.

PALAVRA INICIAL	TROCA DE LETRAS	NOVA PALAVRA
VACA	V → F	
BOCA	B → F	
MALA	M → F	
VILA	V → F	

36

4. Leia.

FIGO	FEIO	GARFO	FOTO
FOCA	FUBÁ	FACA	BIFE

- Agora, circule as sílabas que tenham a letra F nas palavras do quadro acima.

5. Junte a letra F aos encontros de vogais e forme palavras. Leia-as com a ajuda do professor.

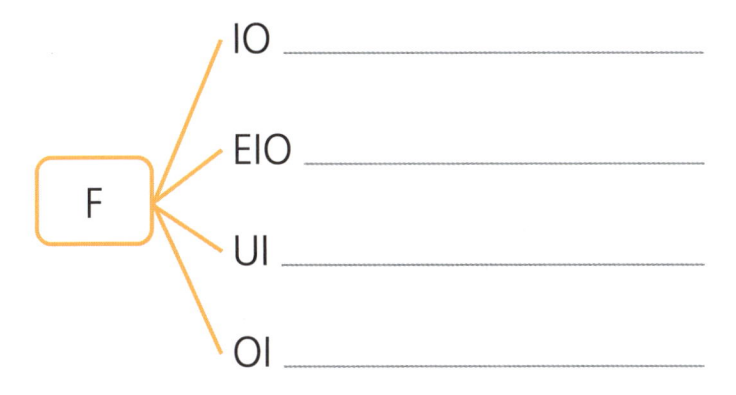

F
- IO _____
- EIO _____
- UI _____
- OI _____

6. Escreva o nome das figuras.

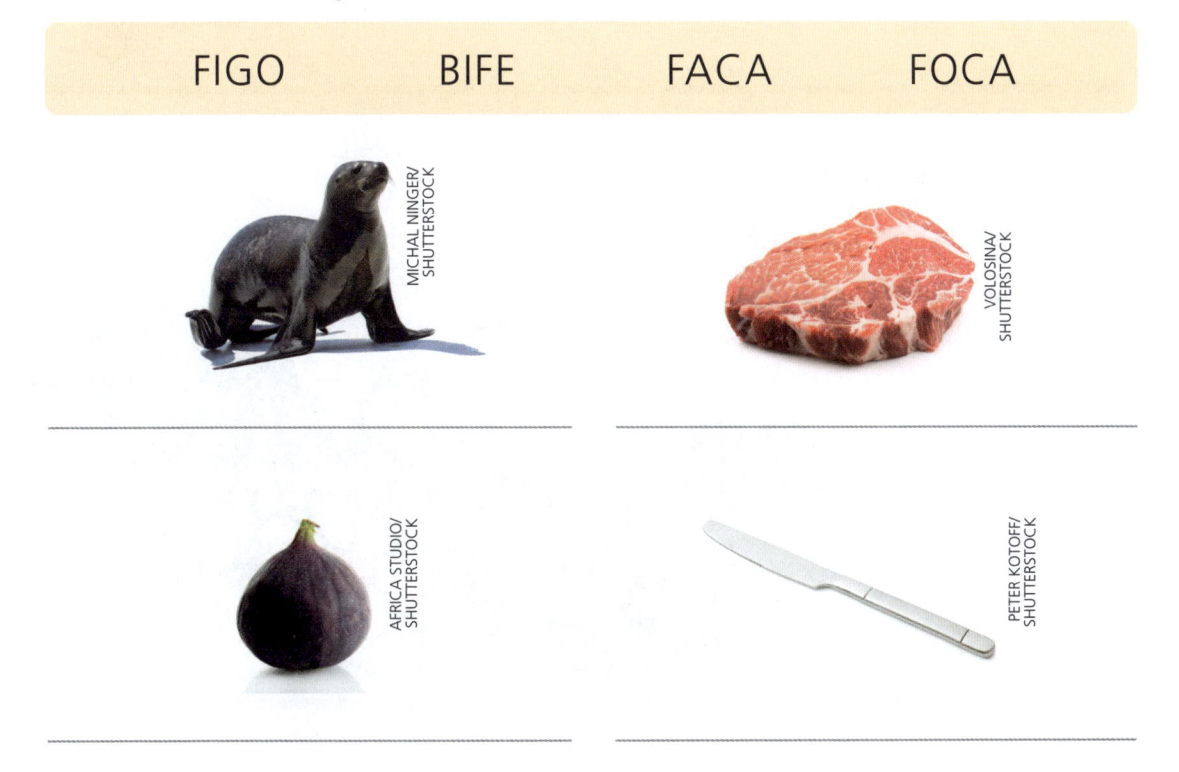

FIGO	BIFE	FACA	FOCA

LIÇÃO 6
É GATO OU NÃO É?

VAMOS COMEÇAR!

Você é bom em descobrir respostas de adivinhas?
Ouça as adivinhas que o professor vai ler.

1. O QUE É, O QUE É?
TEM CARA DE GATO
PÉS DE GATO
UNHAS DE GATO
RABO DE GATO
CORPO DE GATO
E NÃO É GATO.

    DOMÍNIO PÚBLICO.

2. O QUE É, O QUE É?
O GAFANHOTO TEM NO INÍCIO
E A PULGA TEM NO FIM

    DOMÍNIO PÚBLICO.

ESTUDO DO TEXTO

1. A adivinha é um texto que pede uma resposta. Escreva as respostas das adivinhas que você ouviu.

1 _____   2 _____

2. Escute a leitura do professor e marque um **X** na resposta correta.

As adivinhas que você ouviu começam com:

☐ ERA UMA VEZ.

☐ A PALAVRA **GATO**.

☐ O QUE É, O QUE É?

3. Circule as palavras que oferecem pistas para descobrir a resposta da adivinha 1.

RABO DE GATO	CABEÇA	UNHAS DE GATO
PÉS DE GATO	CORPO DE GATO	BIGODE
DENTES	BARRIGA	CARA DE GATO

4. Pinte as sílabas iguais das palavras.

| GA | FA | NHO | TO |

| PUL | GA |

39

ESTUDO DA LÍNGUA

LETRA G

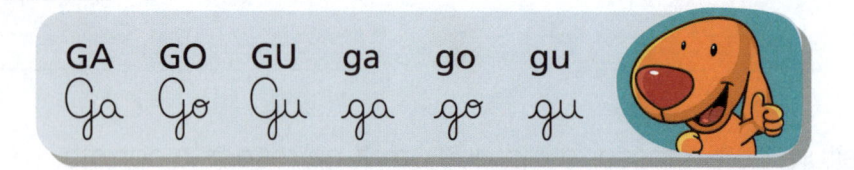

GA GO GU ga go gu
Ga Go Gu ga go gu

1. Com as letras móveis, forme o nome da figura.

a) Copie o nome que você formou.

b) Fale o nome da figura em voz alta, separando a palavra em sílabas.

c) Escreva as sílabas que você pronunciou.

2. Leia as palavras.

GAGO	GOIABA	GOTA	ALUGA
GOLE	BIGODE	FIGO	GADO
GUGA	LIGA	GAIOLA	GUDE
FUGA	DIGO	GOLA	DIEGO

3. Circule, nas palavras abaixo, a sílaba igual à que está destacada.

GA	DIGO GAGO GOIABADA GALO
GO	GOLA GAGO AFOGADO GAGA
GU	GUDE FÍGADO AGULHA BIGODE

4. Copie as palavras nas colunas certas.

FOGO   AFOGADO   GOIABADA   GADO
AGUDO   FÍGADO   GOIABA   ALUGADO

2 SÍLABAS	3 SÍLABAS	4 SÍLABAS

5. Troque as consoantes destacadas.

G O L A → **B** → ___ O L A

G O M A → **C** → ___ O M A

G U L A → **M** → ___ U L A

G A T A → **L** → ___ A T A

G A T O → **P** → ___ A T O

GE GI ge gi
Ge Gi ge gi

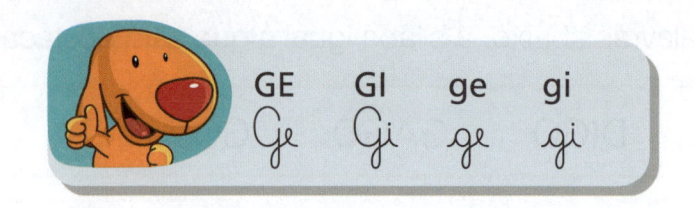

1. Leia os nomes do quadro e circule as sílabas **GE** e **GI**.

GETÚLIO	GISELE	REGINALDO
GIOVANA	JORGE	REGIANE
AGENOR	GINA	ANGÉLICA

a) Copie do quadro um nome de menino que:

- COMEÇA COM **GE**. _____

- TEM **GE** NA SEGUNDA SÍLABA. _____

b) Copie do quadro um nome de menina que:

- TEM **GI** NA PRIMEIRA SÍLABA. _____

- TEM **GI** NA SEGUNDA SÍLABA. _____

2. Leia as palavras. Circule as sílabas **GE** e **GI**.

GEMA	GIBI	PÁGINA
GIRAFA	TIGELA	MÁGICO
GELO	GEADA	COLÉGIO
RELÓGIO	GELATINA	GELEIA

Quando a letra **g** vem seguida das letras **e** e **i**, ela tem o som de **j**.

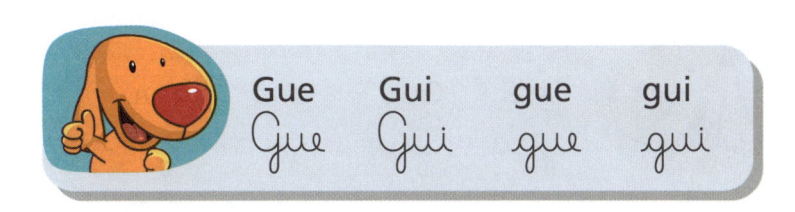

Gue   Gui   gue   gui

1. Leia as palavras em voz alta e circule as sílabas **gue** e **gui**.

MANGUEIRA	GUITARRA	GUILHERME
GUICHÊ	FOGUEIRA	MIGUEL
FOGUETE	GUIZO	AMIGUINHO
SANGUE	JEGUE	ÁGUIA
GUIA	GUINDASTE	AÇOUGUE

2. Leia e ligue a palavra em letra de imprensa maiúscula à mesma palavra em letra cursiva minúscula. Depois, copie.

ÁGUIA — caranguejo _____

CARANGUEJO — pinguim _____

GUEPARDO — águia _____

PINGUIM — guepardo _____

Quando a letra **g** vem seguida da letra **u** e depois de **e** ou **i**, ela tem o som **g** e o **u** não tem som.

43

Gua   Guo   gua   guo
Gua   Guo   gua   guo

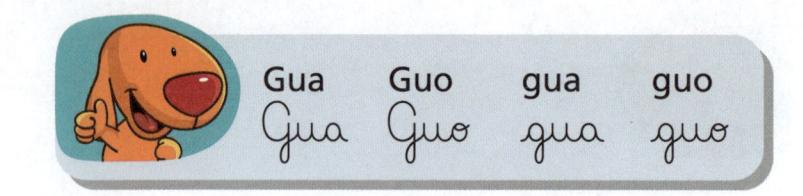

1. Leia as palavras em voz alta e circule as sílabas **gua** e **guo**.

ÉGUA	GUACHE	GUARANÁ
ENXÁGUO	LÍNGUA	GUARDA
ÁGUA	ENXAGUOU	RÉGUA
AMBÍGUO	IGUALDADE	GUARITA

2. Leia as palavras e separe oralmente as sílabas. Circule as sílabas com **g** nas palavras.

GELATINA   AMIGUINHO

GIBI   JAGUATIRICA

GANGORRA   AGUOU

GOIABA   GUARANI

AGULHA   GALHO

FORMIGUEIRO   GOTA

JAGUATIRICA.

A sílaba **gua** é formada pelos sons **g, u, a**.
A sílaba **guo** é formada pelos sons **g, u, o**.

7 ORA, HORA!

VAMOS COMEÇAR!

O professor vai ler um poema.

ORA, HORA!

HORA DE DORMIR,
HORA DE ACORDAR,
HORA DE COMER,
HORA DE TOMAR BANHO,
HORA DE SE VESTIR.
HORA DE VER TELEVISÃO!
HORA DE BRINCAR LÁ FORA!
HORA DE AGORA,
HORA DE DAQUI A POUCO,
HORA DE TODA HORA...
ORA, ORA!
SERÁ QUE NINGUÉM DESCONFIA
QUE EU NÃO SOU RELÓGIO?
ORA, HORA!

CARLOS QUEIROZ TELLES.
ABOBRINHA QUANDO CRESCE.
SÃO PAULO: MODERNA, 2010.

ESTUDO DO TEXTO

1. Quem você acha que está "falando" no texto? Marque um **X**.

☐ UMA CRIANÇA ☐ UM ADULTO

2. Converse com o professor e os colegas.

a) Como são os dias e as noites dessa pessoa?

b) Você sabe dizer que tipo de texto é esse?

c) Como você descobriu?

d) Um poema deve sempre ter rimas?

e) Então podemos dizer que esse é um poema sem rimas?

3. Faça um desenho no caderno representando aquela hora do dia de que você mais gosta. Não se esqueça de escrever qual é.

ESTUDO DA LÍNGUA

LETRA H

| HA | HE | HI | HO | HU | ha | he | hi | ho | hu |
| Ha | He | Hi | Ho | Hu | ha | he | hi | ho | hu |

1. Ligue as imagens aos seus nomes.

ORQUÍDEA

HORTÊNSIA

HORTELÃ

2. Circule a primeira sílaba das palavras da atividade 1.

a) O que diferencia essas sílabas na escrita?

☐ AS PALAVRAS **HORTELÃ** E **HORTÊNSIA** SÃO ESCRITAS COM A LETRA **H** NO INÍCIO.

☐ NÃO HÁ DIFERENÇA ENTRE AS SÍLABAS.

b) O que você percebeu em relação ao som dessas sílabas?

☐ AS SÍLABAS NÃO TÊM O MESMO SOM.

☐ AS SÍLABAS TÊM O MESMO SOM.

3. Complete o nome dos animais. Depois, copie.

_____ENA

_____POPÓTAMO

_____GUANA

_____AQUE

4. Leia as palavras em voz alta.

HORA	HOTEL	HISTÓRIA
HOMEM	HOJE	HARPA
HOSPITAL	HUMANO	HÉLICE

No início da palavra, o **h** não tem som.

- Reúna-se com um colega. Escrevam mais três palavras iniciadas pela letra **H**.

_____ _____ _____

5. Leia e separe as sílabas destas palavras.

hoje _____

higiene _____

hospital _____

hálito _____

6. Observe as figuras e complete as palavras.

___popótamo   ___mem   ___lice

___lofote   ___tel   ___ra

7. Leia as palavras e escreva-as na fileira correspondente.

| HORA | HERÓI | HABILIDADE | HUGO | HIENA |
| HÁBITO | HÉLICE | HUMANO | HIGIENE | HOJE |

- HA
- HE
- HI
- HO
- HU

Você percebeu como a letra **H** é usada?
Nesses casos, ela serve para modificar o som de outras letras e formar novos grupos:

L – LH   N – NH   C – CH

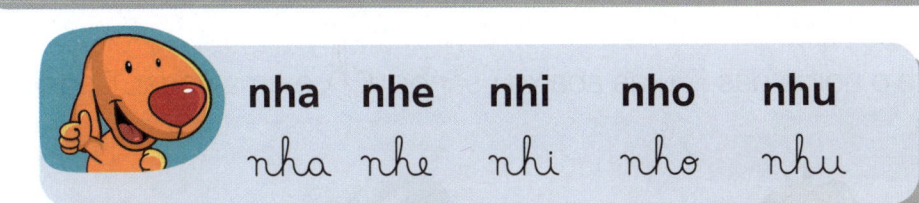

nha   nhe   nhi   nho   nhu
nha   nhe   nhi   nho   nhu

1. Complete o nome das figuras abaixo usando *nh* e uma vogal. Depois copie as palavras.

joani____   gafa____to   ara____

| lha | lhe | lhi | lho | lhu |

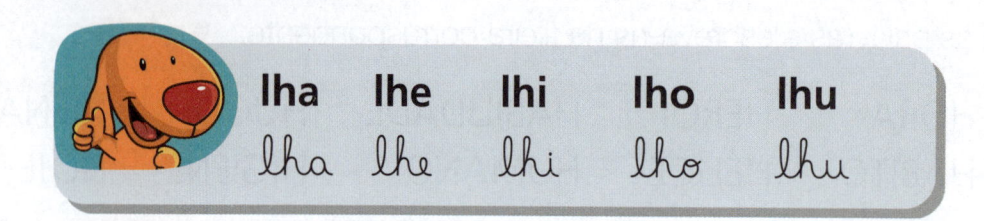

lha lhe lhi lho lhu

2. Complete o nome das figuras abaixo usando **lh** e uma vogal. Depois copie as palavras.

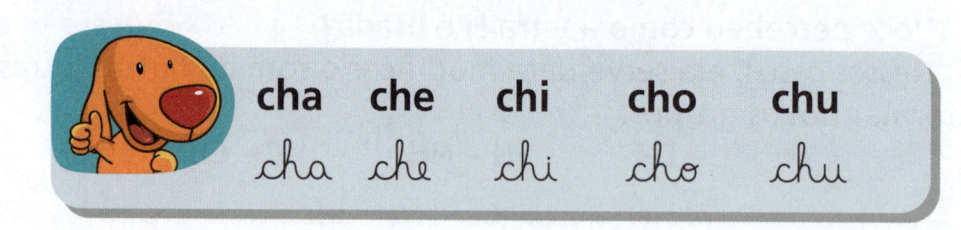

abe____   pa____ço   rama____te

_____   _____   _____

| cha | che | chi | cho | chu |

cha che chi cho chu

3. Complete o nome das figuras abaixo usando **ch** e uma vogal. Depois copie as palavras.

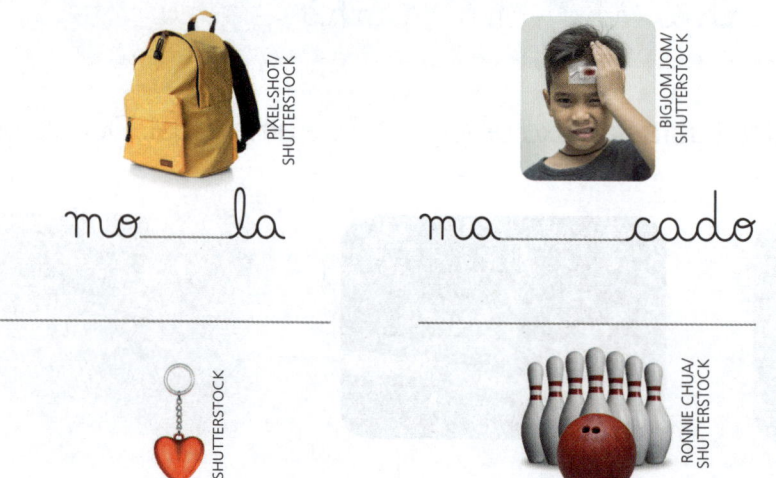

mo____la   ma____cado

_____   _____

____veiro   boli____

Você percebeu que as letras **ch** têm som igual ao da letra **x**?

50

4. Leia as palavras.

GALINHA	COELHO	CHÁ
PINHEIRO	ALHO	CHINELO
BANHEIRO	AGULHA	BICHO
NINHO	BILHETE	MACHUCADO
LINHA	VELHINHA	CHUVEIRO
NENHUMA	ORELHUDO	CHAPÉU

5. Forme novas palavras acrescentando o H. Veja os exemplos.

pino *pinho*   cocada *chocada*

cama _____   fila _____

bico _____   sono _____

bola _____   vela _____

caco _____   fica _____

mina _____   mala _____

6. Procure em jornais e revistas e copie no quadro abaixo palavras com NH, LH e CH.

NH	LH	CH

LIÇÃO 8

QUAL É O ANIMAL?

VAMOS COMEÇAR!

Escute a leitura do professor e tente descobrir as respostas das adivinhas.

QUAL É O ANIMAL?

QUAL É O ANIMAL
QUE SEM A ÚLTIMA SÍLABA É FRUTA?

RESPOSTA: _____

DOMÍNIO PÚBLICO.

QUAL É O ANIMAL
QUE NÃO VALE MAIS NADA?

RESPOSTA: _____

DOMÍNIO PÚBLICO.

O BARCO TEM O CASCO PARA CIMA.
QUAL É O ANIMAL
QUE TEM O CASCO PARA BAIXO?

RESPOSTA: _____

DOMÍNIO PÚBLICO.

ESTUDO DO TEXTO

1. Observe as fotos e leia as legendas com o professor. Circule as respostas das adivinhas.

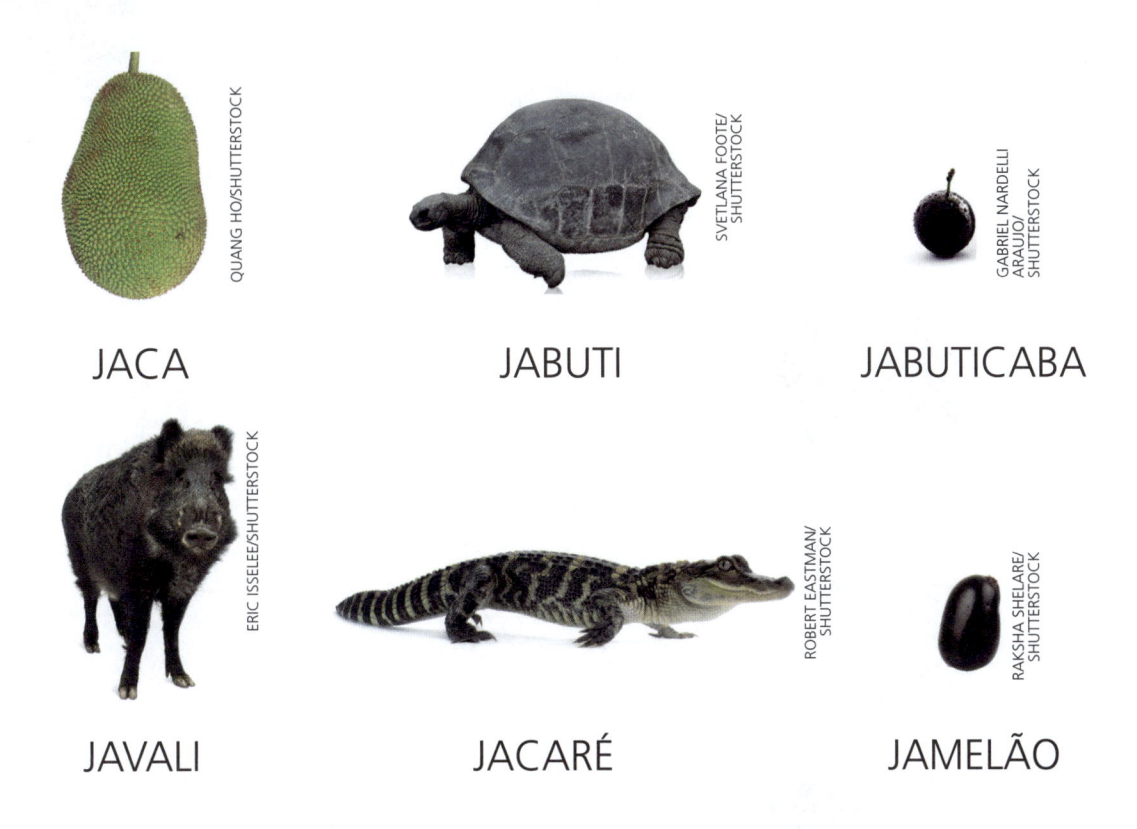

JACA   JABUTI   JABUTICABA

JAVALI   JACARÉ   JAMELÃO

2. Marque um **X** na informação correta.

As respostas das adivinhas são nomes de:

☐ FRUTAS   ☐ ANIMAIS

3. O que é parecido no nome das frutas e dos animais mostrados nas fotos?

TODOS OS NOMES COMEÇAM COM _____.

4. Copie a frase que se repete nas três adivinhas.

_____

ESTUDO DA LÍNGUA

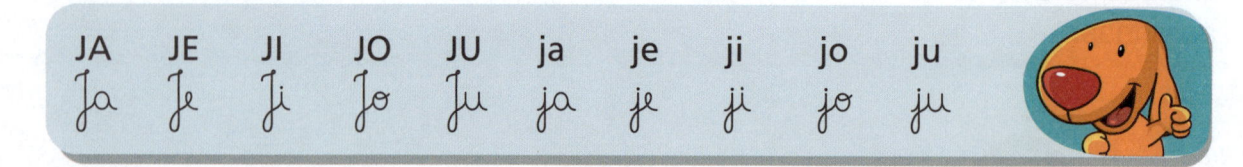

LETRA J

JA	JE	JI	JO	JU	ja	je	ji	jo	ju
Ja	*Je*	*Ji*	*Jo*	*Ju*	*ja*	*je*	*ji*	*jo*	*ju*

1. Forme o nome das figuras com as letras móveis. Depois, escreva as palavras formadas e separe as sílabas de cada uma.

2. Ordene as sílabas e forme palavras.

A	BOI	JI

_____

JU	A	DA

_____

JO	DA	GA

_____

3. Pinte onde está escrito o nome de cada fruta.

| JACA | JACARÉ | JARARACA |

| CAJÁ | JUCA | CAJU |

4. Leia as palavras.

BERINJELA	BEIJO	JUBA	JUDÔ
JACA	JIA	JACARÉ	JARRA
JOGO	JUJUBA	CAJU	JUCA

5. Preencha os quadradinhos com o nome das figuras.

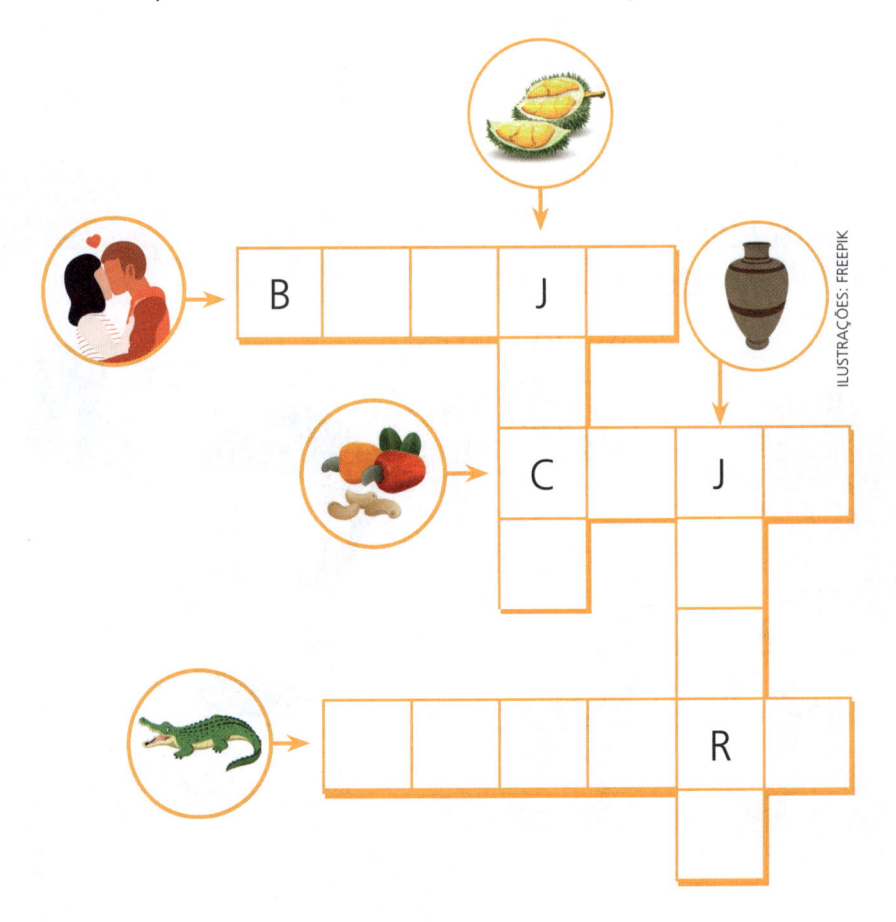

LÍNGUA PORTUGUESA

55

LIÇÃO 9

TÁ PRONTO, SEU LOBO?

VAMOS COMEÇAR!

Acompanhe a leitura do professor. Depois, recite a parlenda com os colegas.

TÁ PRONTO, SEU LOBO?

VAMOS PASSEAR NA FLORESTA
ENQUANTO SEU LOBO NÃO VEM.
SEU LOBO É MANSINHO
NÃO FAZ NADA PRA NINGUÉM.

– TÁ PRONTO, SEU LOBO?
– NÃO, ESTOU TOMANDO BANHO.

VAMOS PASSEAR NA FLORESTA
ENQUANTO SEU LOBO NÃO VEM.
SEU LOBO É MANSINHO
NÃO FAZ NADA PRA NINGUÉM.

– TÁ PRONTO, SEU LOBO?
– NÃO, ESTOU FECHANDO O CHUVEIRO.

DOMÍNIO PÚBLICO.

ESTUDO DO TEXTO

1. Circule o verso abaixo que faz uma pergunta ao lobo.

SEU LOBO É MANSINHO

– TÁ PRONTO, SEU LOBO?

2. Circule o verso abaixo que é uma resposta do lobo.

– NÃO, ESTOU TOMANDO BANHO.

VAMOS PASSEAR NA FLORESTA

3. Releia esta parte da parlenda.

> VAMOS PASSEAR NA FLORESTA
> ENQUANTO SEU LOBO NÃO VEM.
> SEU LOBO É MANSINHO
> NÃO FAZ NADA PRA NINGUÉM.

a) Circule as palavras que terminam com o mesmo som.

b) Que palavra começa com a letra **L**?

_____

c) O que significa a palavra **MANSINHO**?

☐ O LOBO NÃO É BRAVO.

☐ O LOBO NÃO É BONZINHO.

ESTUDO DA LÍNGUA

LETRA L

LA	LE	LI	LO	LU	la	le	li	lo	lu
La	Le	Li	Lo	Lu	la	le	li	lo	lu

1. Forme o nome do animal com as letras móveis.

a) Copie a palavra que você formou. Escreva cada sílaba em um quadrinho.

☐ ☐

b) Mude a posição das sílabas, forme uma palavra nova e escreva.

---

2. Leia as palavras.

BOLA	AULA	LOBO	BALA
LUA	COLA	GOLE	CAULE
LIBÉLULA	BULE	LADO	COLO
CABELO	FALA	BALEIA	LIXO

3. Complete a cruzadinha.

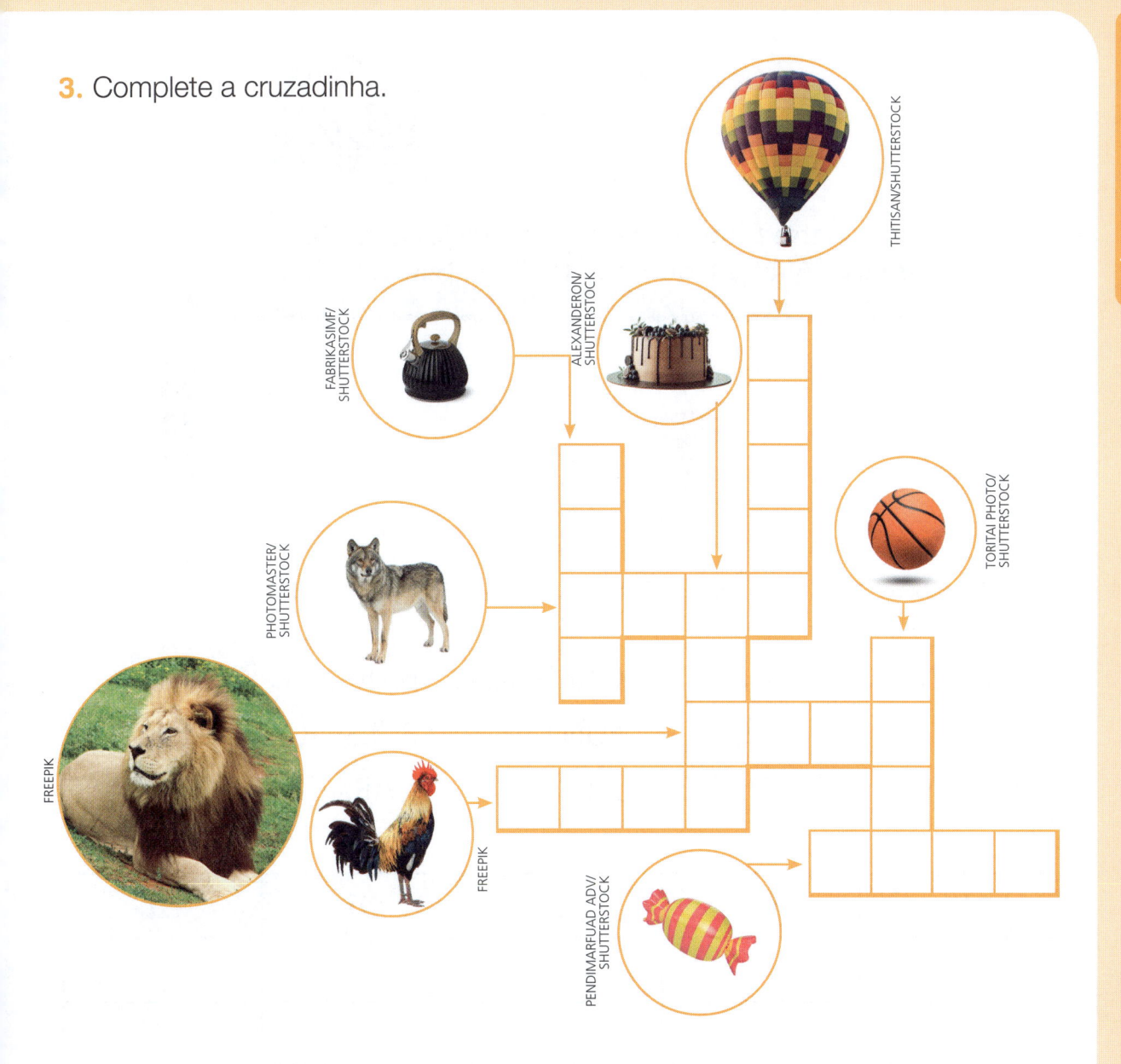

a) Complete o quadro com as palavras da cruzadinha.

ANIMAIS	OBJETOS

b) No quadro, pinte as sílabas que começam com a letra **L**.

al el il ol ul
al el il ol ul

A letra **L** pode aparecer no início ou no final da sílaba. A letra **L** no final da sílaba tem som de **U**.

1. Escreva o nome das figuras.

_____ _____ _____ _____

2. Leia as palavras e escreva-as nas colunas correspondentes.

CORONEL	PULGA	CARNAVAL	BARRIL	ANIL
AZUL	BOLSO	FUNIL	PULSEIRA	MEL
ANIMAL	SOLDADO	JORNAL	CARACOL	PASTEL

AL	EL	IL	OL	UL

- Separe e escreva o número de sílabas.

ALGODÃO _____

TÚNEL _____

ALFINETE _____

BARRIL _____

PULSEIRA _____

A letra **L** também pode ser escrita com outras letras, formando encontros de consoantes: **BL, CL, FL, GL, PL, TL**.

1. Leia as palavras.

BLOCO	BICICLETA	FLECHA	GLÓRIA
BLUSA	CLIMA	FLOR	PLÍNIO
PROBLEMA	CLASSE	GLÓRIA	PLACA
BIBLIOTECA	FLÁVIA	GLÁUCIA	APLAUSO
CLUBE	FLAUTA	GLOBO	PLANTA
CLORO	FLANELA	GLICERINA	PÚBLICO

2. Observe as figuras e complete as palavras com *bl, cl, fl, gl, pl, tl*.

____obo   motoci____eta   ____auta

a____eta   ____usa   ____aca

LIÇÃO 10
O MACACO FOI À FEIRA

VAMOS COMEÇAR!

Acompanhe a leitura que o professor vai fazer.
Depois, leia em voz alta, memorize e recite com os colegas.

O MACACO FOI À FEIRA
O MACACO FOI À FEIRA,
NÃO TINHA O QUE COMPRAR
COMPROU UMA CADEIRA
PRA COMADRE SE SENTAR
A COMADRE SE SENTOU
A CADEIRA ESBORRACHOU
COITADA DA COMADRE
FOI PARAR NO CORREDOR.

DOMÍNIO PÚBLICO.

ESTUDO DO TEXTO

1. Copie o título da parlenda.

_____

2. Responda com versos da parlenda.

a) O que o macaco comprou na feira?

_____

b) Quem sentou na cadeira?

_____

c) O que aconteceu com a cadeira?

_____

d) O que aconteceu com a comadre?

_____

3. Copie da parlenda o nome das figuras.

_____

_____

a) O que essas palavras têm de parecido?

_____

b) Que rimas há na parlenda?

_____

ESTUDO DA LÍNGUA

LETRA M

MA	ME	MI	MO	MU
Ma	Me	Mi	Mo	Mu
ma	me	mi	mo	mu
ma	me	mi	mo	mu

1. Forme o nome do animal com as letras móveis.

a) Copie a palavra que você formou.

☐☐☐☐☐

b) Agora escreva cada sílaba em um quadrinho.

☐ ☐ ☐

c) Observe as cores dos quadrinhos acima e forme outras palavras.

☐☐ _____

☐☐ _____

☐☐ _____

☐☐ _____

LÍNGUA PORTUGUESA

2. Leia as palavras.

AMIGO	DAMA	MOLA	MIMADO
MULA	MADAME	CAMA	MURO
MELADO	MENINO	EMA	MOEDA

3. Circule o nome de cada figura.

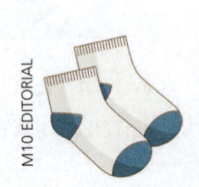

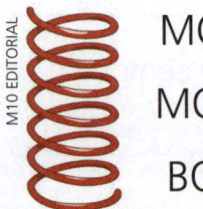

MULA MEIO MOLA
MOLE MEIA MODA
MALA MIA   BOLA

4. Escreva a primeira sílaba do nome de cada figura.

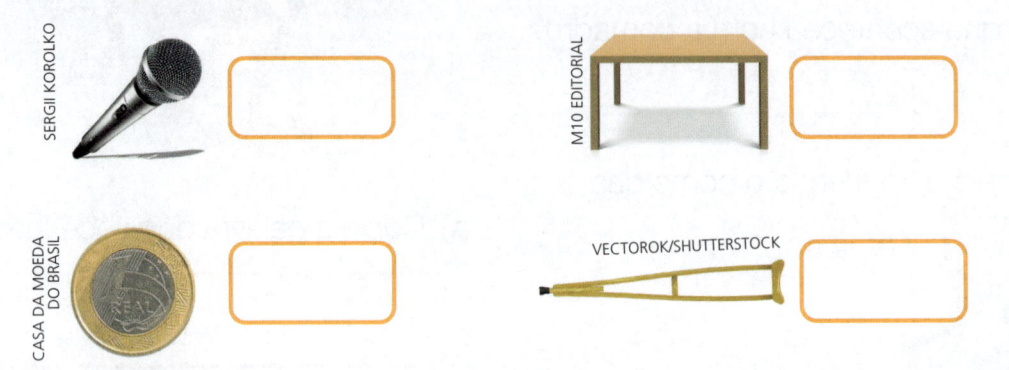

5. Complete as palavras com a primeira letra do nome das figuras.

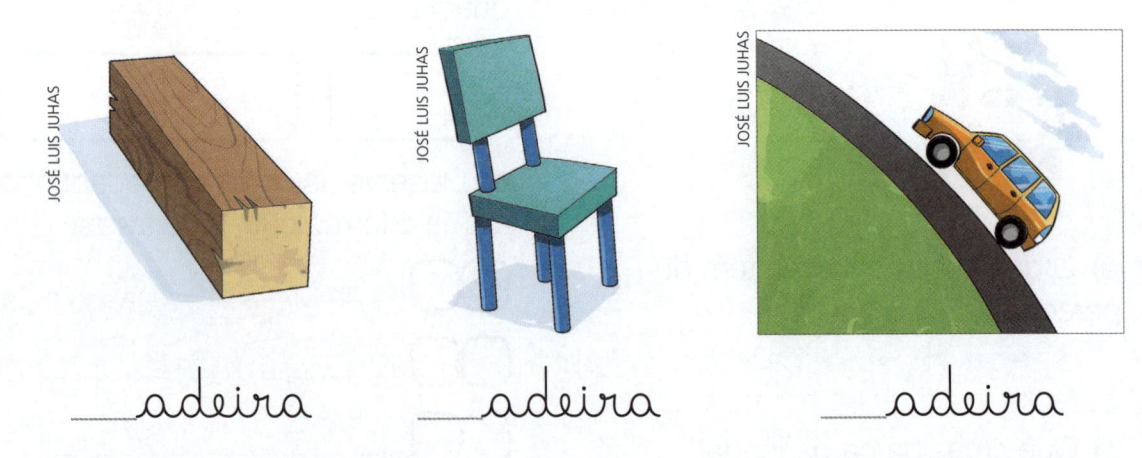

_adeira   _adeira   _adeira

- Agora, circule o que o macaco comprou na feira, de acordo com a parlenda.

am em im om um

A letra **m** pode aparecer no início ou no final da sílaba. Usamos sempre a letra **m** antes de **p** e **b**.

1. Leia as palavras.

CAPIM	POMBO	BOMBOM	EMPADA
TAMPA	LIMPO	JARDIM	BOMBA
ONTEM	BOMBEIRO	AMPOLA	AMENDOIM
CAMPO	SAMBA	BAMBU	ÁLBUM

2. Complete as palavras com *am*, *em*, *im*, *om*, *um*.

t___bor   b___bu   c___po
b___beiro   ___bigo   l___po
ont___   jard___   t___po
p___ba   g___bá   ___bro

3. Escreva o nome das figuras de acordo com a numeração.

7 — 3  — 1  — 6 
5 — 8  — 4  — 2

1 _____
2 _____
3 _____
4 _____
5 _____
6 _____
7 _____
8 _____

4. Forme uma frase com o nome do animal.

_____
_____

5. Ordene as palavras e forme frases.

a) TEM DO OLÍMPIO RELÂMPAGO MEDO .

_____

b) ANTÔNIO DE O FOI CAMPEÃO TIME .

_____

c) PUDIM DE O UMA ESTÁ LARANJA DELÍCIA .

_____

6. Forme palavras trocando **M** final por **NS**.

BATO**M** _____

BOMBO**M** _____

PUDI**M** _____

HOME**M** _____

NUVE**M** _____

AMENDOI**M** _____

ÁLBU**M** _____

11 DE NOEMI PARA LUANA

VAMOS COMEÇAR!

Acompanhe a leitura que o professor vai fazer.

> 13/07
>
> Luana,
>
> O livro "O Navio" que você quer emprestado já está disponível. Pode retirá-lo na biblioteca quando quiser.
>
> Até mais!
>
> Noemi

O texto acima é um **bilhete**. Ele tem a função de transmitir um recado, uma mensagem curta.

ESTUDO DO TEXTO

1. Quem escreveu o bilhete?

_____

2. Para quem o bilhete foi escrito?

_____

3. Pinte a informação correta.

No texto da página 67, quem escreveu o bilhete e quem vai recebê-lo são pessoas:

> QUE SE CONHECEM.

> QUE NÃO SE CONHECEM.

4. Marque um **X** na resposta.
O bilhete que você leu na página anterior foi escrito para:

☐ DAR UM RECADO.

☐ MARCAR UM ENCONTRO.

5. Ligue as informações às partes do bilhete.

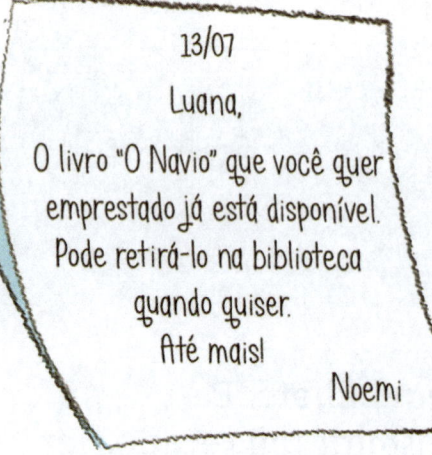

13/07
Luana,
O livro "O Navio" que você quer emprestado já está disponível. Pode retirá-lo na biblioteca quando quiser.
Até mais!
Noemi

- MENSAGEM
- ASSINATURA
- DESPEDIDA
- DATA

ESTUDO DA LÍNGUA

LETRA N

| NA | NE | NI | NO | NU | na | ne | ni | no | nu |
| Na | Ne | Ni | No | Nu | na | ne | ni | no | nu |

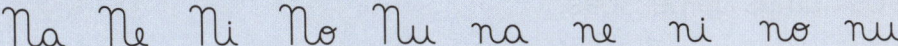

1. Veja o livro que Luana pegou emprestado na biblioteca.

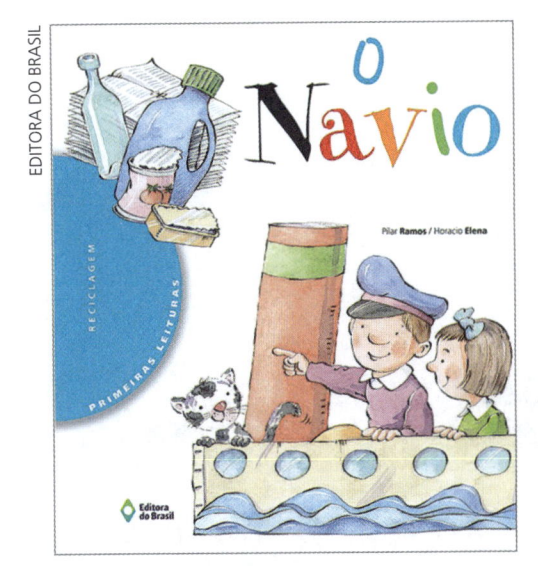

a) Localize o título do livro.

b) Com as letras móveis, forme o título do livro.

c) Escreva o título que você formou.

d) Forme outras palavras com as letras de **navio**. Não é necessário usar todas as letras.

_____

_____

2. Leia a palavra e pinte a primeira letra.

NAVIO

• Circule as palavras que iniciam com a mesma letra da palavra **navio**.

MALA   NETO   MELADO   NOME   MILHO   NUVEM

3. Ordene as sílabas e escreva palavras.

| NI | NA | ME |

| ME | NO | NI |

69

4. Leia a lista de palavras.

NABO	CONE	NUCA
NAOMI	ALUNO	NENÊ
NONO	ANÃO	NICOLAU

- Circule na lista os nomes de pessoas.

5. Escreva outros nomes de pessoas que começam com a letra **N**.

_____

_____

6. Numere cada desenho de acordo com a palavra.

1 banana   3 cana
2 limonada   4 boneca

7. Observe as figuras e complete as palavras com *na, ne, ni, no, nu*.

me___no   ___velo   bo___ca

ca___do   ba___na

an en in on un

an en in on un

A letra **n** pode aparecer no início ou no final da sílaba. Usamos sempre a letra **m** antes de **p** e **b**. A letra **n** é usada antes de todas as demais consoantes.

1. Leia as palavras.

ONDA	ANTIGO	BALANÇA	PONTO
LINDO	DOMINGO	PENTE	MONTE
CANTO	ANJO	PINTURA	BANDEIRA
VENTO	ELEFANTE	MONTANHA	MUNDO

2. Complete as palavras com *an*, *en*, *in*, *on*, *un*.

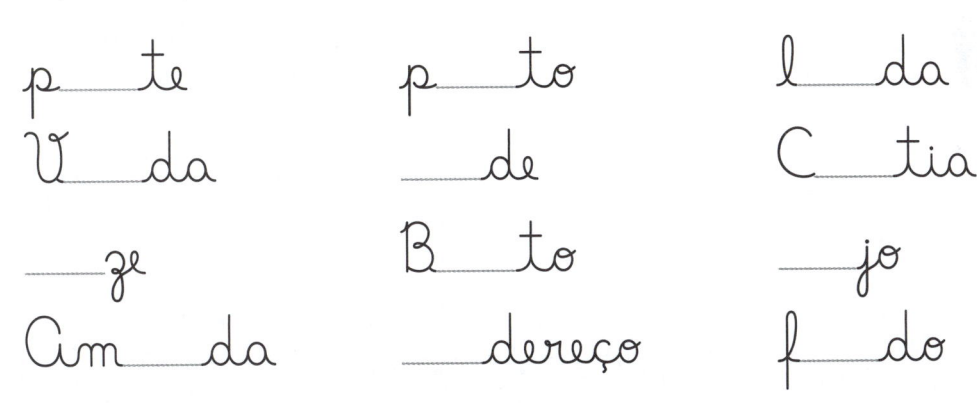

p__te   p__to   l__da

V__da   __de   C__tia

__ze   B__to   __jo

Am__da   __dereço   f__do

3. Leia e separe as sílabas das palavras.

ANGU _____   PENTE _____

TINTA _____   ENDEREÇO _____

ONÇA _____   ONZE _____

FAZENDA _____ CONTENTE _____

a) Qual dessas palavras tem mais sílabas? _____

b) Quantas sílabas? _____

c) Escreva outra palavra com o mesmo número de sílabas.

_____

4. Preencha a cruzadinha.

R I N O C E R O N T E

a) Quantas sílabas tem a palavra escrita na horizontal? _____

b) Quantas letras tem essa palavra? _____

c) Escreva essa palavra: _____

12 DE PAULA PARA OS PAIS

VAMOS COMEÇAR!

O professor vai ler um bilhete.

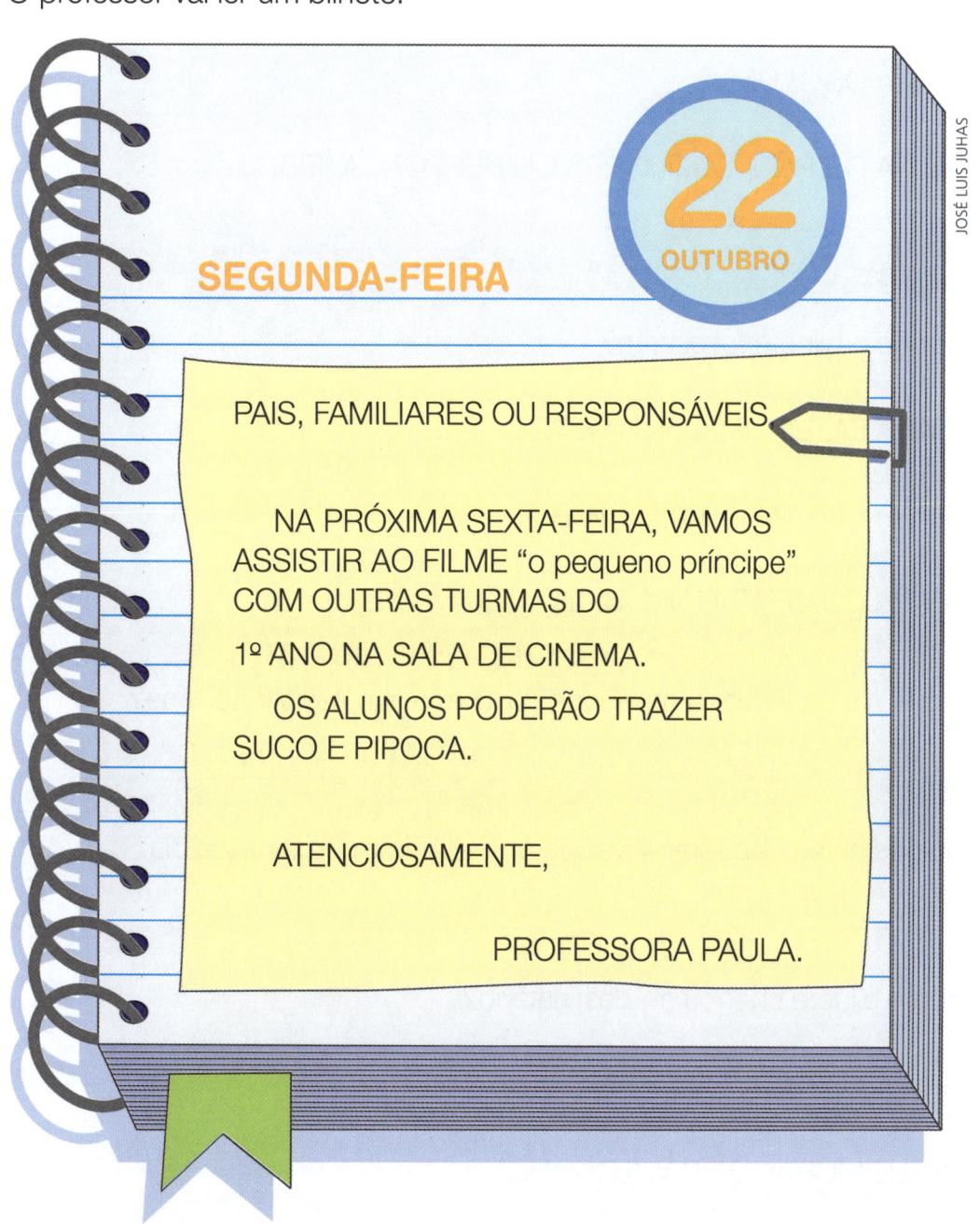

SEGUNDA-FEIRA

22 OUTUBRO

PAIS, FAMILIARES OU RESPONSÁVEIS,

NA PRÓXIMA SEXTA-FEIRA, VAMOS ASSISTIR AO FILME "o pequeno príncipe" COM OUTRAS TURMAS DO 1º ANO NA SALA DE CINEMA.

OS ALUNOS PODERÃO TRAZER SUCO E PIPOCA.

ATENCIOSAMENTE,

PROFESSORA PAULA.

ESTUDO DO TEXTO

1. Quem escreveu o bilhete?

_____

_____

2. Para quem o bilhete foi escrito? Marque um **X**.

☐ PARA OS ALUNOS.

☐ PARA OS PAIS, FAMILIARES OU RESPONSÁVEIS.

3. Responda.

a) Para que o bilhete foi escrito?

☐ PARA FAZER UM COMUNICADO.

☐ PARA CONTAR UMA HISTÓRIA.

☐ PARA COMENTAR UM FILME.

b) Em que dia da semana os alunos do 1º ano vão assistir ao filme?

_____

c) O que os alunos poderão levar para a sala de cinema nesse dia?

_____

d) Como o bilhete chegou ao destinatário?

☐ PELA AGENDA ESCOLAR.

☐ PELO MURAL DA SALA DE AULA.

ESTUDO DA LÍNGUA

LETRA P

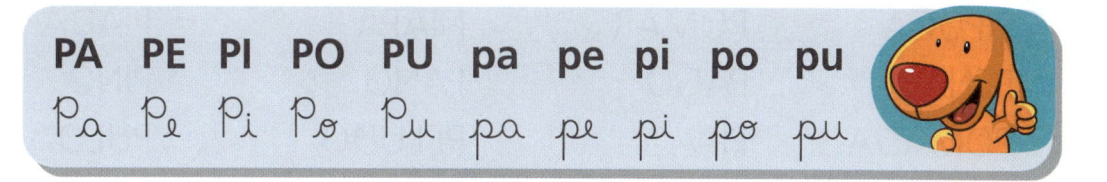

| PA | PE | PI | PO | PU | pa | pe | pi | po | pu |

Pa Pe Pi Po Pu pa pe pi po pu

1. Com as letras móveis, forme o nome do alimento que aparece na imagem.

FREEPIK

- Escreva a palavra que você formou separando as letras e, depois, as sílabas.

2. Complete as palavras com as sílabas da palavra **pipoca**.

_____JAMA   _____ANO   CO_____

_____PA   _____MADA   _____RULITO

3. Leia as palavras.

PAPAI	COPO	PANELA	PICADA
PIPA	PIANO	CAPELA	CIPÓ
PIPOCA	POMAR	MAPA	PIADA
PENA	PAGO	PANO	PINO
POMADA	PIA	PELUDO	PULO

4. Numere cada palavra de acordo com o desenho.

☐ PUFE   ☐ CAPA   ☐ PANELA

☐ PUDIM   ☐ PIPA   ☐ PAPAGAIO

☐ MAPA   ☐ PENA   ☐ PIPOCA

13 A QUITUTEIRA DO QUILOMBO

VAMOS COMEÇAR!

No texto a seguir você vai encontrar palavras como: quituteira, quilombo, quitanda, quitute. Você já ouviu essas palavras? Sabe o que elas significam? Acompanhe a leitura do texto e observe as cenas para descobrir.

A QUITUTEIRA DO QUILOMBO

A QUITANDA DE DONA ZICA FICA NO MEIO DO QUILOMBO.

TEM QUITUTE DE TODO TIPO: QUIBEBE, QUINDIM E QUENGA, FEITO DO MAIS PURO QUIABO.

UM QUEREQUERÊ DANADO FAZ O GALO NO TELHADO QUANDO UM FREGUÊS SE APROXIMA.

MS ILUSTRAÇÕES

SE TEM MOLEQUE BAGUNCEIRO POR PERTO, A QUITUTEIRA DÁ O RECADO NUM QUIMBUNDO BEM FALADO:

– SAI DAQUI [...] SE NÃO EU MANDO O QUIBUNGO VIR DA MATA TE PEGAR!

DEPOIS ELA DÁ RISADA E CHAMA TODA A MOLECADA PRA FAZER UMA QUIZOMBA.

COMO BOA QUILOMBOLA, DONA ZICA SABE A HORA DE FALAR SÉRIO E DE BRINCAR.

COM SEU JEITO SORRATEIRO, AGRADA O QUILOMBO INTEIRO, POIS TEM O QUENGO NO LUGAR.

SILVIO COSTA. *ABECEDÁRIO AFRO DE POESIA*. SÃO PAULO: PAULUS, 2012.

ESTUDO DO TEXTO

1. Escreva o título do texto.

_____

2. Escreva o nome da personagem principal da história.

_____

3. Complete as frases com palavras do quadro.

| QUILOMBO | QUITUTEIRA | QUITANDA |

DONA ZICA É _____.

DONA ZICA TEM UMA _____.

A QUITANDA DE DONA ZICA FICA NO _____.

ESTUDO DA LÍNGUA

LETRA Q

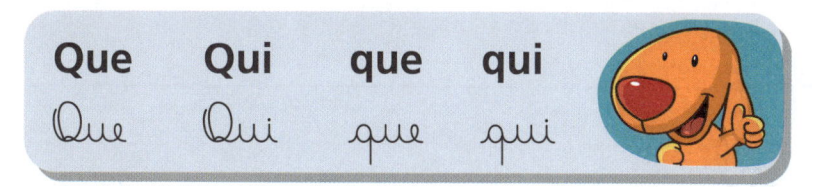

Que   Qui   que   qui
Que   Qui   que   qui

1. Forme o nome da figura com as letras móveis. Escreva a palavra que você formou, separando as letras e, depois, as sílabas.

2. Complete as palavras com *que* ou *qui*.

ra___te   peri___to   tan___   es___lo

3. Leia as palavras.

QUINZE	QUILO
MOLEQUE	QUIABO
LEQUE	COQUEIRO
QUIETO	PEQUENO

A letra **q** tem o mesmo som da letra **c** quando vem seguido de **e** e **i**.

4. Leia as palavras e separe suas sílabas.

queda _____

quieto _____

pequeno _____

quintal _____

Qua	Quo	qua	quo
Qua	Quo	qua	quo

1. Leia as palavras.

QUADRO	QUATI	AQUARELA
AQUÁTICO	QUARENTA	AQUOSO

A sílaba **qua** é formada pelos sons **q, u** e **a**.
A sílaba **quo** é formada pelos sons **q, u** e **o**.

2. Passe um traço para separar as sílabas das palavras.

QUADRICULADO   QUADRICICLO

QUADRÚPEDE   QUATROCENTOS

3. Escreva as palavras da atividade 2, separando as sílabas.

_____

_____

_____

_____

14 O RATO ROMEU

VAMOS COMEÇAR!

Acompanhe a leitura de um trava-língua.

O RATO ROMEU

O RATO ROMEU
ROEU ROEU ROEU
A ROUPA DA RAINHA DO REI DA RÚSSIA
O RATO ROMEU
ROEU ROEU ROEU
O MEU POBRE URSO DE PELÚCIA
O RATO ROMEU
ROEU ROEU ROEU
A ROLHA DA RÃ RANHETA
O RATO ROMEU
ROMPEU ROMPEU ROMPEU
COM A RATAZANA JULIETA.

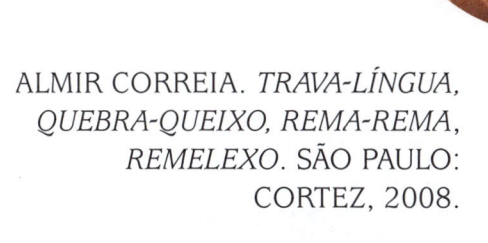

ALMIR CORREIA. *TRAVA-LÍNGUA, QUEBRA-QUEIXO, REMA-REMA, REMELEXO*. SÃO PAULO: CORTEZ, 2008.

ESTUDO DO TEXTO

1. Escreva o nome:

a) DO RATO: _____

b) DA RATAZANA: _____

2. No trava-língua "O RATO ROMEU", que letra mais se repete no início das palavras?

A LETRA ☐ .

3. Observe as cenas e responda de acordo com o trava-língua.

a) De quem era a roupa que o rato roeu?

_____

b) Que brinquedo o rato roeu?

_____

c) De quem era a rolha que o rato roeu?

_____

4. Com quem o rato rompeu? Escreva.

_____

5. Marque um **X** na resposta correta.

Para serem divertidos, os trava-línguas devem ser recitados:

☐ BEM DEVAGAR.   ☐ BEM RÁPIDO.

ESTUDO DA LÍNGUA

LETRA R

| RA | RE | RI | RO | RU | ra | re | ri | ro | ru |
| Ra | Re | Ri | Ro | Ru | ra | re | ri | ro | ru |

1. Forme o nome da figura com as letras móveis.

a) Copie a palavra que você formou.

b) Troque a posição das letras móveis. Forme outra palavra.

---

2. Leia as palavras e, em cada par, pinte a letra diferente.

RODO
RODA

ROLO
RALO

REMO
RAMO

3. Uma letra a mais pode alterar o significado de uma palavra. Leia e pinte as letras que foram acrescentadas de uma palavra para a outra.

ROEU → ROMEU → ROMPEU

83

4. Ligue as figuras aos seus nomes.

ILUSTRAÇÕES: MS ILUSTRAÇÕES

| RÃ |
| RATAZANA |
| RAINHA |
| RATO |
| REI |
| ROLHA |

5. Leia as palavras.

RODA	REMO	REI	REMÉDIO
ROBÔ	RENATA	ROEU	RABO
RUA	RUGA	ROLO	RALO
ROUPA	RECADO	RIFA	RUÍDO

A letra r no início da palavra tem um som forte.

6. Escreva o nome de cada figura. Depois, procure o nome dessas figuras no diagrama silábico.

_____   _____   _____   _____

SA	LI	GE	XI	RO	DA	NO
CI	RE	FO	PO	SU	SE	TO
MI	NO	ROU	PA	ZO	PE	LE
BI	SO	PU	RA	RE	LÓ	GIO
RO	DO	PI	BU	SI	JA	ZO

7. Responda de acordo com as palavras da atividade 6.

a) Que palavra tem mais sílabas? Quantas sílabas ela tem?

_____

b) Copie as palavras que têm duas vogais e duas consoantes.

_____

c) Copie a palavra que tem três vogais e duas consoantes.

_____

85

8. Complete as palavras com as sílabas que faltam.

____ sa   ____ o   ____ dio

____ to   ____ a   ____ de

9. Forme palavras juntando as sílabas numeradas dos quadrinhos. Faça como no modelo.

1 ro	2 re	3 ga	4 pa	5 de	6 dor
7 ri	8 rou	9 da	10 pi	11 rá	12 do

1 E 9 → roda

2 E 5 → ____

8 E 4 → ____

7 E 4 → ____

2, 3 E 6 → ____

11, 10 E 12 → ____

> A letra **r** pode ter outros sons.
> A letra **r** entre vogais tem um som mais fraco.
> Para representar o som forte do **r** entre vogais, usamos **rr**.

PALAVRAS COM R ENTRE VOGAIS

1. Junte as sílabas e forme palavras.

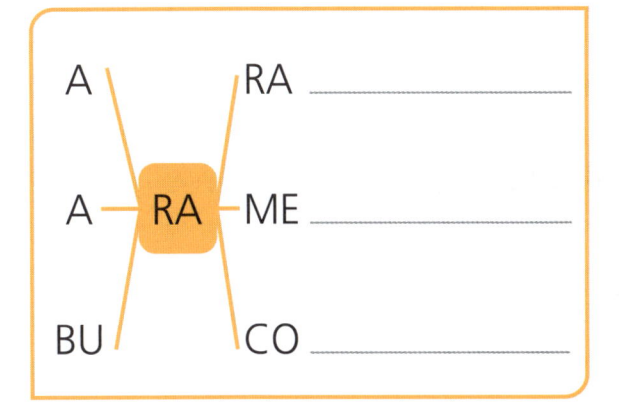

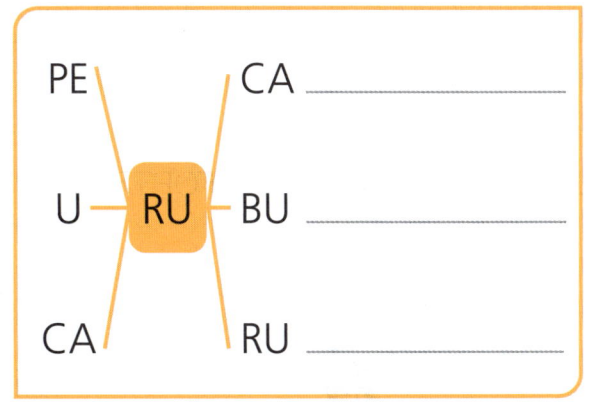

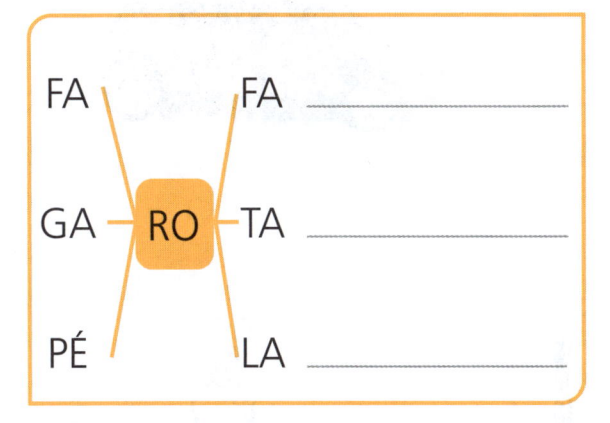

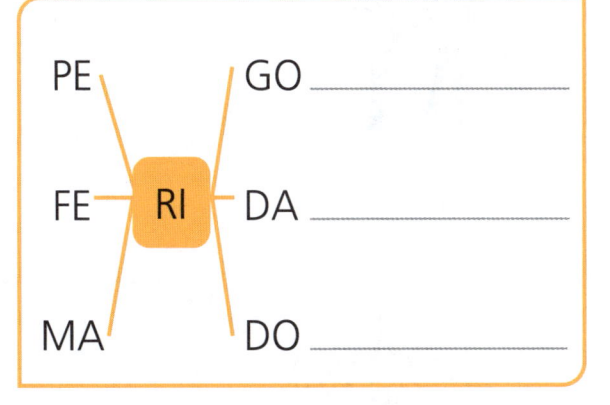

A — RA _____
A — RA — ME _____
BU — CO _____

PE — CA _____
U — RU — BU _____
CA — RU _____

FA — FA _____
GA — RO — TA _____
PÉ — LA _____

PE — GO _____
FE — RI — DA _____
MA — DO _____

2. Leia as palavras que você formou na atividade 01 e pinte a informação verdadeira.

☐ O SOM DO **R** É FRACO.

☐ O SOM DO **R** É FORTE.

PALAVRAS COM RR

1. Leia as palavras.

CARRO	TERRA	GARRAFA	VERRUGA
ARRUMAR	BARRIGUDO	FERRO	SERROTE
VARRER	FERRADURA	MARRECO	CORRIDA
CORRER	BEZERRO	TERRENO	BAIRRO

Agora, marque um **X** nas respostas corretas.

a) As palavras que você leu são escritas com:

☐ R   ☐ RR

b) O som de **RR** é: ☐ FORTE.   ☐ FRACO.

2. Complete o nome das figuras com **RR** e copie.

BU____O   FE____O   CA____O

CA____OSSEL   TO____E   GA____AFA

ar er ir or ur

ar er ir or ur

A letra **R** também pode aparecer no final da sílaba.

1. Leia as palavras.

MAR	URNA	VERDADE	ABERTO
FIRMA	CIRCO	CARTA	SORTE
ARTE	GORDURA	URSO	MARTA
CARTEIRO	TARDE	DORMIR	SUBIR

2. Complete a cruzadinha com o nome das figuras.

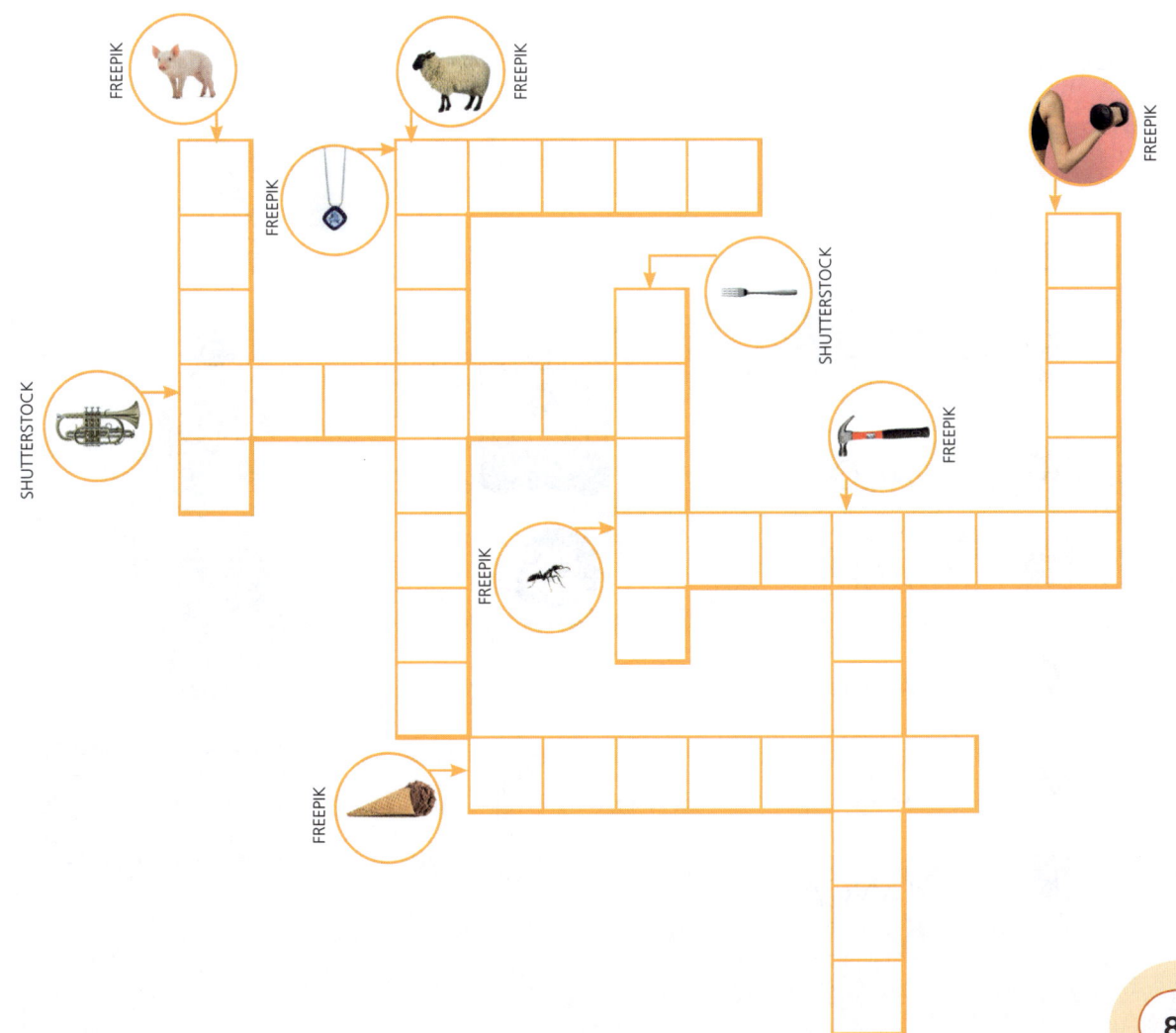

A letra **r** também pode ser escrita com outras letras, formando encontros de consoantes: **br, cr, dr, fr, gr, pr, tr, vr**.

1. Leia as palavras.

CABRITO	CRIANÇA	DRAGÃO	FRUTA
BRENO	RECREIO	PEDRO	COFRE
BRAÇO	CROCODILO	PEDRINHA	FRIO
GRADE	PRATO	TRATOR	LIVRO
TIGRE	PRESENTE	ESTRELA	PALAVRA
GRITO	PRIMO	POLTRONA	LIVREIRO

2. Complete as palavras e numere cada figura.

1 QUA____O

2 I____EJA

3 CO____E

4 ____AÇO

5 ____ADE

6 ____ATO

7 ____UZ

8 ____IANÇA

15 — O SAPO E O SACO

VAMOS COMEÇAR!

Acompanhe a leitura do texto. Depois, leia sozinho, memorize e recite para um colega.

OLHA O SAPO DENTRO DO SACO.
O SACO COM O SAPO DENTRO.
O SAPO BATENDO PAPO.
E O PAPO SOLTANDO VENTO.

DOMÍNIO PÚBLICO.

ESTUDO DO TEXTO

1. Onde está o sapo?

___

2. Quais palavras do trava-língua têm pronúncia parecida?

___

3. Copie o verso do trava-língua que rima com este:

> O SACO COM O SAPO DENTRO.

___

ESTUDO DA LÍNGUA

LETRA S

| SA | SE | SI | SO | SU | sa | se | si | so | su |
| Sa | Se | Si | So | Su | sa | se | si | so | su |

1. Forme o nome do animal com as letras móveis.

- Copie a palavra que você formou. Escreva cada sílaba em um quadrinho.

2. Circule o nome desse animal nos versos do trava-língua.

> OLHA O SAPO DENTRO DO SACO.
> O SACO COM O SAPO DENTRO.
> O SAPO BATENDO PAPO.
> E O PAPO SOLTANDO VENTO.

3. Circule somente as figuras que começam como **sapo**.

92

4. Leia as palavras.

SELO	SALADA	SUADO	SOLO
SAIA	SEDE	SOMA	SUBIDA
SUJO	SEMANA	SIRI	SONO
SABIDO	SÍLABA	SACOLA	SINO

- Escolha uma palavra do quadro e forme uma frase com ela.

_____

_____

5. Ordene as sílabas e forme palavras. Depois, crie uma frase usando cada palavra.

| CO | LA | SA | _____ |

_____

| DO | BI | SA | _____ |

_____

| MA | SE | NA | _____ |

_____

6. Escreva as sílabas de cada dupla de palavras nos quadrinhos.

a) sofá – soneca

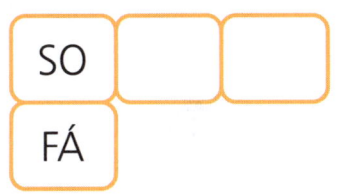

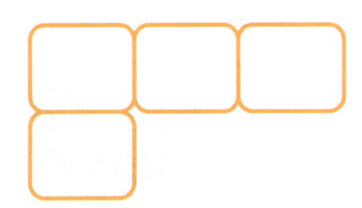

| SO | | |
| FÁ | | |

b) salame – sapato

c) sino – sirene

93

PALAVRAS COM S ENTRE VOGAIS (SOM DE Z)

1. Leia as palavras.

MESA	CASACO	MÚSICA	GASOLINA
CAMISA	CASEIRO	CASULO	CASA
VISITA	CORAJOSO	GULOSO	CAMISETA

A letra **s**, quando aparece sozinha no meio de duas vogais, tem som de **z**.

2. Complete o nome das figuras. Depois, copie a palavra.

ca____

ca____co

cami____

me____

a____

parafu____

PALAVRAS COM SS

1. Leia as palavras.

OSSO	MISSA	ASSADO	CÁSSIO
DISSE	ASSOBIO	PESSOA	SOSSEGO
BÚSSOLA	VOASSE	PASSA	NOSSO
VASSOURA	PASSEATA	PASSOU	PASSEIO
TOSSE	AMASSOU	MASSA	PASSADO

Para representar o som de s entre vogais, usamos ss.

2. Leia as palavras e separe as sílabas.

ASSA – _____   TOSSE – _____

MISSA – _____   PASSE – _____

PASSA – _____   DISSE – _____

MASSA – _____   PASSEIO – _____

3. Escreva o nome dos desenhos seguindo a numeração.

1   2   3

4   5   6

1 _____
2 _____
3 _____
4 _____
5 _____
6 _____

ILUSTRAÇÕES: FREEPIK

4. Ordene as sílabas e forme palavras.

GO PÊS SE – _____

RA VAS SOU – _____

AS BI O SO – _____

SA MIS – _____

SA PAS DO – _____

5. Forme palavras juntando as sílabas numeradas dos quadrinhos.

1	2	3	4	5	6	7
as	pas	na	ra	fos	dei	sa
8	9	10	11	12	13	14
si	do	ri	mas	nho	sus	ta

5 E 7 – _____

2, 7 E 9 – _____

2, 7, 6 E 4 – _____

1, 13, 14 E 9 – _____

11 E 7 – _____

2, 7, 10 E 12 – _____

as es is os us

as es is os us

A letra **s** pode aparecer no início ou no final da sílaba.

6. Leia as palavras. Circule as sílabas que terminam com a letra **S**.

| MÁSCARA | ESPELHO | DOIS | ÓCULOS | ÔNIBUS |
| CASTELO | VESTIDO | TÊNIS | CARLOS | VÍRUS |

96

O TELEFONE E O FIO

VAMOS COMEÇAR!

O professor vai recitar as quadrinhas. Depois, faça desenhos para ilustrá-las.

TELEFONE SEM FIO

O TELEFONE SEM FIO,
É BRINCADEIRA ENGRAÇADA,
VOCÊ REPETE O QUE OUVIU,
MAS NINGUÉM ENTENDE NADA.

FIO SEM TELEFONE

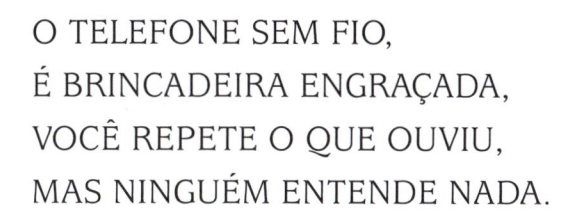

NÃO SOU COBRA NEM LAGARTO,
NEM CLARINETA OU TROMBONE,
NA VERDADE, MINHA GENTE,
SOU UM FIO SEM TELEFONE.

SINVAL MEDINA E RENATA BUENO. *CACHORRO TEM DIA DE CÃO?* SÃO PAULO: EDITORA DO BRASIL, 2012. P. 14-15.

ESTUDO DO TEXTO

1. Você acha que a expressão "dia de cão" significa:

☐ UMA DATA EM HOMENAGEM AOS CÃES.

☐ UM DIA DIFÍCIL.

2. Observe as quadrinhas da página 97 e responda.

Quantos versos tem cada quadrinha? ☐ versos

3. Escreva o título da quadrinha em que o tema é:

a) uma brincadeira: _____

b) um fio de telefone: _____

4. Ligue as imagens aos seus nomes.

LAGARTO

CLARINETA

TELEFONE

TROMBONE

COBRA

5. Recite as quadrinhas da página 97 prestando atenção ao som das palavras no final dos versos. Depois, complete as frases.

a) ENGRAÇADA RIMA COM _____.

b) TROMBONE RIMA COM _____.

ESTUDO DA LÍNGUA

LETRA T

| TA | TE | TI | TO | TU | ta | te | ti | to | tu |

1. Forme o nome da figura com as letras móveis.

- Copie a palavra que você formou.

2. Complete a quadrinha com as palavras que faltam. Se precisar, volte ao texto da página 97.

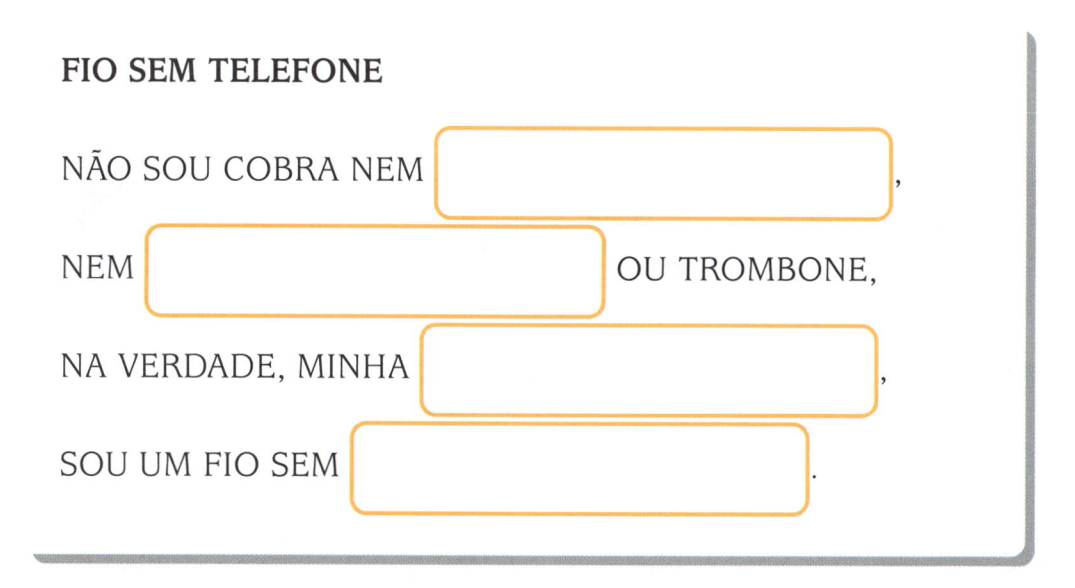

FIO SEM TELEFONE

NÃO SOU COBRA NEM _____ ,

NEM _____ OU TROMBONE,

NA VERDADE, MINHA _____ ,

SOU UM FIO SEM _____ .

a) Descubra a única letra que aparece nas quatro palavras que você escreveu.

b) Escreva outra palavra com essa letra.

3. Descubra a letra que falta no nome dos animais. Depois, escreva a palavra completa.

____AMANDUÁ	TAR____ARUGA	GAIVO____A

_____	_____	_____

4. O que o nome destas crianças tem de semelhante? Circule.

TATIANA	TALITA	TADEU	TABAJARA

5. Circule o nome de cada figura.

TOMADA	TIGELA	TATU

ABACATE	TIJOLO	TOFU

TOMATE	TÍTULO	TETO

6. Observe as figuras e complete as palavras com *ta, te, ti, to, tu*.

pe____ca	api____	la____	____cano	____jolo

7. Leia as palavras.

TAPETE	OITO	TETO	TIJOLO
TOCA	BATATA	PETECA	TATU
TITIA	BOTA	APITO	TUCANO

8. Vamos brincar de descobrir palavras? Ordene as letras para achar a resposta de cada dica.

a) Objeto que fica na entrada da casa e usamos para limpar os pés.

A T P E T E _____

b) Abrigo de alguns animais como o tatu.

C A O T _____

c) Material feito de barro e usado para construir casas.

I T L O J O _____

9. Leia as palavras abaixo. Depois, escreva-as no quadro de acordo com a sílaba inicial.

TIJOLO – TATU – TOMATE – TETO – TUCANO

TA	
TE	
TI	
TO	
TU	

LÍNGUA PORTUGUESA

101

LIÇÃO 17

A VACA E O LEITE

VAMOS COMEÇAR!

Ouça as quadrinhas que o professor vai recitar.

LEITE DE VACA

IOGURTE VEM NO COPINHO,
QUEIJO SE CORTA COM FACA,
OS DOIS TÊM ALGO EM COMUM,
SÃO FEITOS COM LEITE DE VACA.

VACA DE LEITE

ELA VIVE EM NOSSO SÍTIO,
E DEIXA A TODOS CONTENTE,
É MALHADA E FOFINHA,
A NOSSA VAQUINHA DE LEITE.

SINVAL MEDINA E RENATA BUENO. *CACHORRO TEM DIA DE CÃO?* SÃO PAULO: EDITORA DO BRASIL, 2012. P. 16-17.

ESTUDO DO TEXTO

1. Copie uma das quadrinhas no espaço abaixo.

_____
_____
_____
_____

2. Escreva o título da quadrinha que tem como tema:

a) ALIMENTOS: _____

b) UM ANIMAL: _____

3. Circule os alimentos que podem ser feitos com leite de vaca.

4. Copie da primeira quadrinha a palavra que termina com o mesmo som de:

FACA: _____

5. Explique para um colega qual é a diferença entre:

LEITE DE VACA   VACA DE LEITE

103

ESTUDO DA LÍNGUA

LETRA V

VA	VE	VI	VO	VU	va	ve	vi	vo	vu
Va	*Ve*	*Vi*	*Vo*	*Vu*	*va*	*ve*	*vi*	*vo*	*vu*

1. Forme o nome da figura com as letras móveis.

a) Copie a palavra que você formou.

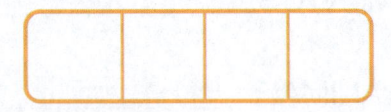

b) Troque a primeira letra da palavra **VACA** por outras consoantes e forme o nome das imagens.

2. Forme outras palavras trocando as consoantes indicadas.

VACA   **C POR G** _____

VAGA   **G POR R** _____

VERA   **R POR L** _____

VILA   **L POR G** _____

3. Complete o nome dos animais. Depois, copie.

_____GA-LUME   CA_____LO   SAÚ_____

_____   _____   _____

4. Leia as palavras.

| AVIÃO | OVO | VOVÔ | UVA |
| VOVÓ | VIOLA | CAVALO | PAVÃO |

- Copie do quadro acima as palavras que são:

NOMES DE ALIMENTOS	NOMES DE OBJETOS

NOMES DE ANIMAIS	NOMES DE FAMILIARES

5. Leia as palavras.

VALETA	VIOLÃO	AVIÃO	VOAVA
VOVÓ	FIVELA	OVO	VIOLA
NOVE	NOVO	VOVÔ	GRAVURA
MUVUCA	UVA	LUVA	PAVÃO
AVE	VENENO	VIOLETA	VELUDO

LÍNGUA PORTUGUESA

105

LIÇÃO 18

O GATINHO XEXÉU

VAMOS COMEÇAR!

O professor vai ler o início de uma história. Depois, você vai criar um final para ela.

O GATINHO XEXÉU

XEXÉU ERA UM GATINHO PEQUENO, DE COR PRETA E MUITO MANHOSO. ERA TAMBÉM MUITO MIMADO PELO SEU DONO, QUE SE CHAMAVA SÉRGIO.

SÉRGIO COMPRAVA BOLINHAS PLÁSTICAS PARA BRINCAR COM XEXÉU, MAS O QUE MAIS O GATINHO GOSTAVA DE FAZER ERA PENDURAR-SE NAS CORTINAS DAS JANELAS DA CASA E ACABAVA PUXANDO MUITOS FIOS.

[...]

TODAS AS NOITES, NA HORA DE DORMIR, XEXÉU PULAVA EM CIMA DA CAMA DE SÉRGIO. E NÃO ADIANTAVA COLOCÁ-LO PARA DORMIR EM OUTRO LUGAR, PORQUE O GATINHO DAVA UM JEITO DE VOLTAR A SE ESCONDER SOB OS COBERTORES, BEM QUIETINHO, SEM DAR UM MIADO SEQUER.

[...]

JUÇARA RODRIGUES. *O GATINHO XEXÉU*. PORTO ALEGRE: ELEFANTE LETRADO, 2014. [LIVRO ELETRÔNICO]

VANESSA ALEXANDRE

ESTUDO DO TEXTO

1. Quem são os personagens da história? Escreva o nome:

a) DO GATINHO: _____

b) DO DONO DO GATINHO: _____

2. Responda.

a) De que cor é o gatinho?
_____

b) Que tamanho ele tem?
_____

c) O que ele gosta de fazer?
_____
_____

3. Xexéu era um gatinho muito manhoso e mimado. O que isso significa? Marque um **X** na resposta.

☐ O GATINHO ERA BRINCALHÃO E ESPERTO.

☐ O GATINHO ERA MEIGO E TRATADO COM MUITO CARINHO.

☐ O GATINHO ERA DORMINHOCO.

4. Por que o gatinho ficava bem quietinho escondido sob os cobertores?
_____
_____
_____

ESTUDO DA LÍNGUA

LETRA X

XA XE XI XO XU   xa xe xi xo xu
Xa Xe Xi Xo Xu   xa xe xi xo xu

1. Leia o nome destes alimentos.

ABACAXI   AMEIXA   MAXIXE   PEIXE

- Escreva o nome dos alimentos na linha correta.

2 SÍLABAS: _____

3 SÍLABAS: _____

4 SÍLABAS: _____

2. Circule a figura que tem o nome iniciado com a mesma letra da palavra **xexéu**.

3. Leia as palavras.

ABACAXI	AMEIXA	FEIXE	PEIXE
ENXUGAR	BEXIGA	LUXO	MEXIDO
XAROPE	XERETA	CAIXOTE	LIXA
ENXUGAR	ROXO	FAXINA	DEIXOU

4. Escreva o nome das figuras e depois separe as sílabas das palavras escritas.

ILUSTRAÇÕES: FREEPIK

5. Observe o quadro de códigos. Troque os sinais por letras para formar uma frase.

X	D	Ê	A	O	N	I	R	B	C

6. Complete os quadrinhos com o nome das figuras.

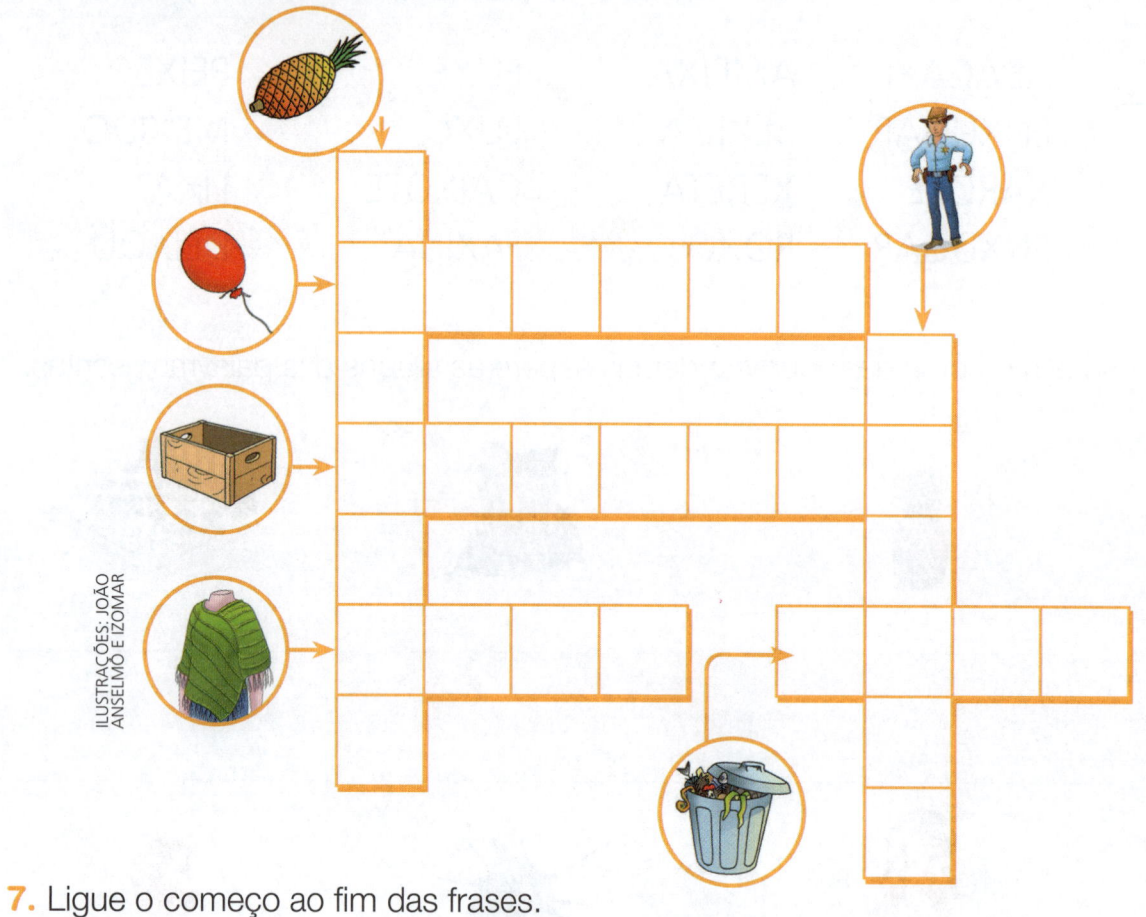

ILUSTRAÇÕES: JOÃO ANSELMO E IZOMAR

7. Ligue o começo ao fim das frases.

| XAVIER TOMOU | NA LIXEIRA. |
| JOGUE O LIXO | SUCO DE ABACAXI. |

8. Copie as frases trocando as figuras por palavras.

a) A AVÓ DE CAROLINA TINHA UM _____ .

JOÃO ANSELMO E IZOMAR

_____

b) JULIANA TOMOU _____ .

IMAGINARIO STUDIO

_____

110

9. Complete a frase com o nome da figura.

O FRUTO DA AMEIXEIRA É A:

☐ ☐ ☐ ☐ ☐ ☐

a) Pinte somente as vogais nos quadrinhos acima.

b) Quantas vogais você pintou? ☐

c) Quantas são as consoantes dessa palavra? ☐

d) Quantas são as letras dessa palavra? ☐

e) Quantas são as sílabas? ☐

> Nas palavras que você leu até aqui, a letra **x** tem som de **ch**. A letra **x** também pode ter outros sons.

10. Escute o professor ler. Depois, repita.

EXPLICAÇÃO	EXPOSIÇÃO	SAXOFONE
EXAME	TÁXI	EXATO
BOXE	EXEMPLO	EXPERIÊNCIA
EXERCÍCIO	EXCURSÃO	CRUCIFIXO

a) Pinte de amarelo a letra **X** nas palavras.

b) Circule as palavras com as cores da legenda:

🖍 **X** TEM SOM DE **S**   🖍 **X** TEM SOM DE **CS**   🖍 **X** TEM SOM DE **Z**

LIÇÃO 19

POR QUE AS ZEBRAS SÃO LISTRADAS?

VAMOS COMEÇAR!

Escute com atenção a leitura que o professor vai fazer.

POR QUE AS ZEBRAS SÃO LISTRADAS?

APÓS MUITO ESTUDO, CIENTISTAS DEDUZEM QUE AS LISTRAS PROTEGEM AS ZEBRAS DO ATAQUE DE INSETOS

POR QUE AS ZEBRAS SÃO LISTRADAS? A RESPOSTA É UM MISTÉRIO, MAS PESQUISADORES ESTÃO ATRÁS DE PISTAS!

[...]
AS ZEBRAS SÃO ENCONTRADAS NAS SAVANAS AFRICANAS E ESTÃO EXPOSTAS A PICADAS DE MOSQUITOS E OUTROS BICHINHOS DESAGRADÁVEIS. UM DELES É A MUTUCA, UMA MOSCA QUE SE ALIMENTA DE SANGUE E QUE COSTUMA PICAR CAVALOS E ZEBRAS. "ALÉM DE TRANSMITIR DOENÇAS, A MUTUCA TEM UMA PICADA MUITO DOLOROSA E INCÔMODA, PREJUDICANDO A PASTAGEM DOS ANIMAIS", CONTA SUSANNE AKESSON, BIÓLOGA DA UNIVERSIDADE DE LUND, NA SUÉCIA [...].

A PICADA DA MUTUCA É DOLOROSA E INCÔMODA.

CIENTISTAS OBSERVARAM QUE CAVALOS DE CORES ESCURAS ERAM MUITO MAIS ATACADOS POR MUTUCAS DO QUE OS CAVALOS DE CORES MAIS CLARAS. ELES SE PERGUNTARAM, ENTÃO, O QUE ACONTECERIA NAS ZEBRAS, E FORAM INVESTIGAR.

PARA ISSO, FORAM MONTADOS VÁRIOS CAVALOS DE PLÁSTICO, CADA UM DE UMA COR, E UM CAVALO COM LISTRAS EM PRETO E BRANCO. ELES FORAM LAMBUZADOS COM UMA COLA QUE PRENDIA OS INSETOS. AO FINAL DE ALGUNS DIAS, OS PESQUISADORES FORAM CONFERIR QUAL DOS ANIMAIS HAVIA SIDO MENOS ATACADO PELAS MOSCAS E… SURPRESA! TINHA SIDO A ZEBRA.

CAVALOS DE PLÁSTICO DE DIFERENTES CORES FORAM USADOS NO EXPERIMENTO.

ISSO ACONTECE PORQUE A MUTUCA TEM MAIS FACILIDADE PARA ENXERGAR OS CAVALOS DE CORES ESCURAS, SENDO MAIS ATRAÍDA POR ELES. JÁ AS LISTRAS EM PRETO E BRANCO CONFUNDIRIAM A MOSCA, FAZENDO COM QUE ELA ENXERGASSE MUITO MAL AS ZEBRAS. […]

FONTE: PAULA PADILHA. POR QUE AS ZEBRAS SÃO LISTRADAS? REVISTA *CIÊNCIA HOJE DAS CRIANÇAS* (*ON-LINE*). DISPONÍVEL EM: HTTP://CHC.ORG.BR/POR-QUE-AS-ZEBRAS-SAO-LISTRADAS/. ACESSO EM: 20 JUL. 2022.

ESTUDO DO TEXTO

1. Quem escreveu o texto?

_____

2. Onde o texto foi publicado?

_____

3. Circule a resposta correta.

a) O principal animal citado no texto é:

      A MUTUCA   A ZEBRA   O CAVALO

b) Qual informação o texto apresenta?

A PICADA DA MUTUCA NÃO DÓI.

AS LISTRAS PROTEGEM AS ZEBRAS DO ATAQUE DE INSETOS.

AS LISTRAS DAS ZEBRAS CONFUNDEM AS MOSCAS.

4. Marque a informação correta em cada item.

a) As informações do texto:

☐ FORAM INVENTADAS.

☐ SÃO REAIS.

b) Para escrever um texto informativo:

☐ É PRECISO FAZER PESQUISAS SOBRE O ASSUNTO E CONVERSAR COM ESPECIALISTAS.

☐ NÃO É PRECISO ESTUDAR O ASSUNTO.

5. De que cor são os cavalos mais atacados por mutucas?

☐ DE CORES ESCURAS.   ☐ DE CORES MAIS CLARAS.

6. Pinte as informações verdadeiras.

> AS ZEBRAS SÃO MENOS ATACADAS POR MOSCAS DO QUE OS CAVALOS.

> AS MUTUCAS ENXERGAM MELHOR OS CAVALOS DE CORES CLARAS.

> AS LISTRAS EM PRETO E BRANCO CONFUNDEM AS MOSCAS.

> AS MUTUCAS ENXERGAM MUITO BEM AS ZEBRAS.

> Observe no texto que existem outros sinais além das letras. Eles são os sinais de pontuação.

7. Leia estas frases do texto com ajuda do professor. Circule o sinal destacado ao final de cada frase.

POR QUE AS ZEBRAS SÃO LISTRADAS**?**

A PICADA DA MUTUCA É DOLOROSA E INCÔMODA**.**

SURPRESA**!**

> Este é o ponto-final **.** .
>
> Este é o ponto de interrogação **?** .
>
> Este é o ponto de exclamação **!** .

ESTUDO DA LÍNGUA

LETRA Z

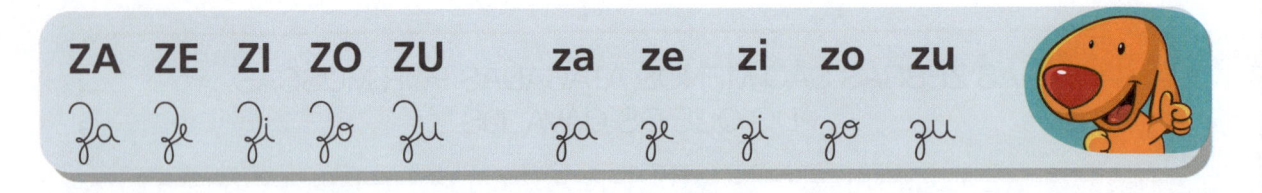

| ZA | ZE | ZI | ZO | ZU | za | ze | zi | zo | zu |

1. Forme o nome do animal com as letras móveis. Depois, copie.

_____

2. Leia o nome dos animais. Circule a sílaba inicial de **ZEBRA** nas palavras.

ZEBU GAZELA CHIMPANZÉ

3. Leia em voz alta com o professor e os colegas.

AZEITE	BUZINA	AZEITONA
BELEZA	DEZOITO	DELICADEZA
AZULADO	AMIZADE	ZÍPER

4. Copie do quadro da atividade 3 o nome das figuras.

_____   _____   _____

5. Copie do quadro da atividade 3:

a) uma palavra de cinco sílabas:
_____

b) uma palavra de quatro sílabas:
_____

c) uma palavra que termina como LEITE:
_____

d) uma palavra que termina como **moleza**:
_____

6. Procure no diagrama o nome dos numerais. Depois, escreva.

11	U	E	O	N	Z	E	L	O	T
12	G	Z	C	S	C	P	Y	F	D
18	D	E	Z	O	I	T	O	Q	O
	P	M	V	G	U	R	A	H	Z
19	O	D	E	Z	E	N	O	V	E

11: _____   12: _____

18: _____   19: _____

LÍNGUA PORTUGUESA

117

7. Leia estas palavras com o professor. Depois, organize-as no quadro, nas linhas correspondentes.

AZARADO	AMIZADE	BELEZA	DOZE
ZIGUE-ZAGUE	CERTEZA	ZOOLÓGICO	VAZIO
BOAZINHA	LAMBUZA	ZERAR	ZÍPER
ZUMBIDO	ZAGUEIRO	VIZINHO	ZONA
SOZINHA	AZUL	NOZES	AZEDO

ZA	
ZE	
ZI	
ZO	
ZU	

8. Forme novas palavras trocando apenas a letra Z.

ZELO	Z POR S	
ZONA	Z POR L	
ZUNIDO	Z POR P	
REZA	Z POR T	
VAZIO	Z POR D	

118

9. Observe as figuras e complete as palavras com *za*, *ze*, *zi*, *zo*, *zu*.

co___do   a___lejo   ___bra

bati___do   co___nheiro   ___ada

10. Pinte as palavras escritas com ZA , ZE , ZI , ZO , ZU .

| BUZINA | AZULADO | BONECA | CANELA |
| AZEITE | LIMONADA | ZONA | BATIZADO |

az   ez   iz   oz   uz

A letra **z** pode aparecer no início ou no final da sílaba. A letra **z** no final da sílaba tem som de **s**.

11. Leia as palavras. Circule as sílabas que terminam com a letra **Z**.

| CARTAZ | DEZ | NARIZ | ARROZ | LUZ |
| PAZ | XADREZ | FELIZ | VELOZ | CUSCUZ |

LIÇÃO 20

GUAYNÊ DO POVO MAWÉ

VAMOS COMEÇAR!

Observe a capa do livro e leia a legenda.

A OBRA *GUAYNÊ DERROTA A COBRA GRANDE – UMA HISTÓRIA INDÍGENA*, DE TIAGO HAKIY, AMAZONENSE DE BARREIRINHA, FILHO DA ETNIA SATERÉ-MAWÉ, É A VENCEDORA DO 9º CONCURSO TAMOIOS DE TEXTOS DE ESCRITORES INDÍGENAS.

HAKIY, TIAGO. *GUAYNÊ DERROTA A COBRA GRANDE*: UMA HISTÓRIA INDÍGENA / TIAGO HAKIY; ILUSTRADO POR MAURÍCIO NEGRO. BELO HORIZONTE: AUTÊNTICA EDITORA, 2013. CONTRACAPA.

ESTUDO DO TEXTO

1. Qual é o título do livro? Quem é o autor?

_____

_____

2. O autor do livro é um escritor indígena? Justifique sua resposta.

_____

3. Leia um trecho do livro.

> O POVO DA ALDEIA DAVA GRITOS DE ALEGRIA, GUAYNÊ NÃO SÓ MATARA A GRANDE COBRA, QUE DURANTE MUITOS ANOS OS HAVIA AMEDRONTADO, MAS TAMBÉM HAVIA SALVADO TAINÁ.
>
> O VELHO PAJÉ, AO VER SUA FILHA, CHOROU DE ALEGRIA, E ALI PERCEBEU QUE AQUELE MAWÉ ERA MERECEDOR DE CASAR COM SUA FILHA.
>
> [...]
>
> HAKIY, TIAGO. *GUAYNÊ DERROTA A COBRA GRANDE*: UMA HISTÓRIA INDÍGENA / TIAGO HAKIY; ILUSTRADO POR MAURÍCIO NEGRO. BELO HORIZONTE: AUTÊNTICA EDITORA, 2013. P. 22-24.

a) Quem é Guaynê?

☐ O VELHO PAJÉ.

☐ UM INDÍGENA DO POVO MAWÉ.

b) Quem é Tainá?

☐ A FILHA DO VELHO PAJÉ.

☐ A COBRA GRANDE.

LÍNGUA PORTUGUESA

ESTUDO DA LÍNGUA

LETRAS K, W E Y

Como você viu no início deste livro, as letras **k**, **w** e **y** também fazem parte do alfabeto da língua portuguesa. Elas são empregadas em nomes de pessoas e de lugares, em palavras de origem estrangeira e em abreviaturas e siglas.

1. Você conhece palavras escritas com K , W e Y ? Preencha o quadro.

K	W	Y

2. As letras K , W e Y também são usadas na escrita de símbolos, abreviaturas e siglas. Observe:

KM – QUILÔMETROS   W – WATTS   WWW – *WORLD WIDE WEB*

3. Complete o alfabeto com as letras que estão faltando.

	B	C			F	
H					L	
		Q	R			
	V					Z

4. Leia estes nomes com a ajuda do professor.

KÁTIA	AYRTON	WELLYNGTON
KÉSIA	YARA	WILSON
KARINA	YVONE	WALESKA
KELLY	YAN	WALTER

a) Copie do quadro um nome escrito com as letras:

W e K: _____

W e Y: _____

b) Escolha três nomes do quadro para escrever em cada coluna.

K	W	Y

5. Há pessoas que você conhece que têm o nome escrito com as letras K, W e Y no início, no meio ou no final? Se houver, escreva esses nomes aqui.

_____
_____
_____
_____

AMPLIANDO O VOCABULÁRIO

CLARINETA
TAMBÉM CHAMADO DE CLARINETE, É UM INSTRUMENTO MUSICAL DE SOPRO, COMPRIDO E FINO, FEITO DE MADEIRA.

CLARINETA.

COLEIRINHA
1. COLEIRA PEQUENA.
2. ESPÉCIE DE AVE.

COMADRE
MADRINHA DE UMA PESSOA EM RELAÇÃO AOS PAIS DESTA; MÃE DE UMA PESSOA EM RELAÇÃO À MADRINHA E/OU AO PADRINHO DESTA.

DOADO
TRANSFERIDO PARA OUTRA PESSOA.

DORMINHOCO
1. QUE DORME MUITO.
2. ESPÉCIE DE AVE.

ESBORRACHOU
ACHATOU, ESMAGOU, LEVOU UM TOMBO, CAIU.

O MENINO ESBORRACHOU-SE NO CHÃO.

IOGURTE
ALIMENTO CREMOSO FEITO COM LEITE COALHADO.

IOGURTE.

OITIBÓ
ESPÉCIE DE AVE.

PAPO
1. PARTE EXTERNA DO PESCOÇO DAS AVES.
2. PARTE VOLUMOSA QUE EXISTE EMBAIXO DO QUEIXO DE PESSOAS E ANIMAIS.
3. BARRIGA DE ALGUÉM.
4. CONVERSA SEM IMPORTÂNCIA.

SAPO COM O PAPO ESTUFADO.

PINTASSILGO
　　AVE CANTORA QUE VIVE EM VÁRIAS REGIÕES DO MUNDO.

QUENGA
　　REFOGADO DE QUIABO COM GALINHA.

QUENGO
　　CABEÇA.

QUEREQUERÊ
　　CANTO DO GALO.

QUIABO
　　PLANTA; FRUTO DO QUIABEIRO.

QUIBEBE
　　COMIDA FEITA COM ABÓBORA.

QUIBUNGO
　　BICHO-PAPÃO.

QUILOMBO
　　COMUNIDADE ONDE VIVEM DESCENDENTES DE AFRICANOS ESCRAVIZADOS, QUE PRESERVAM A CULTURA, A MEMÓRIA E A IDENTIDADE DE SEUS ANTEPASSADOS.

QUILOMBOLA
　　PESSOA QUE VIVE EM QUILOMBO.

QUIMBUNDO
　　UM DOS IDIOMAS FALADOS EM ANGOLA, NA ÁFRICA.

QUINDIM
　　DOCE FEITO DE GEMA DE OVO, COCO E AÇÚCAR.

QUITANDA
　　VENDA.

QUITUTE
　　COMIDA GOSTOSA.

QUITUTEIRA
　　PESSOA QUE SABE PREPARAR QUITUTES.

QUIZOMBA
　　FESTA, DANÇA, ALEGRIA.

RANHETA
　　MAL-HUMORADA, RANZINZA, RABUGENTA.

MENINA COM EXPRESSÃO MAL-HUMORADA.

RATAZANA
RATO GRANDE.

RATAZANA.

ROMPEU
ACABOU, TERMINOU.

SAVANA
REGIÃO SEM MONTANHAS, COBERTA DE GRAMAS OU ERVAS BAIXAS E COM POUCAS ÁRVORES.

SAVANA AFRICANA.

SORRATEIRO
ESPERTO.

TROMBONE
INSTRUMENTO MUSICAL DE SOPRO FEITO DE METAL. PODE TER PISTÕES (BOTÕES) OU UMA VARA QUE O MÚSICO MOVE PARA A FRENTE E PARA TRÁS PARA EMITIR AS NOTAS.

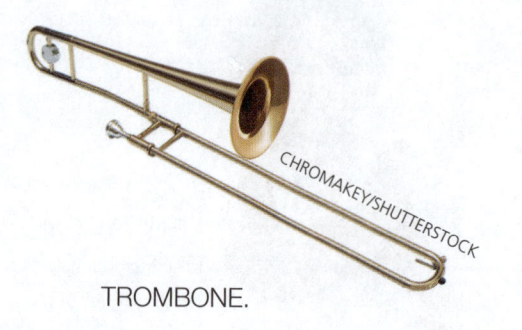

TROMBONE.

UIRAPURU
PÁSSARO DE PLUMAGEM COLORIDA. DIZ A LENDA QUE SEU CANTO É TÃO MELODIOSO QUE OS OUTROS PÁSSAROS SE CALAM PARA PODER OUVI-LO.

VINTÉM
MOEDA ANTIGA DE POUCO VALOR.

MOEDAS ANTIGAS.

Coleção Eu gosto m@is

MATEMÁTICA

1º ANO
ENSINO FUNDAMENTAL

SUMÁRIO

Lição 1 – Localização 130
   Iguais e diferentes • Fino e grosso • Curto e comprido 130
   Alto e baixo 131
   Cheio e vazio 132
   Dentro e fora 132
   Maior e menor 133
   Largo e estreito 133
   Em cima e embaixo 133
   Localização 134

Lição 2 – Quantidades 136
   A ideia de quantidade 136

Lição 3 – Números 138
   Os números e os códigos 138

Lição 4 – Números de 0 a 10 140

Lição 5 – Ordenação 149
   Ordem crescente e ordem decrescente 149

Lição 6 – Adição com total até 9 151
   Fatos básicos da adição 156

Lição 7 – Números ordinais 158

Lição 8 – Sólidos geométricos 160

Lição 9 – Dezena 162
   Meia dezena 164

Lição 10 – Números pares e números ímpares 166
   Álgebra: sequências 169

Lição 11 – Subtração 170

Lição 12 – Números de 11 a 49 174
   Números de 11 a 19 174
   Números de 20 a 29 177
   Números de 30 a 39 179
   Números de 40 a 49 184

Lição 13 – Dúzia e meia dúzia 188

Lição 14 – Figuras geométricas planas 192

Lição 15 – Números de 50 a 99 195
    Números de 50 a 59 195
    Números de 60 a 69 198
    Números de 70 a 79 202
    Números de 80 a 89 205
    Números de 90 a 99 208

Lição 16 – Dezenas exatas 212
    Composição e decomposição com dezenas exatas 215

Lição 17 – Adição e subtração até 99 220
    Adição até 99 220
    Subtração até 99 225

Lição 18 – Centena 229
    Álgebra: padrão de uma sequência 232

Lição 19 – Noções de multiplicação e divisão 233
    Combinação 235

Lição 20 – Noções de tempo 237
    O relógio 237
    O calendário 240

Lição 21 – Medidas de comprimento 244
    O metro e o centímetro 245

Lição 22 – Medidas de massa 249

Lição 23 – Medidas de capacidade 253
    O litro 253

Lição 24 – Dinheiro brasileiro 257

LIÇÃO 1
LOCALIZAÇÃO

Iguais e diferentes

1. Circule a figura **diferente** de cada grupo.

a)

b)

c)

Fino e grosso

2. Circule o pincel mais **fino**.

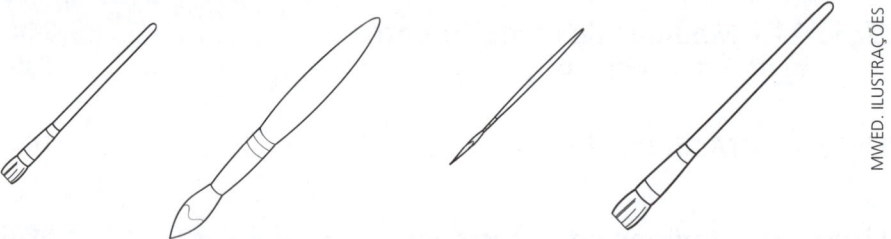

Curto e comprido

3. Faça um [x] no pedaço de barbante mais **comprido**.

4. Observe com atenção a ilustração e faça o que se pede.

a) Circule os palhaços que têm roupas **iguais**.

b) Pinte a corda mais **grossa**.

c) Faça um x no mágico que segura a varinha mais **curta**.

Alto e baixo

5. Circule a criança mais **alta**.

Cheio e vazio

6. Faça um ⟦x⟧ no copo **cheio** de suco.

Dentro e fora

7. Pinte a borracha que está **fora** do estojo.

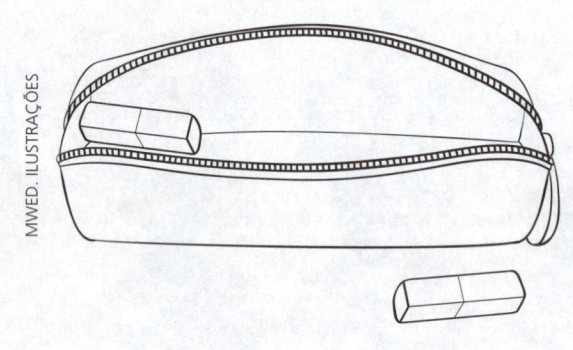

8. Observe as crianças brincando e faça o que se pede.

a) Circule a criança mais **baixa**.

b) Pinte de vermelho a caixa que está **vazia**.

c) Pinte de azul os brinquedos que estão **dentro** das caixas.

Maior e menor

9. Observe e compare o tamanho dos círculos. Pinte o maior e faça um ⌧ no círculo menor.

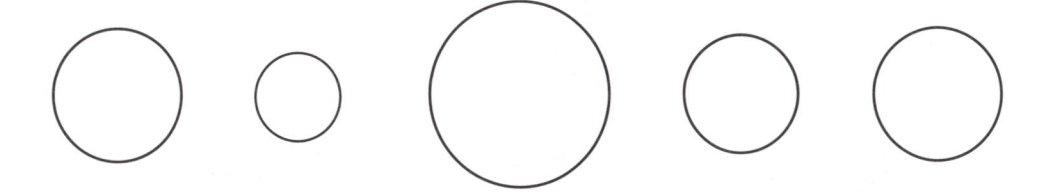

Largo e estreito

10. Observe a cerca. Pinte a madeira mais **estreita**.

Em cima e embaixo

11. Faça um ⌧ no objeto que está em cima da cama. Circule os que estão embaixo dela.

Localização

12. Faça um [x] no atleta que está **perto** da linha de chegada.

13. Você sabe do que eles estão brincando? Pinte de azul a camiseta da criança que está **atrás** da árvore. Pinte de vermelho a camiseta da criança que está **na frente** da árvore.

14. Circule o brinquedo que está **à direita** da menina. Qual o nome do brinquedo que está **à esquerda** da menina?

15. Observe a cena e leia o nome de cada criança.

a) Complete a ilustração seguindo as instruções. Utilize os adesivos da página 497 e cole:
- o porta-lápis de cor **à esquerda** de Eduardo;
- duas lixeiras **entre** Camila e Paula;
- os papéis **na frente** de Camila e Paula;
- o banquinho **atrás** de Márcio;
- o estojo **na frente** de Daniel.

b) Responda oralmente.
- Quem está à direita de Daniel?
- Quem está perto de Eduardo?

LIÇÃO 2 — QUANTIDADES

Observe e explique como cada criança faz a contagem dos brinquedos.

- Como você contaria essas quantidades?

A ideia de quantidade

Há mais meninas ou meninos nesta turma? Vamos descobrir?

Para tirar essa dúvida, cada menino deu a mão para uma menina. O que eles descobriram?

- Há mais meninos ou meninas nessa turma?
- Por quê?

ATIVIDADES

Compare as quantidades dos grupos e faça o que se pede.

1. Pinte o grupo que tem **mais** elementos.

2. Circule o grupo que tem **menos** elementos.

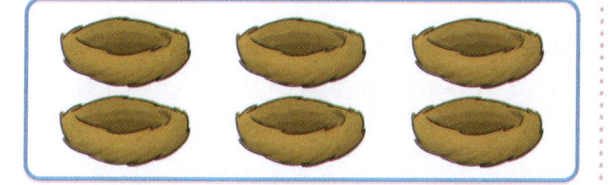

3. Pinte um quadrinho para cada ovo que está no ninho.

4. Desenhe:

a) mais corações do que estrelas.

b) menos bolinhas do que risquinhos.

LIÇÃO 3

NÚMEROS

Os números e os códigos

Os números estão presentes no dia a dia de todas as pessoas. Eles podem representar códigos. Os códigos auxiliam na organização de informações.

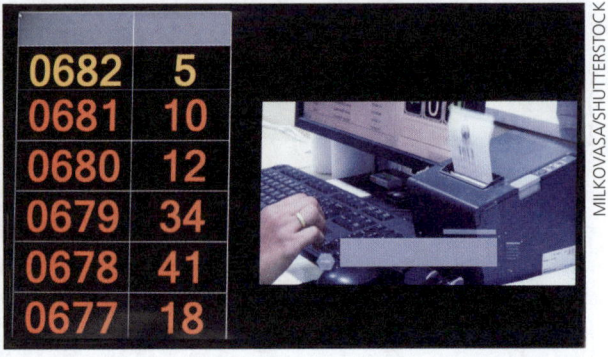

Para criar uma senha de acesso em um aparelho eletrônico, você pode usar letras e números como código.

- Você se lembra de outras situações em que usamos os números?

ATIVIDADES

1. Observe os números que aparecem nestas figuras.

Agora, circule os números que representam códigos.

2. Toda moradia tem um número que representa um código de localização. Escreva um número para esta casa.

3. Circule todos os números que representam código no bilhete do cinema.

sala 02
O menino do cabelo azul

Sessão	Ingresso	Lugar
15-02-19	Inteira	M
20:10	R$ 32,00	9

Cod. Fiscal: 4716

Proibida a troca de Ingresso

15/02   18:52   1163524418

4. Observe a cena.
Circule os números que representam códigos.

PROMOÇÃO
2 BROAS: R$ 4,00

Senha Cliente
036

Atendimento ao Cliente
ligue: 0800123

Vá ao teatro
Rua Azul, 17

PÃO
R$ 9,00
o quilo

5. Observe a cena de rua.

SORVETES
14

PADARIA
12

VOCÊ ESTÁ OUVINDO A FM 103

XYX 0203

FARMÁCIA
a 100 m

Circule o número que não indica código.

LIÇÃO 4
NÚMEROS DE 0 A 10

Ajude as crianças a contar.

1, 2, 3, 4 ...

UM, DOIS, TRÊS, QUATRO...

- Quantos carrinhos há no tapete?

- Quantos ovinhos há na cesta?

Pinte de vermelho 8 tulipas.

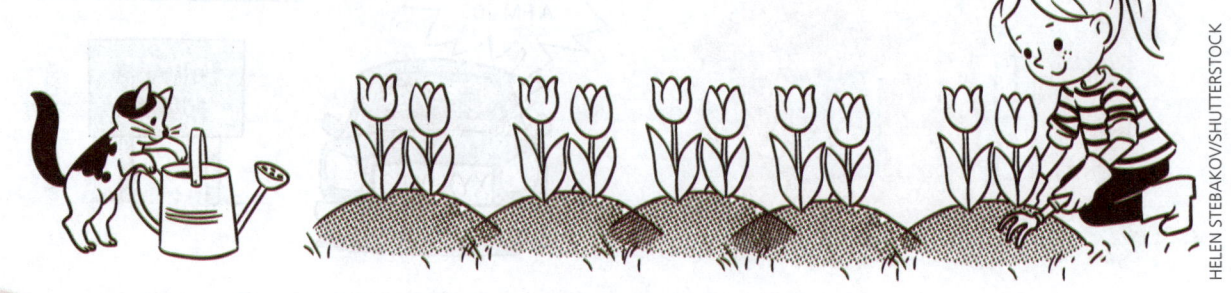

número 1

um

número 2

dois

ATIVIDADES

1. Observe os agrupamentos, conte os elementos e faça o que se pede.

Pinte onde há apenas 1 elemento.

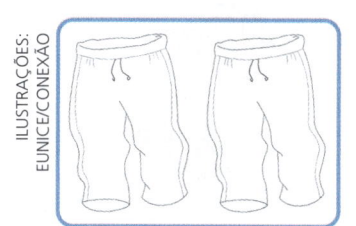

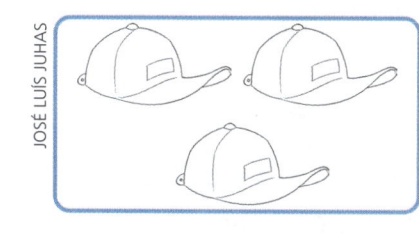

2. O que falta nestes quadros? Complete-os.

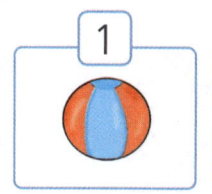

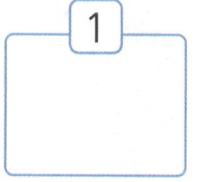

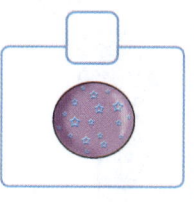

| 1 | 1 | |

3. Escreva o número 1.

ATIVIDADES

1. Observe os agrupamentos, conte os elementos e faça o que se pede.

Marque com um [X] os grupos com 2 elementos.

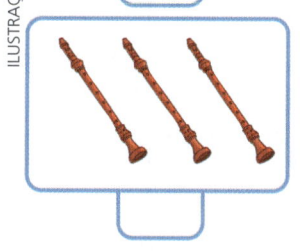

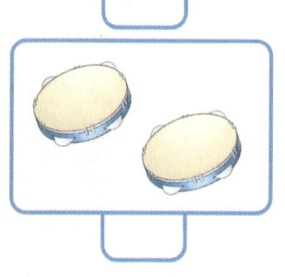

2. Desenhe um grupo com 2 elementos.

3. Escreva o número 2.

4. Pinte de amarelo a etiqueta dos grupos com 2 objetos e de azul a etiqueta dos grupos com 1 objeto.

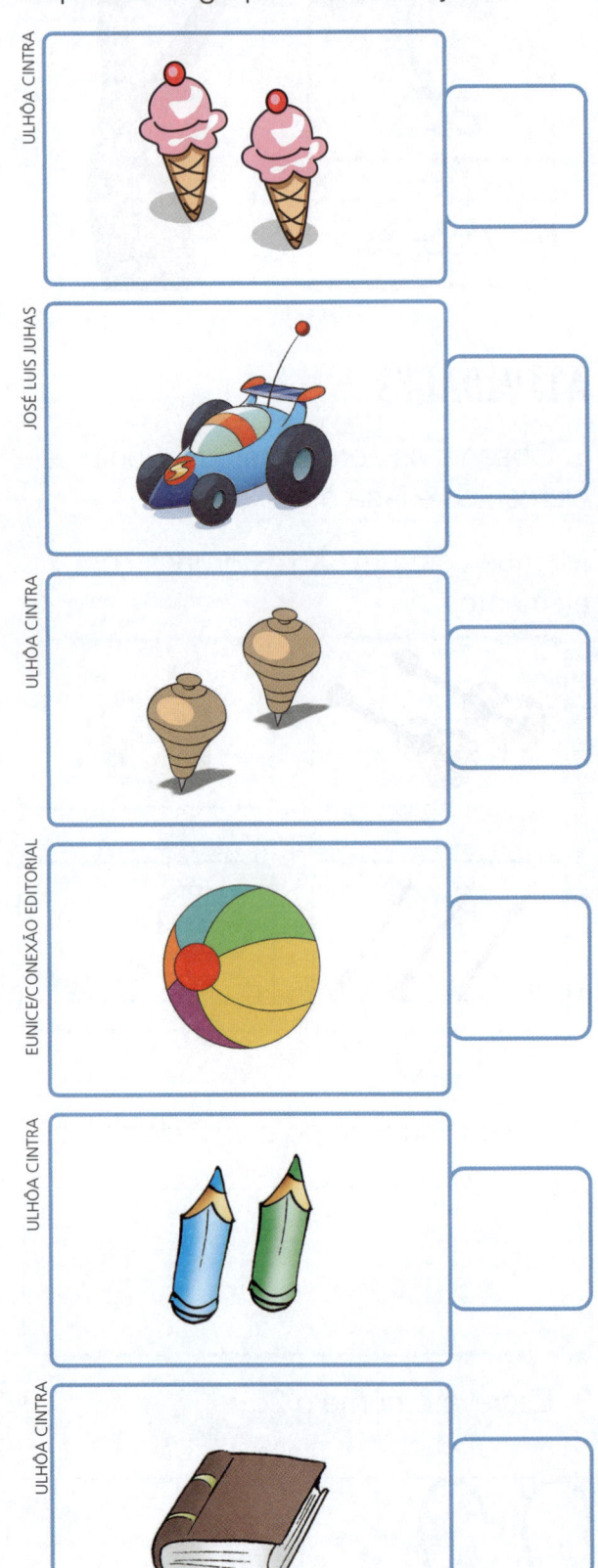

número 3

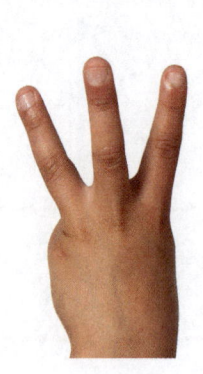

3
três

ATIVIDADES

1. Observe os agrupamentos, conte os elementos e faça o que se pede.

Quantos chapéus há em cada quadro?

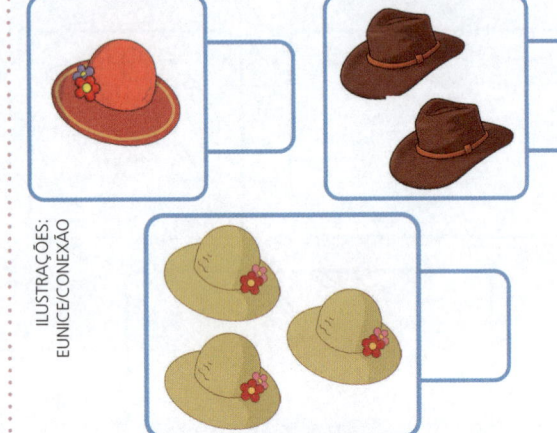

2. Complete os desenhos para o menino ficar com 3 balões.

3. Escreva o número 3.

142

número 4

quatro

ATIVIDADES

1. Observe os agrupamentos, conte os elementos e faça o que se pede.

Quanto falta para formar 4? Desenhe.

2. Escreva o número 4.

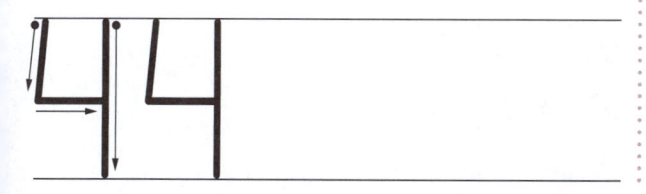

3. Pinte cada quadrinho com uma cor diferente.

Quantas cores você usou? _____

Agora use as mesmas cores e pinte os quadrinhos de outra maneira.

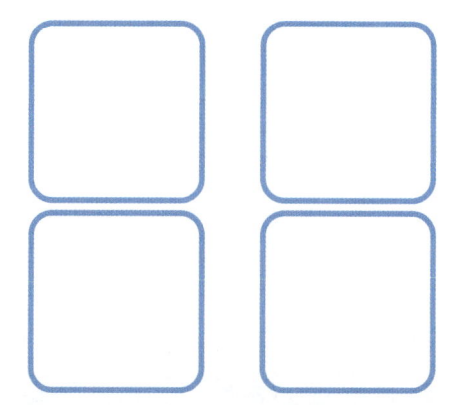

Compare sua resposta com a de seus colegas.

4. Desenhe 4 peixes no aquário.

MATEMÁTICA

número 5

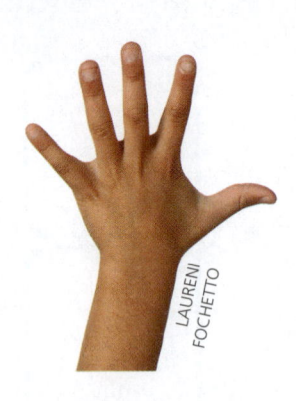

ATIVIDADES

1. Desenhe a quantidade de frutas na cesta de acordo com o número que cada etiqueta indica e responda às questões.

4

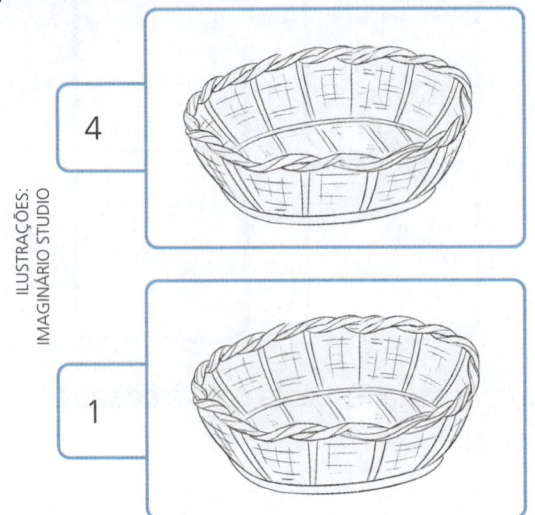

1

- Quantas frutas você desenhou em cada cesta?
  _____

- Quantas frutas você desenhou no total?
  _____

2. Escreva o número 5.

5 5

número 6

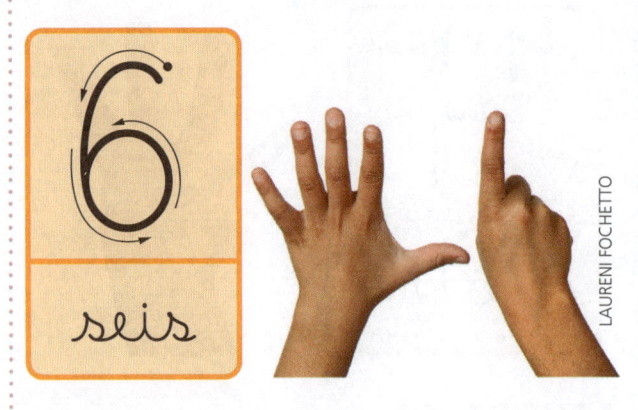

ATIVIDADES

1. Observe os agrupamentos, conte os elementos e faça o que se pede.

Em cada coluna, pinte a quantidade de quadrinhos indicada.

| 1 | 2 | 3 | 4 | 5 | 6 |

2. Escreva o número 6.

6 6

número 7

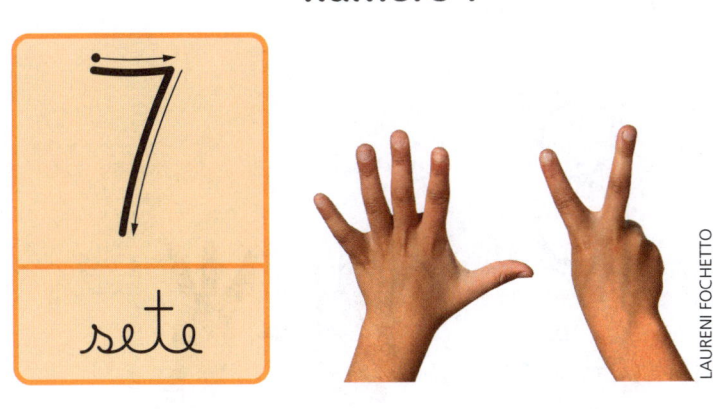

ATIVIDADES

1. Observe os agrupamentos, conte os elementos e faça o que se pede.

Quanto falta para formar 7? Desenhe.

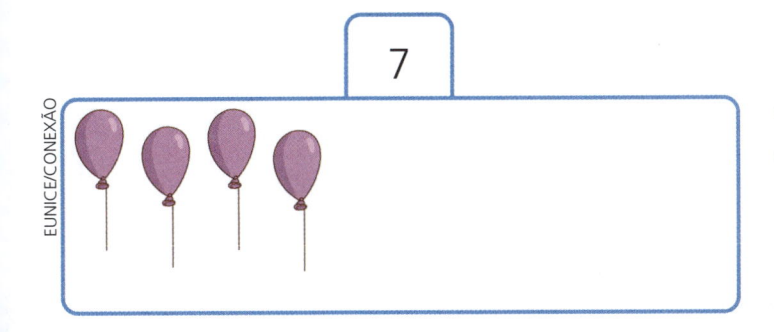

Quantos balões você desenhou?

Quantos balões você desenhou?

2. Escreva o número 7.

número 8

ATIVIDADES

1. Observe os agrupamentos, conte os elementos e faça o que se pede.

Desenhe para completar 8 elementos.

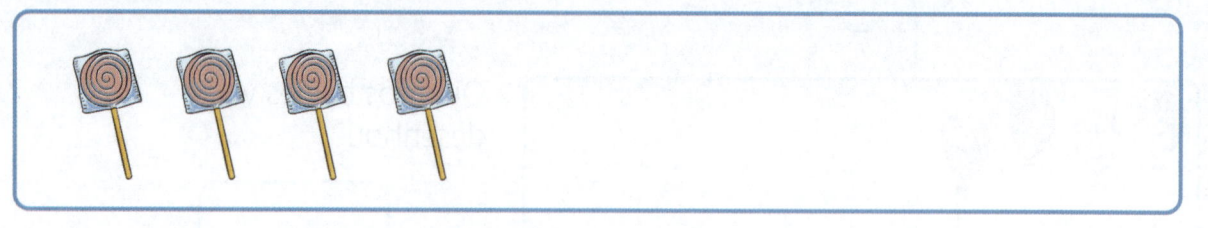

2. Desenhe um ⬯ para cada picolé.

Quantos ⬯ você desenhou? ☐

3. Escreva o número 8.

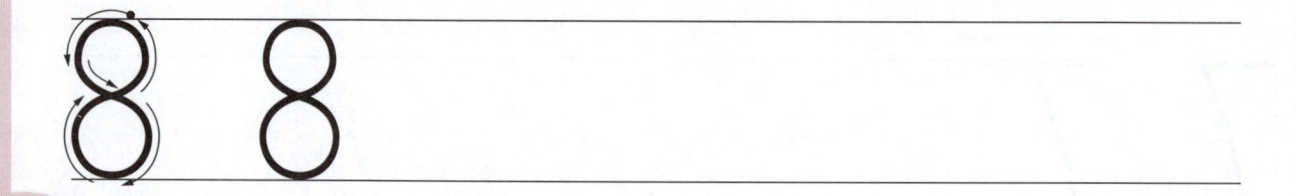

número 9

ATIVIDADES

1. Complete os agrupamentos para ficar com 9 elementos.

2. Escreva o número 9.

3. Pinte as barrinhas com cores diferentes para formar cada quantidade pedida.

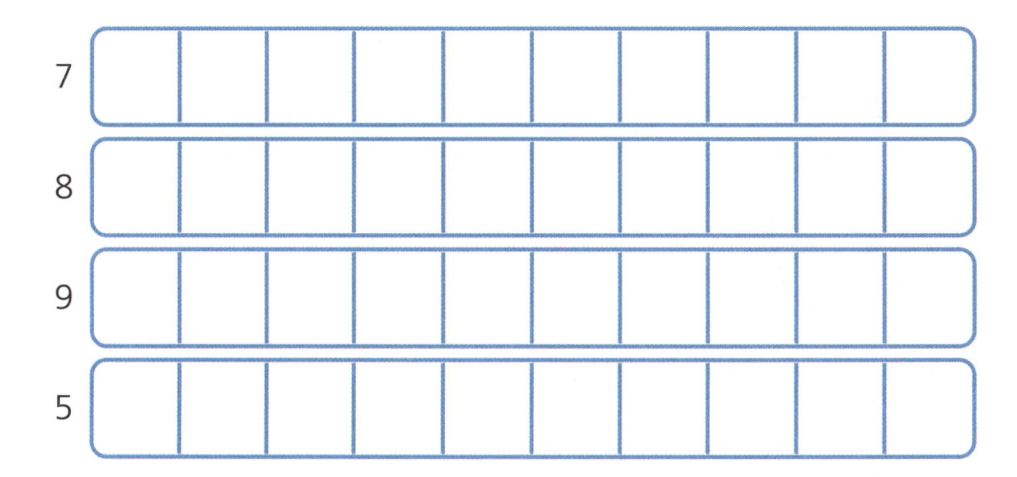

7

8

9

5

- Compare suas respostas com as de seus colegas.

número 0

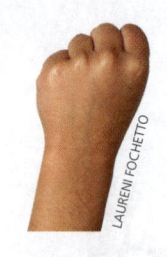

Utilizamos o 0 (zero) para indicar ausência de elementos.

ATIVIDADES

1. Escreva o número 0.

2. Escreva quantos lápis há em cada estojo.

número 10

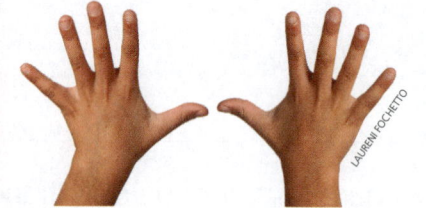

Para escrever o número 10, utilizamos os algarismos **1** e **0**.

ATIVIDADES

1. Leia e escreva o número 10.

2. Pinte todos os quadradinhos sem repetir a cor.

- Quantas cores você usou? _____

5 ORDENAÇÃO

Ordem crescente e ordem decrescente

As crianças na fila estão organizadas por ordem de tamanho, da mais baixa para a mais alta.

Então, podemos dizer que elas estão em **ordem crescente** de tamanho.

Agora, veja os números organizados em ordem crescente.

1 2 3 4 5 6 7 8 9 10

Observe as crianças em outra ordem.

Elas estão organizadas da mais alta para a mais baixa. Podemos dizer que elas estão em **ordem decrescente** de tamanho.

Agora, veja os números organizados em ordem decrescente.

10 9 8 7 6 5 4 3 2 1

ATIVIDADES

1. Observe os números a seguir e faça o que se pede.

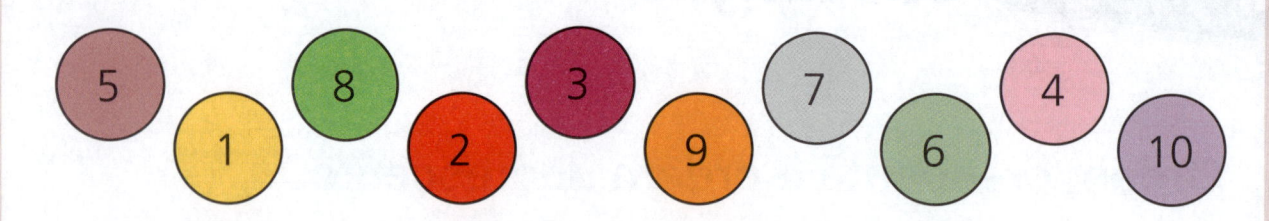

5 1 8 2 3 9 7 6 4 10

a) Escreva do menor para o maior.

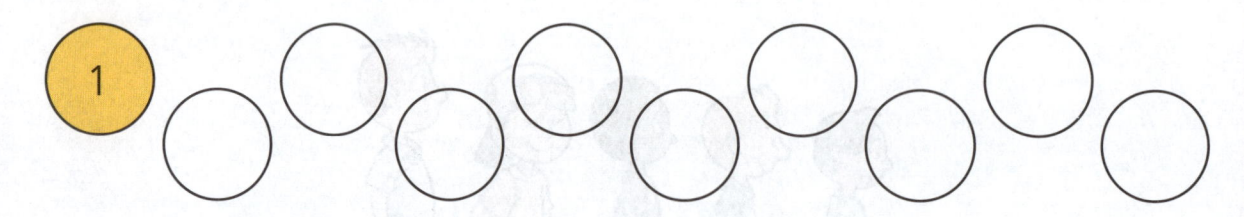

1 ◯ ◯ ◯ ◯ ◯ ◯ ◯ ◯ ◯

Esses números estão em ordem _____

b) Escreva do maior para o menor.

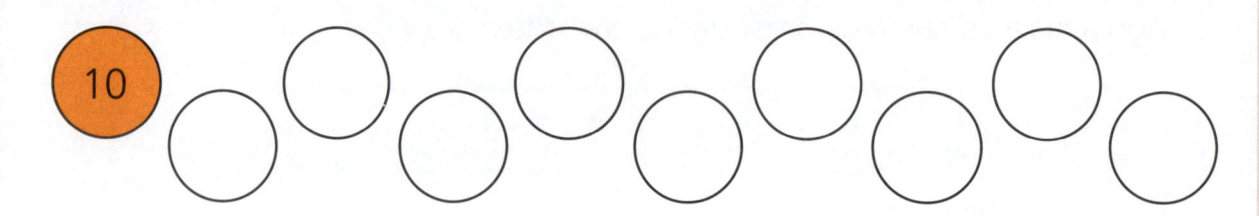

10 ◯ ◯ ◯ ◯ ◯ ◯ ◯ ◯ ◯

Esses números estão em ordem _____

2. Complete cada fila de números conforme a ordem indicada.

1					6

7				3	

3					8

9			6		

4					9

6	5				

150

ADIÇÃO COM TOTAL ATÉ 9

Mauricio de Sousa. *Almanaque Historinha de uma página*, n. 2, mar. 2008. p. 58.

Observe a tirinha e conte a história para um colega.

ATIVIDADES

1. Observe e complete.

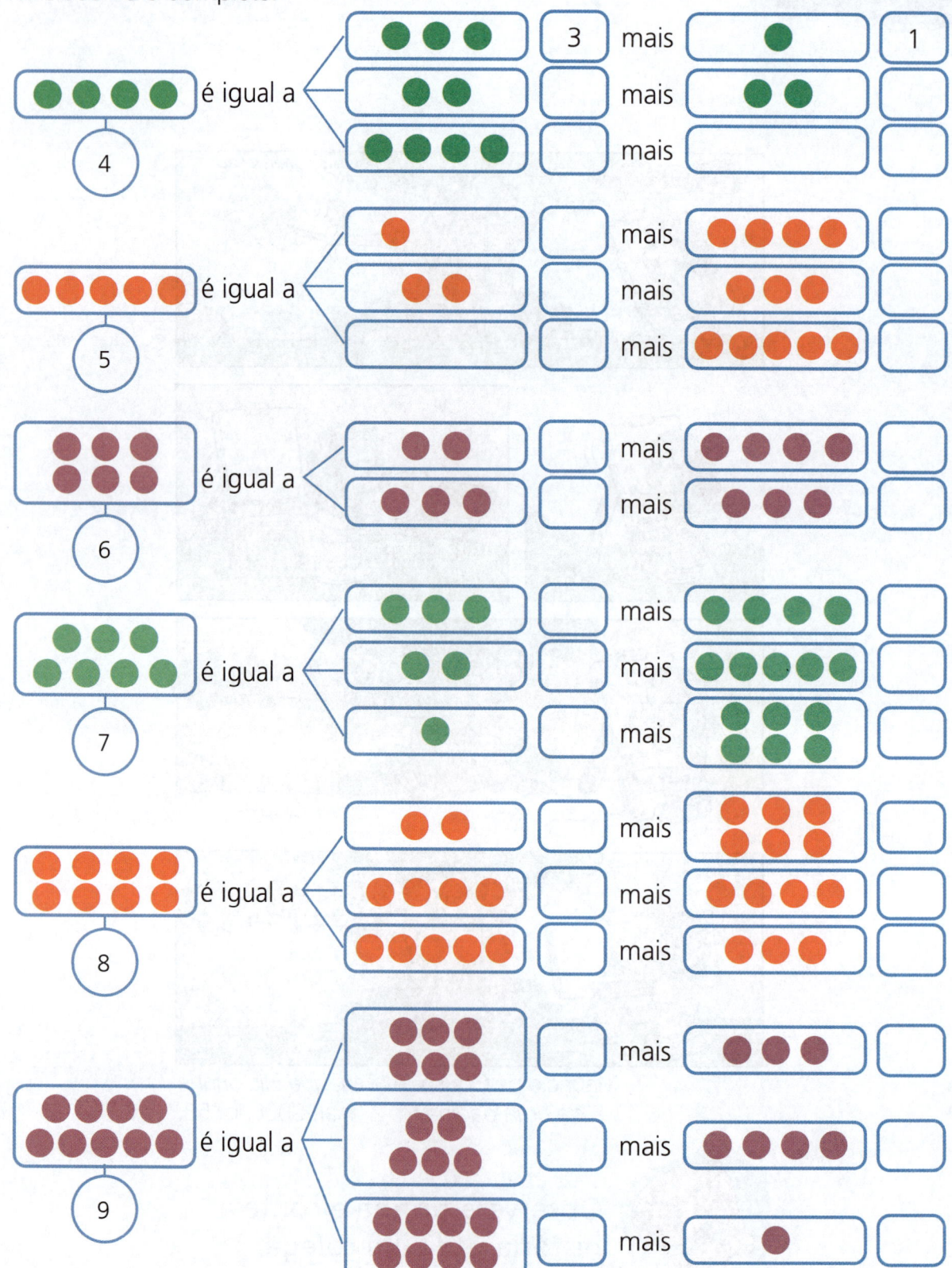

4 é igual a:
- 3 mais 1
- ☐ mais 2
- ☐ mais ☐

5 é igual a:
- 1 mais ☐
- 2 mais ☐
- ☐ mais 5

6 é igual a:
- 2 mais 4
- 3 mais 3

7 é igual a:
- 3 mais 4
- 2 mais 5
- 1 mais ☐

8 é igual a:
- 2 mais 3... ☐
- ☐ mais 4
- 4 mais 3... ☐

9 é igual a:
- ☐ mais 3
- ☐ mais 4
- ☐ mais 1

2. Observe, faça a contagem dos cachorros e complete.

ILUSTRAÇÕES: JOSÉ LUÍS JUHAS

Eram...

Eram _____ cachorros.

Chegaram...

Chegaram _____ cachorros.

Agora, são...

Agora, são _____ cachorros.

- Complete:

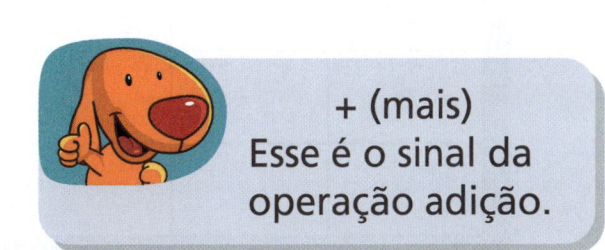

4 + _____ = 6   ou

$$\begin{array}{r} 4 \\ + \underline{} \\ 6 \end{array}$$

+ (mais)
Esse é o sinal da operação adição.

MATEMÁTICA

153

3. Resolva as adições e pinte os resultados de acordo com a legenda.

🟥 Adições com total **igual** a 6.

🟨 Adições com total **menor** do que 6.

⬛ Adições com total **maior** do que 6.

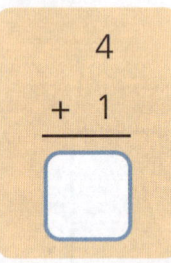

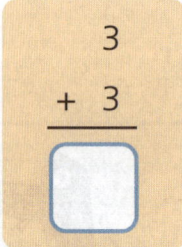

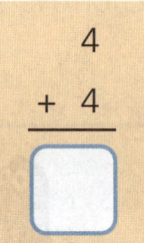

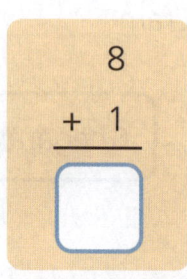

| 4 | 7 | 3 | 4 | 8 |
| +1 | +2 | +3 | +4 | +1 |

| 2 | 5 | 5 | 3 | 3 |
| +4 | +2 | +1 | +2 | +1 |

4. Complete o quadro.

+	1	2	3	4	5
1	2				
2					
3					
4					
5					10

PROBLEMAS

1. Bruna tem ✏️✏️✏️✏️✏️✏️. Rafael tem ✏️✏️✏️ a mais do que Bruna. Registre a quantidade de lápis que Rafael tem.

$$\square + 3 = \square \qquad \begin{array}{r} 6 \\ + \square \\ \hline \square \end{array}$$

Resposta: Rafael tem _____ lápis.

2. Felipe ganhou 🪁🪁🪁🪁.

Seu pai lhe deu mais 🪁🪁.

Com quantas pipas Felipe ficou?

$$\square + \square = \square$$

Resposta: Felipe ficou com _____ pipas.

3. Uma costureira usou 🟡🟡🟡🟡 em uma blusa e 🟢🟢🟢🟢🟢 em outra.

$$\square + \square = \square$$

Quantos botões, ao todo, ela usou?

Resposta: A costureira usou _____ botões.

Fatos básicos da adição

Observe duas situações parecidas e depois complete.

Situação 1

OLHA! ESTÃO CHEGANDO 2 PÁSSAROS.

Na árvore havia _____ pássaros e chegaram mais _____ pássaros.
No total, ficaram _____ pássaros na árvore.
Podemos representar a adição assim:

3 + _____ = _____

Situação 2

OLHA! ESTÃO CHEGANDO 3 PÁSSAROS.

Na árvore havia _____ pássaros e chegaram mais _____ pássaros.
No total, ficaram _____ pássaros na árvore.
Podemos representar a adição assim:

2 + _____ = _____

Ou seja:

3 + 2 = 2 + 3 = 5

Você observou que a ordem dos números na escrita da adição não alterou o resultado?

ATIVIDADES

1. Conte os elementos e faça o que se pede.

a) Desenhe bolas azuis para completar 7.

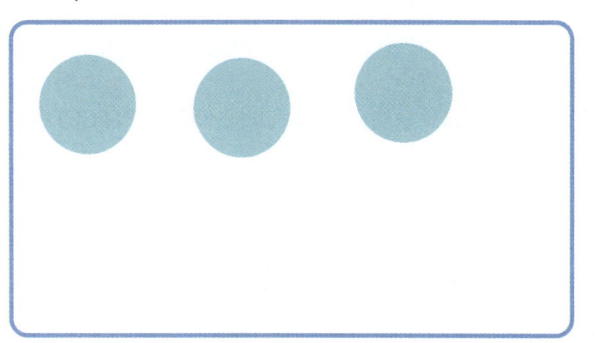

b) Desenhe bolas vermelhas para completar 7.

c) Desenhe triângulos azuis para completar 6.

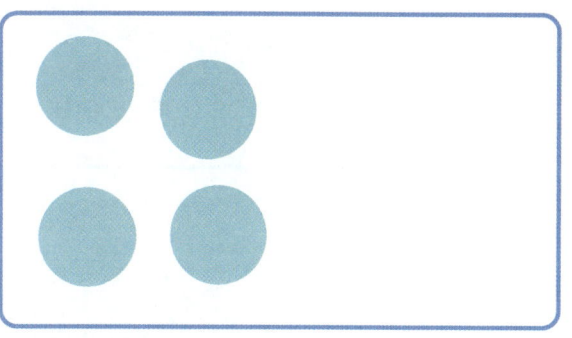

d) Desenhe triângulos vermelhos para completar 6.

2. Observe e complete.

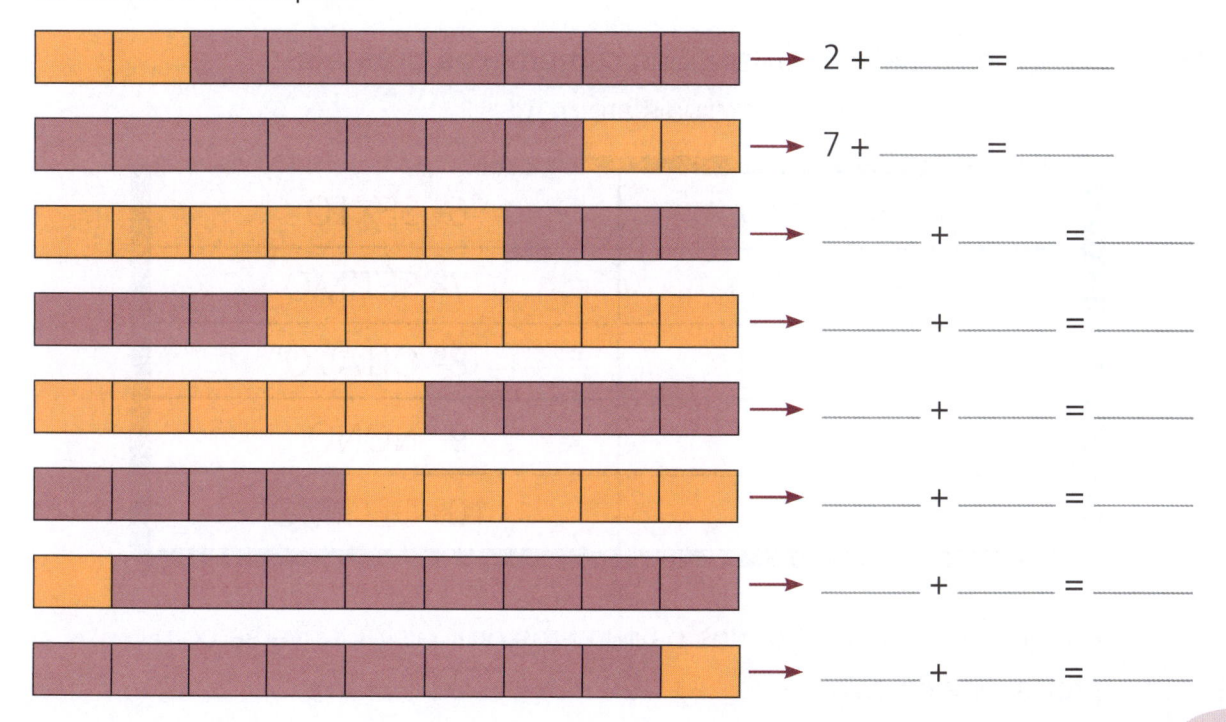

→ 2 + _____ = _____

→ 7 + _____ = _____

→ _____ + _____ = _____

→ _____ + _____ = _____

→ _____ + _____ = _____

→ _____ + _____ = _____

→ _____ + _____ = _____

→ _____ + _____ = _____

LIÇÃO 7 — NÚMEROS ORDINAIS

Observe os números que aparecem na cena. Você sabe o que eles indicam?

Esses números indicam ordem. São os **números ordinais**.

Veja a escrita dos números ordinais até o 10º.

1º PRIMEIRO	6º SEXTO
2º SEGUNDO	7º SÉTIMO
3º TERCEIRO	8º OITAVO
4º QUARTO	9º NONO
5º QUINTO	10º DÉCIMO

- Em que situações utilizamos os números ordinais? Converse com o professor e os colegas.

ATIVIDADES

1. Escreva os números ordinais que indicam a posição de cada vagão do trem.

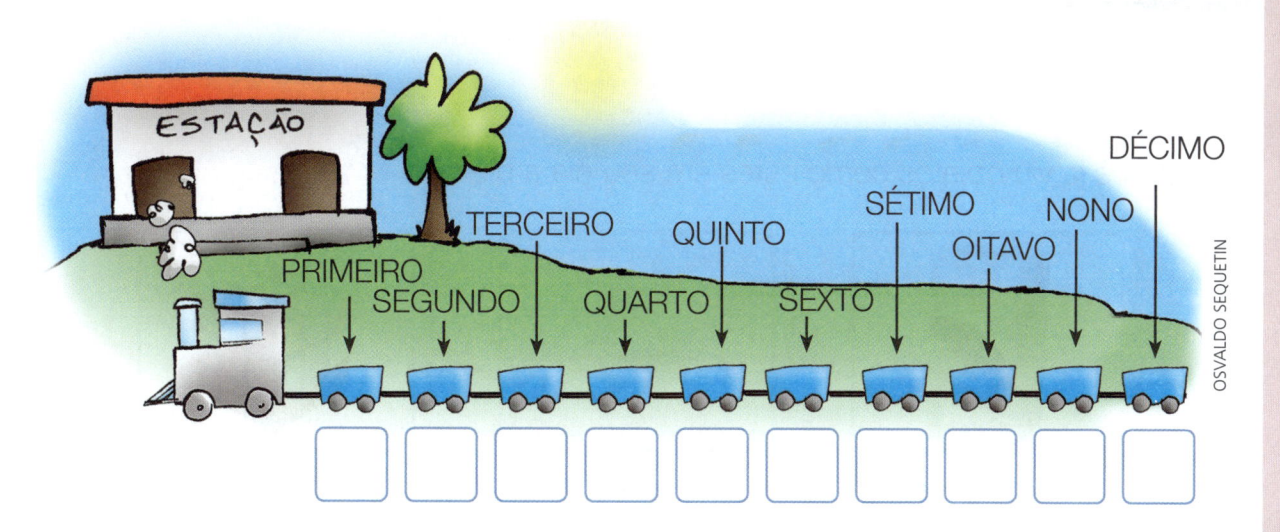

2. Contorne o desenho que corresponde à posição indicada em cada quadro, contando da esquerda para a direita.

a) TERCEIRO

b) QUINTO

c) SEGUNDO

d) SEXTO

e) NONO

LIÇÃO 8 — SÓLIDOS GEOMÉTRICOS

Você já viu objetos como estes em seu dia a dia?

Caixa de leite

Pérola

Cubo mágico

Lata cilíndrica de alimento

Casquinha de sorvete

Esses objetos lembram o que, em Matemática, chamamos **sólidos geométricos**. Veja os nomes de alguns sólidos geométricos.

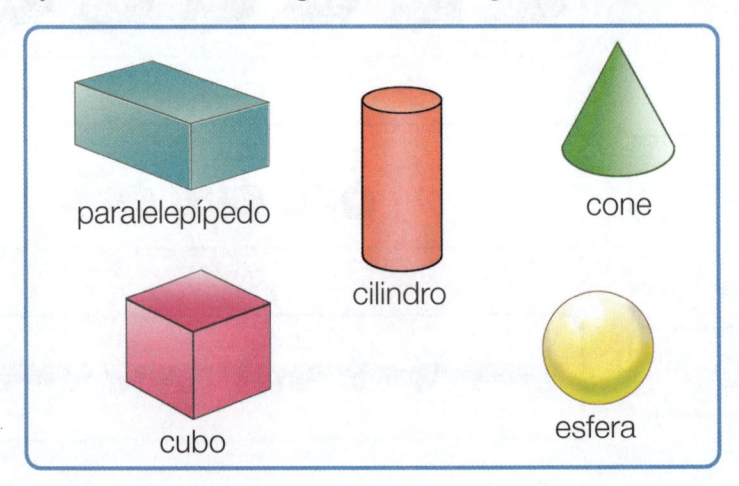

paralelepípedo

cilindro

cone

cubo

esfera

- Que outros objetos têm essas formas?

ATIVIDADES

1. Pinte as figuras que lembram a forma de um ▰.

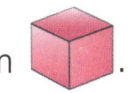

- O nome da figura  ▰ é: _____

2. Observe as figuras.

- Elas lembram a forma de qual sólido geométrico? Escreva o nome dele.

_____

3. Circule as caixas que lembram a forma de um ▱.

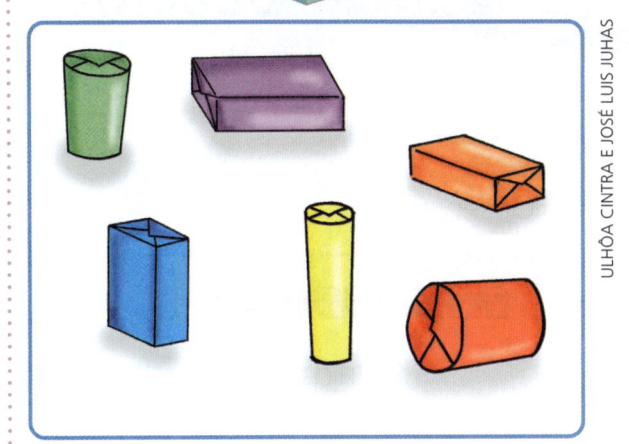

4. Faça um [X] nos objetos que lembram a forma de um ▮.

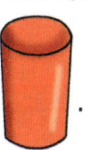

5. Pinte os objetos que lembram a forma de um ▲.

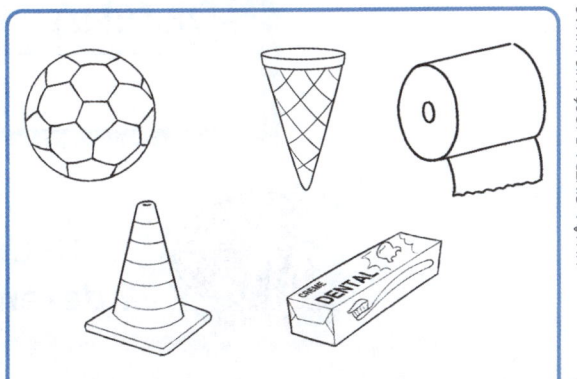

LIÇÃO 9

DEZENA

Observe:

▮▮▮▮▮▮▮▮▮ 9 unidades   ▮ 1 unidade

9 unidades mais 1 unidade é igual a 10 unidades

▮▮▮▮▮▮▮▮▮▮

10 unidades é igual a **1 dezena**.

Agora, veja as representações:

▮▮▮▮▮▮▮▮▮▮

1 grupo de 10 unidades

Juntando um grupo de 10, formamos 1 dezena:

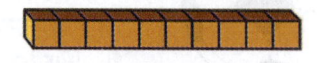

▬▬▬▬▬▬▬▬▬▬

1 dezena

DEZENA	UNIDADE
1	0

10 unidades é igual a **1 dezena**.

ATIVIDADES

1. Descubra quantos elementos faltam para completar 10. Desenhe e escreva o número correspondente.

Meia dezena

Observe esta turma do 1º ano.

a) Qual é o total de alunos dessa turma? _____

b) Há quantas dezenas de alunos? _____

c) Agora, veja este outro grupo.

- Qual é o total de alunos desse grupo?

_____

> 5 é a metade de uma dezena, ou **meia dezena**.
> Meia dezena são 5 unidades.

ILUSTRAÇÕES: OSVALDO SEQUETIN

164

ATIVIDADES

1. Marque com um ⊠ os agrupamentos que têm uma dezena.

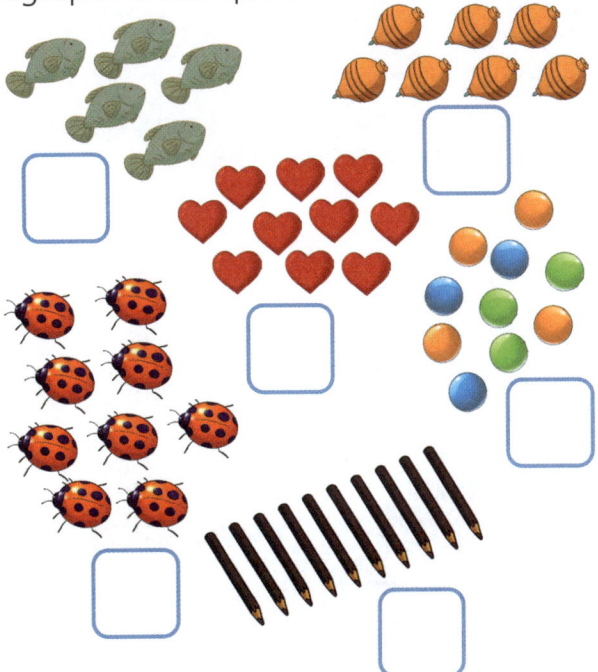

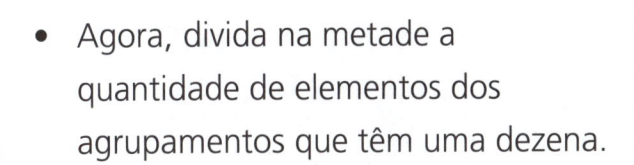

- Agora, divida na metade a quantidade de elementos dos agrupamentos que têm uma dezena.

Quanto é meia dezena? _____

Contorne o grupo que representa meia dezena.

2. Desenhe elementos de acordo com a quantidade indicada nas etiquetas.

5

10

3. Some 10 observando as cores das bolinhas.

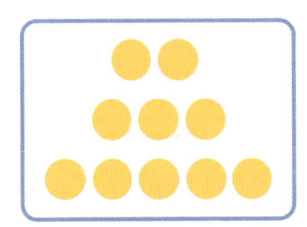

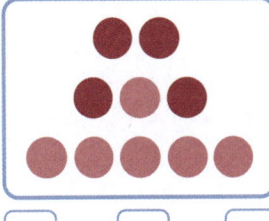

2 + ☐ = ☐   3 + ☐ = ☐

4 + ☐ = ☐   10 + ☐ = ☐

☐ + 3 = ☐   6 + ☐ = ☐

4. Circule as expressões que têm soma igual a 10.

3 + 6   7 + 6   6 + 4

9 + 1   5 + 3   8 + 1

2 + 8   7 + 3   5 + 5

LIÇÃO 10 — NÚMEROS PARES E NÚMEROS ÍMPARES

Na festa junina, os alunos formaram pares para dançar a quadrilha.

Vamos cantar!

O BALÃO TÁ SUBINDO

O balão tá subindo
Tá caindo a garoa
O céu está lindo
E a noite é tão boa.

São joão, são joão
Acende a fogueira
Do meu coração.

Domínio popular

- Quantos pares estão dançando a quadrilha?
- Você gosta de dançar quadrilha? Por quê? Converse com os colegas.

Os elementos a seguir estão organizados em pares.

Meias   Brincos   Alianças   Luvas

ATIVIDADES

1. Circule as figuras formando grupos de dois. Depois, responda.

a)
- Quantos chinelos há? _____
- Há quantos grupos de 2? _____
- Há quantos pares? _____
- Sobrou algum chinelo? ☐ SIM ☐ NÃO

b)
- Quantas meias há? _____
- Há quantos grupos de 2? _____
- Há quantos pares? _____
- Sobrou alguma meia? ☐ SIM ☐ NÃO

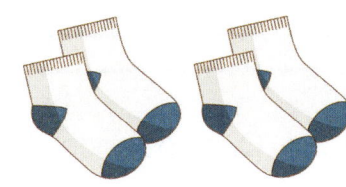

> Você formou grupos de 2 e não sobrou nenhum elemento.
>
> Então, 2, 4, 6 e 8 são **números pares**.

2. Circule os pares conforme a legenda.

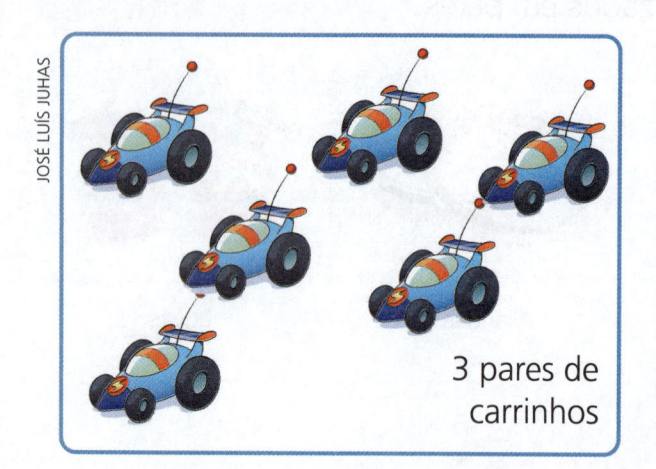

3 pares de carrinhos

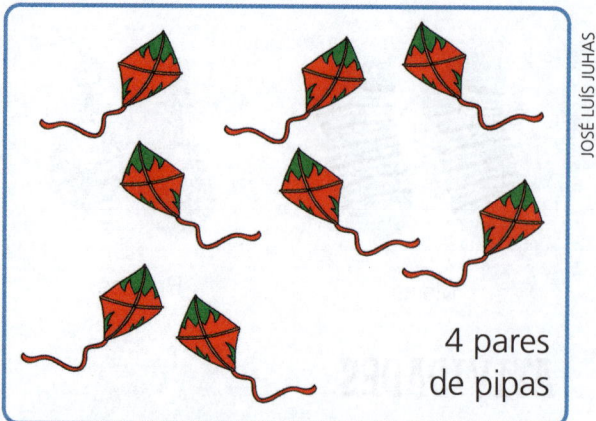

4 pares de pipas

3. Circule as figuras formando grupos de 2. Depois, responda às questões.

a)
- Quantos lápis há? _____
- Quantos pares foram formados? _____
- Há quantos grupos de 2? _____
- Sobrou algum lápis? ☐ SIM   ☐ NÃO

b)
- Quantos apontadores há? _____
- Há quantos grupos de 2? _____
- Quantos pares foram formados? _____
- Sobrou algum apontador? ☐ SIM   ☐ NÃO

Nas figuras que você agrupou, sobrou 1 elemento.
Então, 3, 5, 7 e 9 são **números ímpares**.

4. Observe e responda.

a) No total há _____ copos.

b) Quantos pares? _____

c) Sobrou algum copo? ☐ SIM   ☐ NÃO

Álgebra: sequências

1. Complete os números nos vagões do trem.

2   4   6   8

a) Nesse trem há _____ vagões.

b) Os números que você escreveu são números pares ou ímpares?

☐ PARES   ☐ ÍMPARES

c) Essa sequência está em ordem:

☐ CRESCENTE   ☐ DECRESCENTE

2. Camila vai pular as lajotas numeradas.

Complete as lajotas com os números que estão faltando.

| 9 | 8 | | 6 | 5 | | | | 1 |

a) Nessa sequência os números ímpares são: _____

b) Nessa sequência os números pares são: _____

LIÇÃO 11

SUBTRAÇÃO

Observe os patinhos.

Eram 5 patinhos. Fugiu 1 patinho.

Eram...

Fugiu...

Ficaram...

Cinco menos 1 é igual a 4.

5 – 1 = 4

$$\begin{array}{r} 5 \\ -\ 1 \\ \hline 4 \end{array}$$

Ficaram 4 patinhos.

ATIVIDADES

1. Observe e faça o que se pede.

Paula tinha 4 picolés. Deu 2 picolés a Sabrina.

Risque os picolés que Paula deu.

Desenhe os picolés que Paula tem agora.

Registre com números: _____ – _____ = _____

2. No estacionamento havia 3 motocicletas.

Saiu 1 motocicleta.

Risque 1 motocicleta. Quantas motocicletas ficaram?

Registre com números: _____ _____ _____

3. Resolva as subtrações. Observe o exemplo.

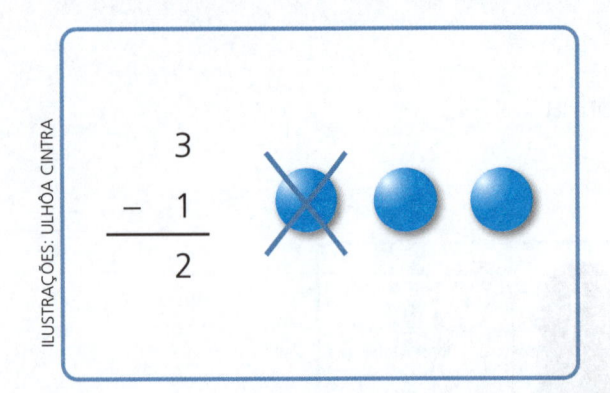

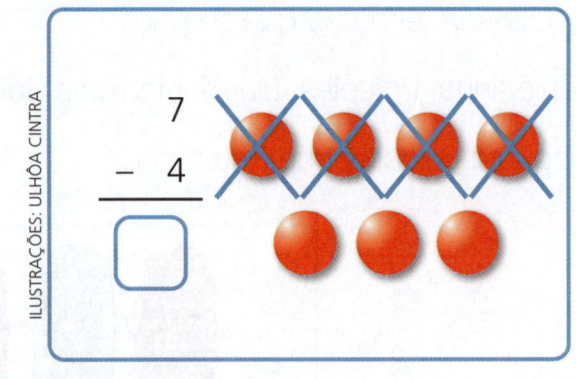

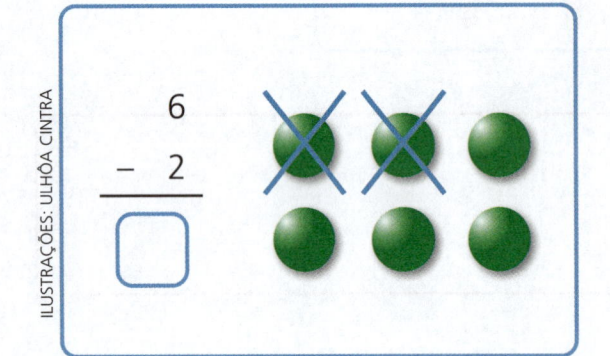

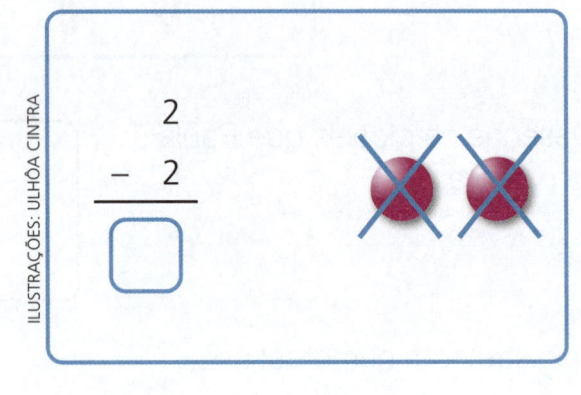

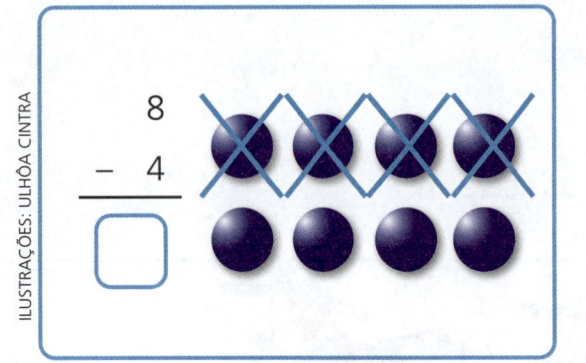

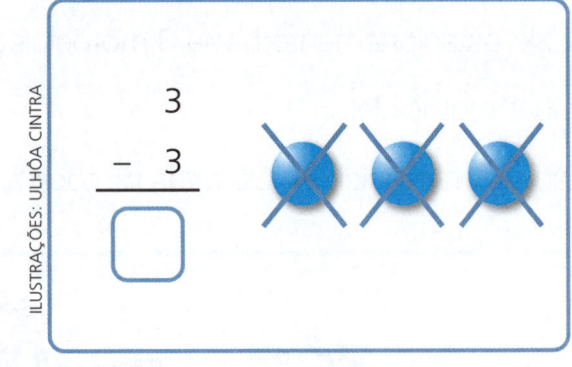

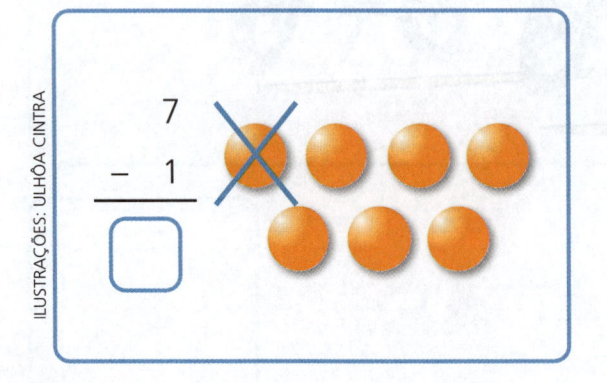

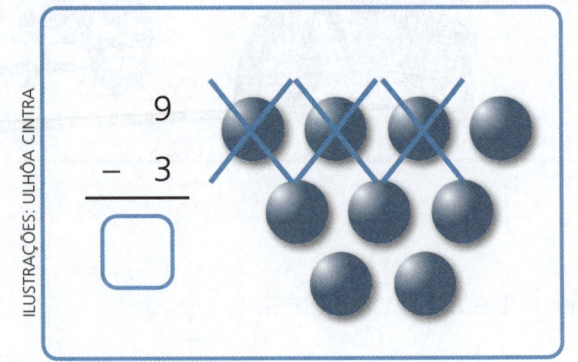

$$\begin{array}{r} 3 \\ -1 \\ \hline 2 \end{array}$$

$$\begin{array}{r} 7 \\ -4 \\ \hline \square \end{array}$$

$$\begin{array}{r} 6 \\ -2 \\ \hline \square \end{array}$$

$$\begin{array}{r} 2 \\ -2 \\ \hline \square \end{array}$$

$$\begin{array}{r} 8 \\ -4 \\ \hline \square \end{array}$$

$$\begin{array}{r} 3 \\ -3 \\ \hline \square \end{array}$$

$$\begin{array}{r} 7 \\ -1 \\ \hline \square \end{array}$$

$$\begin{array}{r} 9 \\ -3 \\ \hline \square \end{array}$$

PROBLEMAS

1. Ana tinha 5 coelhinhos. Deu 4 para Bete.

Com quantos coelhinhos Ana ficou?

5 – 4 =

Resposta: Ana ficou com _____ coelhinho.

2. Pedro viu 6 macaquinhos. Foram embora 2 macaquinhos.

Quantos macaquinhos ficaram?

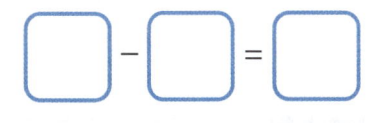

☐ – ☐ = ☐

Resposta: Ficaram _____ macaquinhos.

3. Em um ninho havia 3 passarinhos. Voaram 2 passarinhos.

Quantos passarinhos ficaram no ninho?

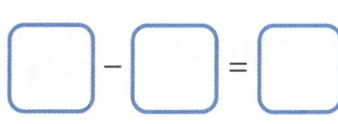

☐ – ☐ = ☐

Resposta: Ficou _____ passarinho no ninho.

LIÇÃO 12

NÚMEROS DE 11 A 49

Números de 11 a 19

Observe o exemplo e complete.

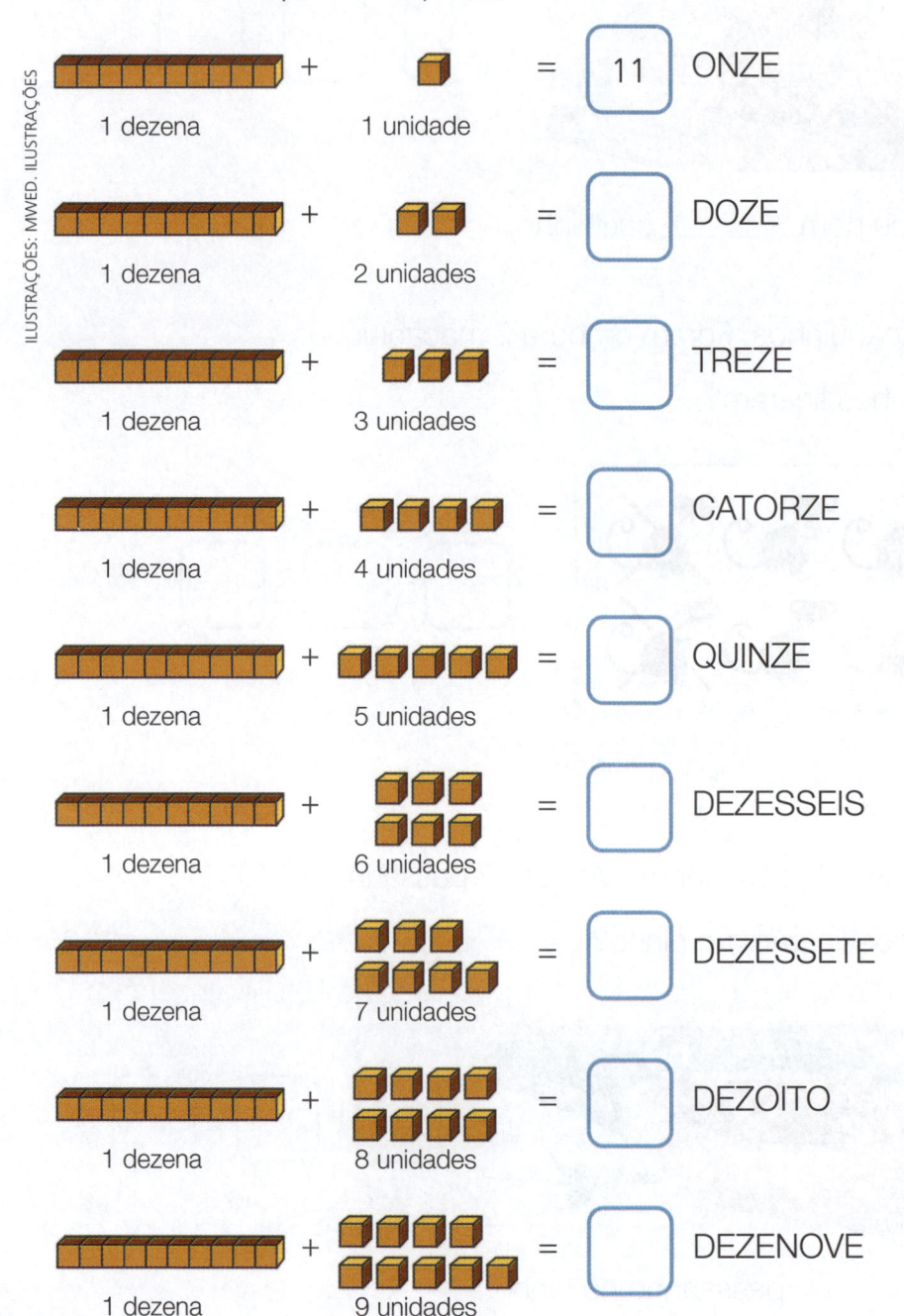

1 dezena	+ 1 unidade	= 11	ONZE
1 dezena	+ 2 unidades	= ☐	DOZE
1 dezena	+ 3 unidades	= ☐	TREZE
1 dezena	+ 4 unidades	= ☐	CATORZE
1 dezena	+ 5 unidades	= ☐	QUINZE
1 dezena	+ 6 unidades	= ☐	DEZESSEIS
1 dezena	+ 7 unidades	= ☐	DEZESSETE
1 dezena	+ 8 unidades	= ☐	DEZOITO
1 dezena	+ 9 unidades	= ☐	DEZENOVE

ATIVIDADES

1. Agrupe 10 elementos e indique quantas dezenas e quantas unidades há. Observe o exemplo.

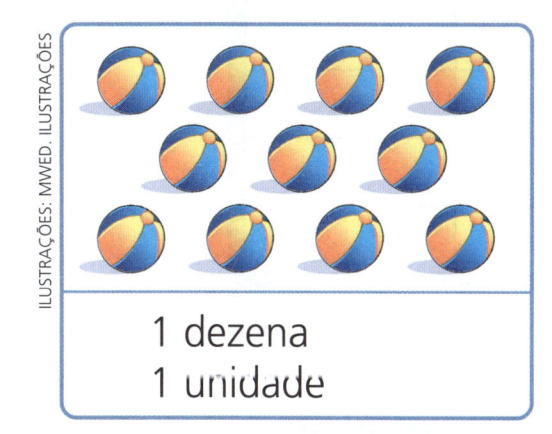

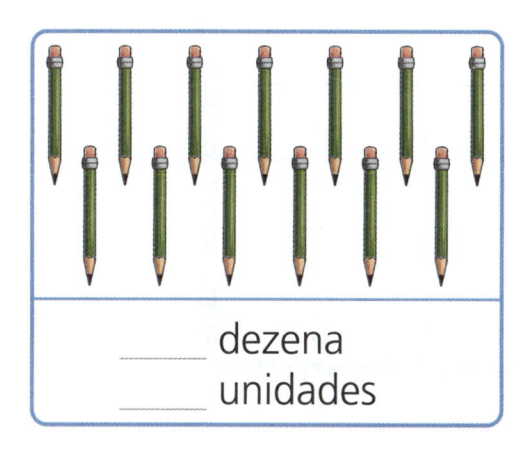

1 dezena
1 unidade

_____ dezena
_____ unidades

_____ dezena
_____ unidades

_____ dezena
_____ unidades

_____ dezena
_____ unidades

_____ dezena
_____ unidades

2. Escreva o número que vem imediatamente antes e o número que vem imediatamente depois.

	7	
	5	
	14	
	9	
	12	
	10	

3. Escreva o número que está entre um e outro:

5		7
17		19
16		18
12		14
9		11
3		5

4. Complete as sequências.

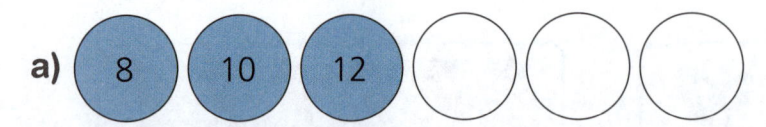

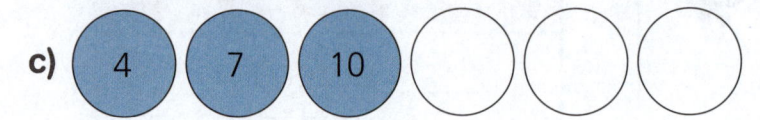

a) 8, 10, 12, ◯, ◯, ◯

b) 3, 6, 9, ◯, ◯, ◯

c) 4, 7, 10, ◯, ◯, ◯

Números de 20 a 29

Observe a representação do número 20.

2 dezenas = 20 unidades
20 = vinte

Veja o exemplo e complete.

2 dezenas + 1 unidade = 21 VINTE E UM

2 dezenas + 2 unidades = ☐ VINTE E DOIS

2 dezenas + 3 unidades = ☐ VINTE E TRÊS

2 dezenas + 4 unidades = ☐ VINTE E QUATRO

2 dezenas + 5 unidades = ☐ VINTE E CINCO

2 dezenas + 6 unidades = ☐ VINTE E SEIS

2 dezenas + 7 unidades = ☐ VINTE E SETE

2 dezenas + 8 unidades = ☐ VINTE E OITO

2 dezenas + 9 unidades = ☐ VINTE E NOVE

ATIVIDADES

1. Conte as barrinhas e os cubinhos e complete. Observe o exemplo.

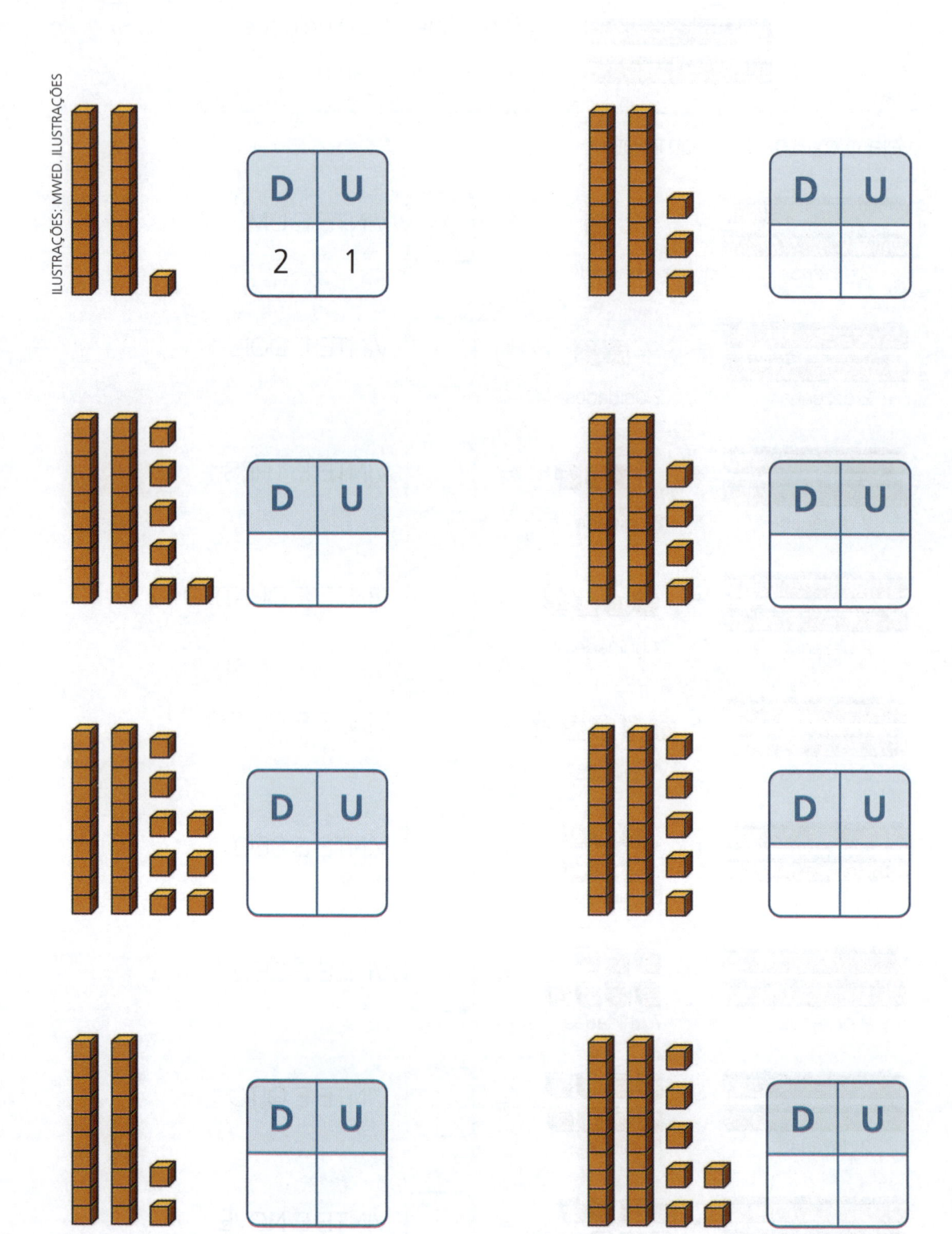

D	U
2	1

D	U

D	U

D	U

D	U

D	U

D	U

D	U

Números de 30 a 39

Observe a representação do número 30.

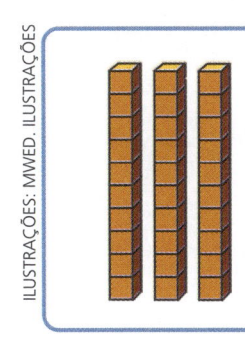

3 dezenas = 30 unidades

30 = trinta

Veja o exemplo e complete.

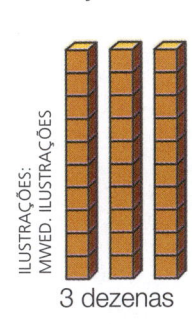

+ = 31 TRINTA E UM

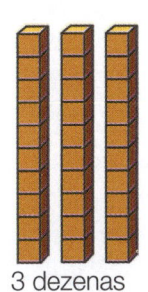

3 dezenas   1 unidade

+ = ☐ TRINTA E DOIS

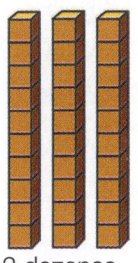

3 dezenas   2 unidades

+ = ☐ TRINTA E TRÊS

3 dezenas   3 unidades

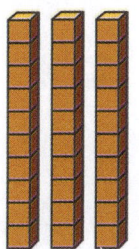

+ = ☐ TRINTA E QUATRO

3 dezenas   4 unidades

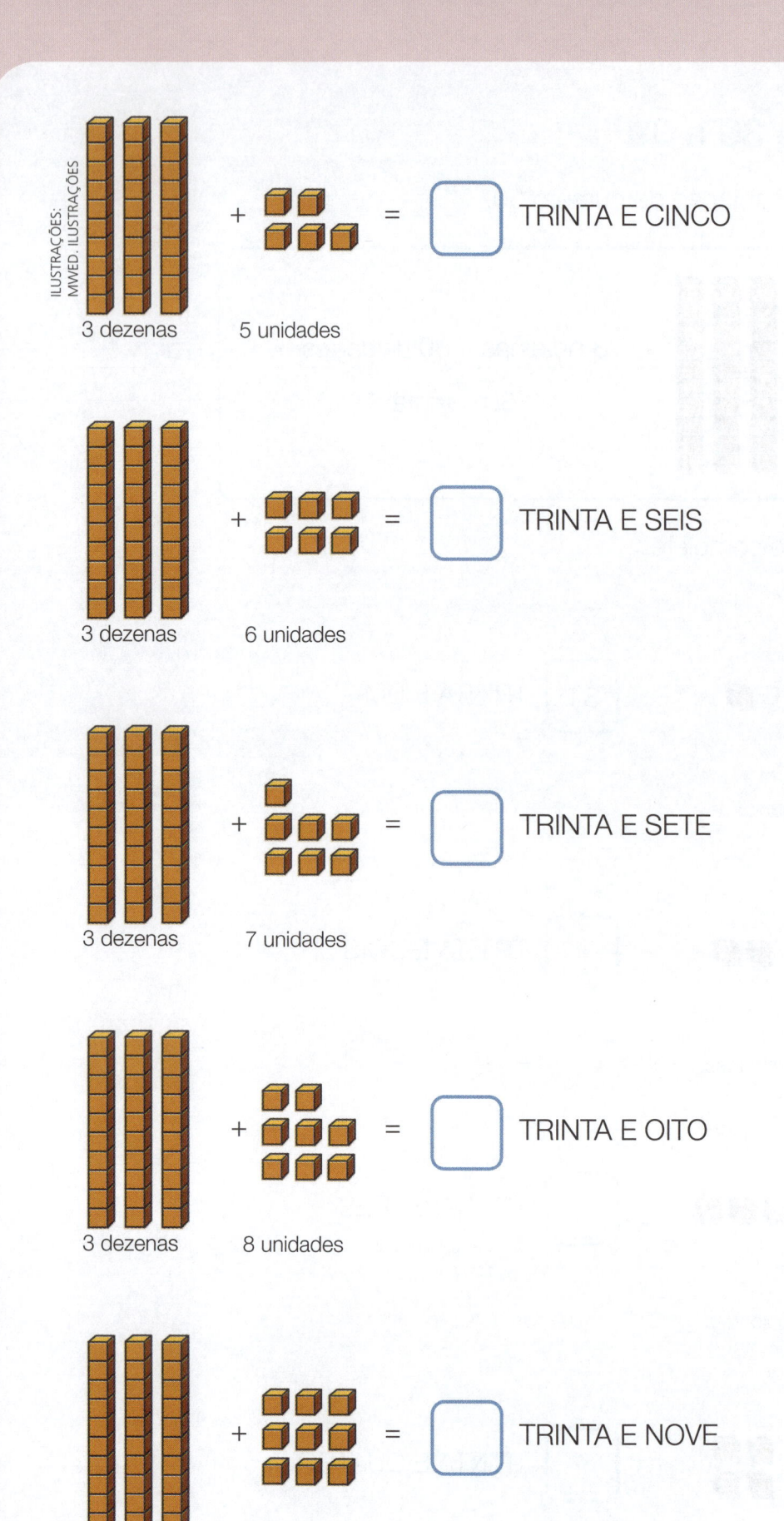

3 dezenas	+ 5 unidades	= ☐	TRINTA E CINCO
3 dezenas	+ 6 unidades	= ☐	TRINTA E SEIS
3 dezenas	+ 7 unidades	= ☐	TRINTA E SETE
3 dezenas	+ 8 unidades	= ☐	TRINTA E OITO
3 dezenas	+ 9 unidades	= ☐	TRINTA E NOVE

ATIVIDADES

1. Conte as barrinhas e os cubinhos. Observe o exemplo e complete.

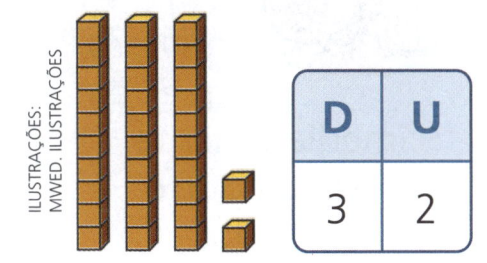

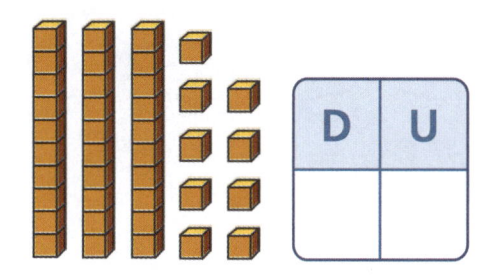

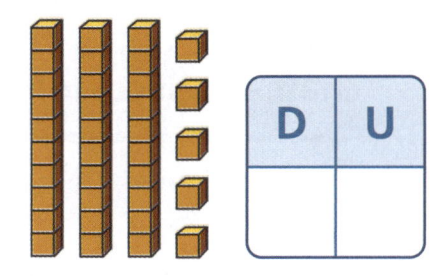

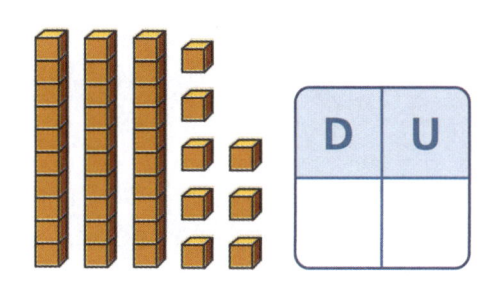

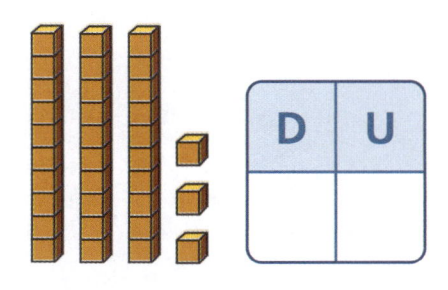

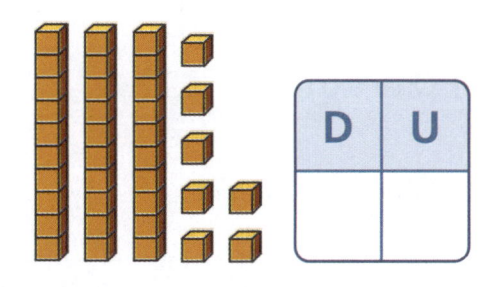

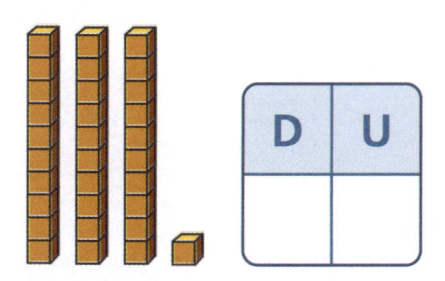

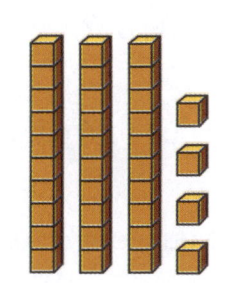

D	U
3	2

2. Escreva os números imediatamente anteriores e posteriores aos que já estão indicados.

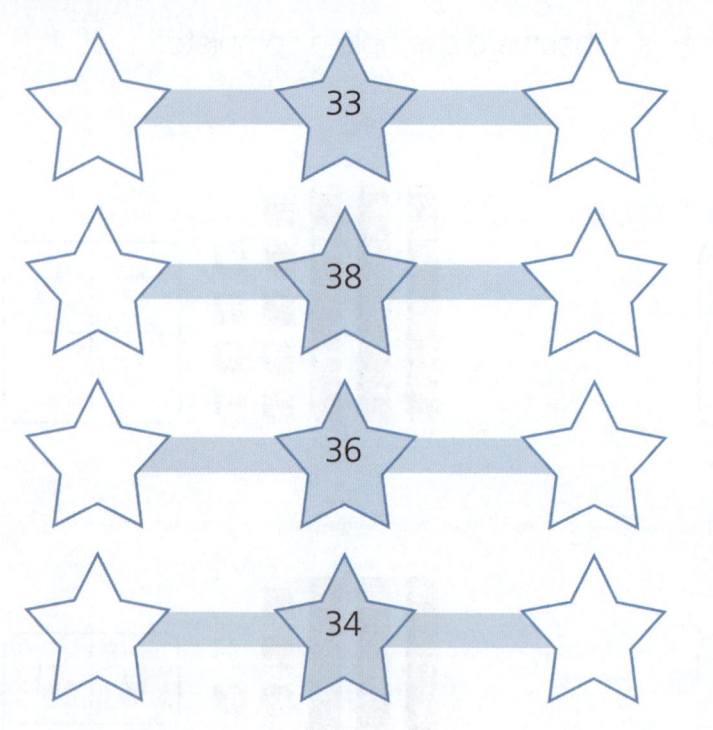

☆ — 33 — ☆

☆ — 38 — ☆

☆ — 36 — ☆

☆ — 34 — ☆

> Um número que vem imediatamente antes de outro é chamado **antecessor**. Um número que vem imediatamente depois de outro é chamado **sucessor**.

3. Leia os números a seguir.

| 37 | 32 | 34 | 30 | 31 | 35 |

a) Qual é o maior? _____

b) Qual é o menor? _____

c) Qual é o antecessor de 35? _____

d) Qual é o sucessor de 31? _____

e) Qual é o número que está entre 30 e 32? _____

f) Qual é o número que tem 3 dezenas e 5 unidades? _____

182

4. Complete a sequência.

(30)(31)( )( )( )( )( )( )( )( )

5. Descubra as respostas.

a) Juliana tem 2 dezenas de bolas. Quantas bolas ela tem?

b) Felipe tem 3 dezenas de bolas. Quantas bolas ele tem?

- Quem possui mais bolas: Juliana ou Felipe?
- Quantas dezenas de bolas a mais?

Números de 40 a 49

Observe a representação do número 40.

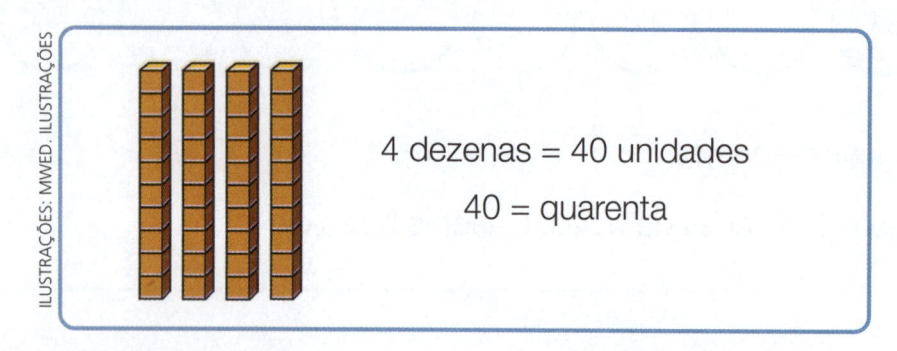

4 dezenas = 40 unidades

40 = quarenta

Veja o exemplo e complete.

4 dezenas + 1 unidade = 41 QUARENTA E UM

4 dezenas + 2 unidades = ☐ QUARENTA E DOIS

4 dezenas + 3 unidades = ☐ QUARENTA E TRÊS

4 dezenas + 4 unidades = ☐ QUARENTA E QUATRO

4 dezenas + 5 unidades = QUARENTA E CINCO

4 dezenas + 6 unidades = QUARENTA E SEIS

4 dezenas + 7 unidades = QUARENTA E SETE

4 dezenas + 8 unidades = QUARENTA E OITO

4 dezenas + 9 unidades = QUARENTA E NOVE

ATIVIDADES

1. Complete a sequência na ordem decrescente.

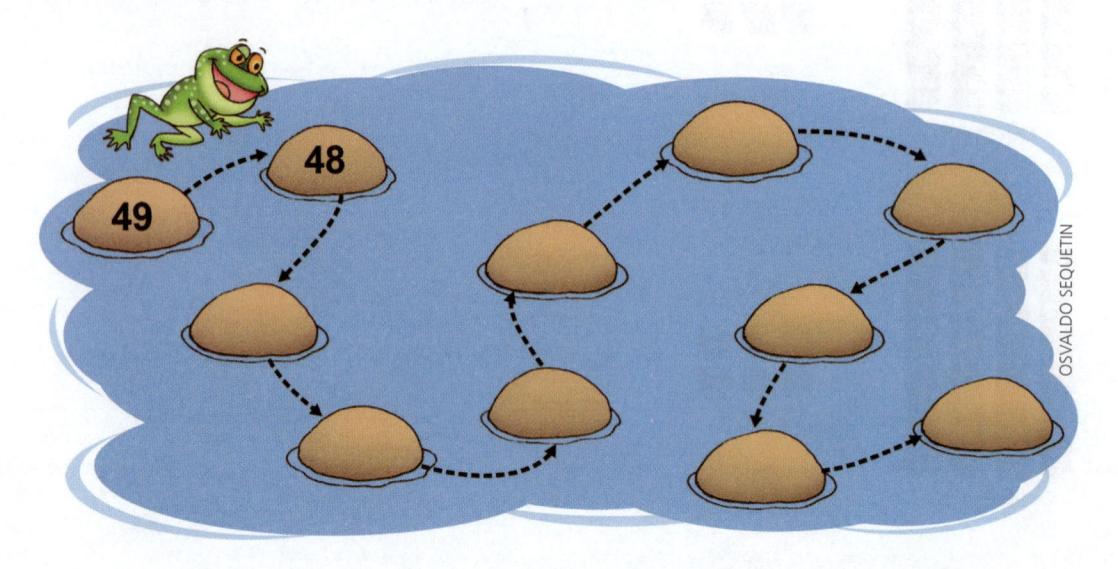

[49] → [48] → ...

2. Circule o número que as crianças estão falando.

- É maior DO que 48.
  45   49   47

- É maior DO que 43.
  42   45   40

- Fica entre 41 e 43.
  44   46   42

- É menor DO que 45.
  47   43   46

- Fica antes de 42.
  49   41   48

- Fica depois de 44.
  40   42   45

3. Observe as escadinhas e complete.

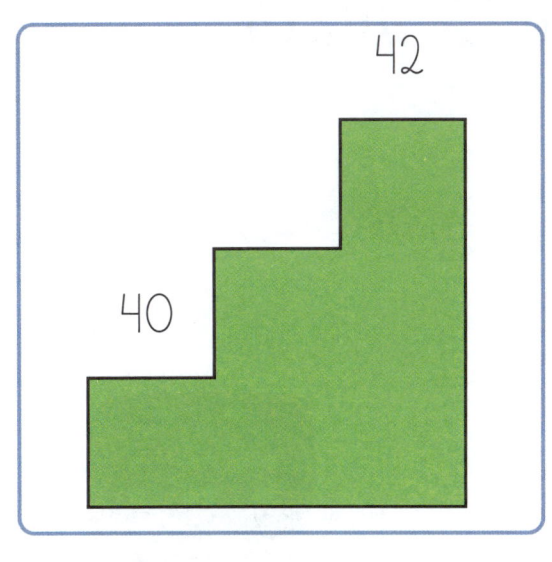

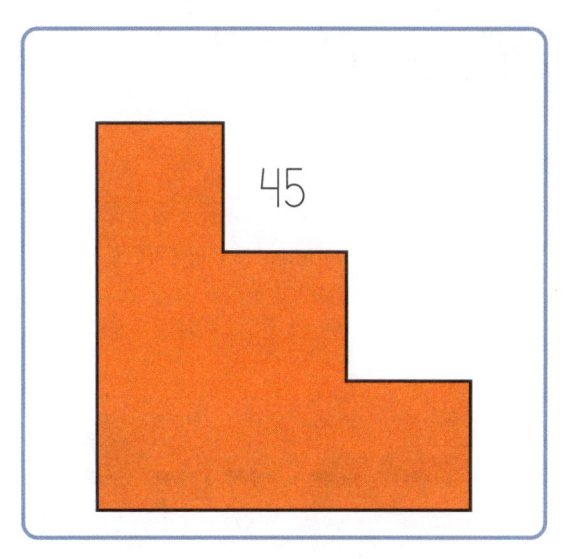

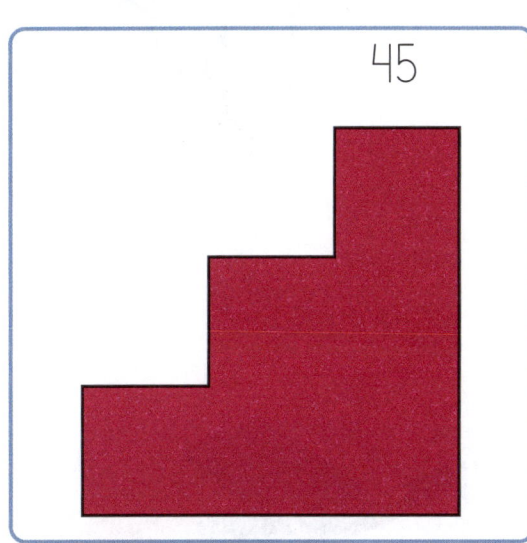

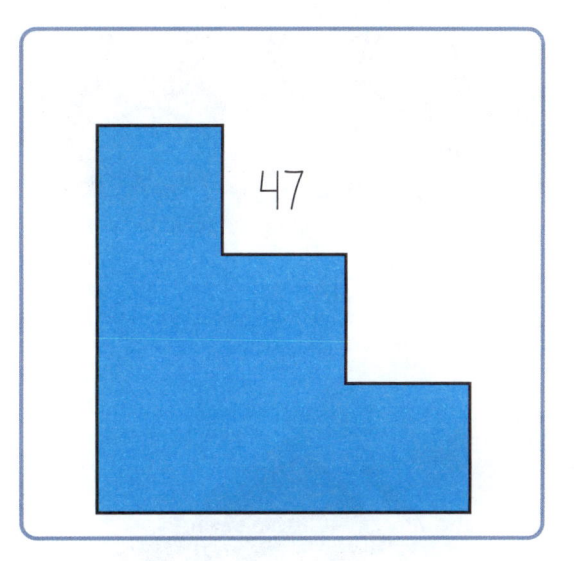

42
40

45

45

47

4. Observe o exemplo e complete.

42 ←−2− 44 −+2→ 46

☐ ←−3− 46 −+3→ ☐

☐ ←−2− 43 −+2→ ☐

☐ ←−2− 47 −+2→ ☐

☐ ←−3− 45 −+3→ ☐

☐ ←−1− 48 −+1→ ☐

187

LIÇÃO 13 — DÚZIA E MEIA DÚZIA

Observe a quantidade de ovos em cada caixa.

UMA DÚZIA

MEIA DÚZIA

UMA DÚZIA

MEIA DÚZIA

Conte as quantidades e responda.

- Quantos elementos formam uma dúzia?

- Quantos elementos formam meia dúzia?

Conte quantos elementos há em cada caixa e escreva a quantidade deles.

UMA DÚZIA SÃO 12 UNIDADES.

MEIA DÚZIA SÃO 6 UNIDADES.

ATIVIDADES

1. Contorne com um ▢ o número que representa uma dúzia e com um ◯ o número que representa meia dúzia.

5	17	9	12	19
6	8	13	14	10

2. Complete os grupos para que fiquem com uma dúzia de elementos.

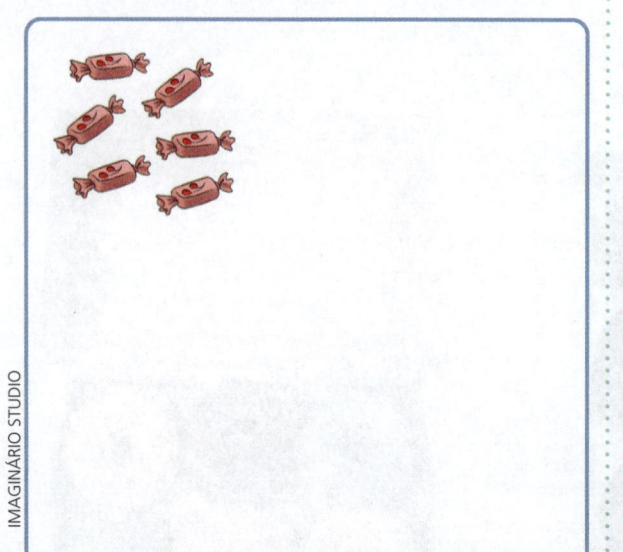

4. Desenhe:

uma dúzia de ovos.

meia dúzia de bananas.

3. Pinte meia dúzia de maçãs.

Quantas maçãs você pintou?

5. Desenhe a quantidade que falta para tornar as afirmações verdadeiras.

Ganhei meia dúzia de piões.

Comprei uma dúzia de morangos.

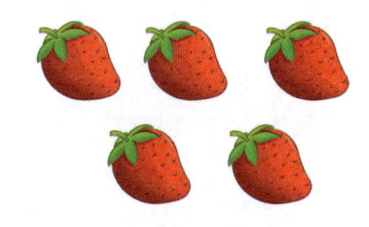

No aquário há uma dúzia de peixinhos.

Comi meia dúzia de cajus.

LIÇÃO 14 — FIGURAS GEOMÉTRICAS PLANAS

Observe a imagem composta por figuras geométricas.

As figuras geométricas têm nomes.

Agora, leia o nome destas figuras geométricas.

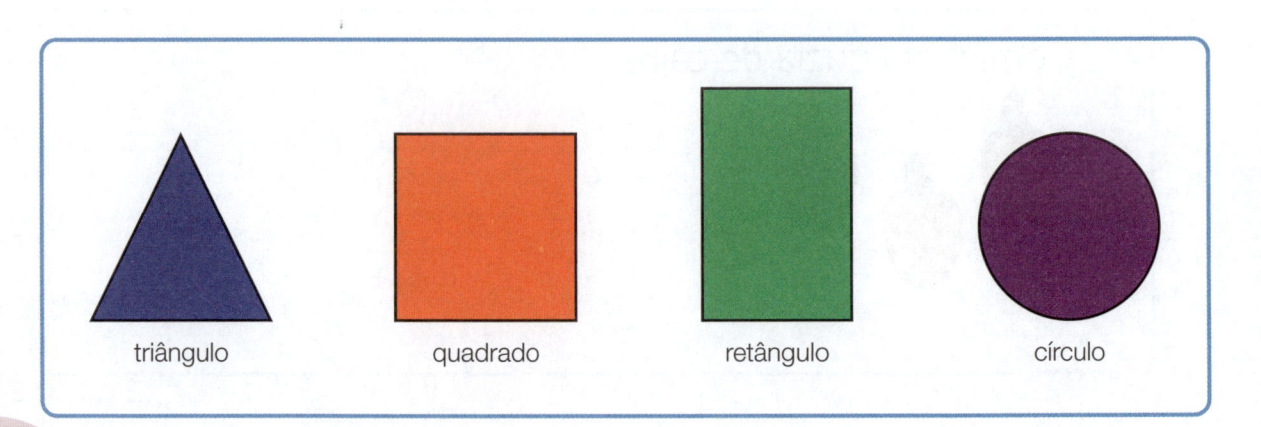

| triângulo | quadrado | retângulo | círculo |

ATIVIDADES

1. Circule a figura geométrica que lembra a forma de cada objeto.

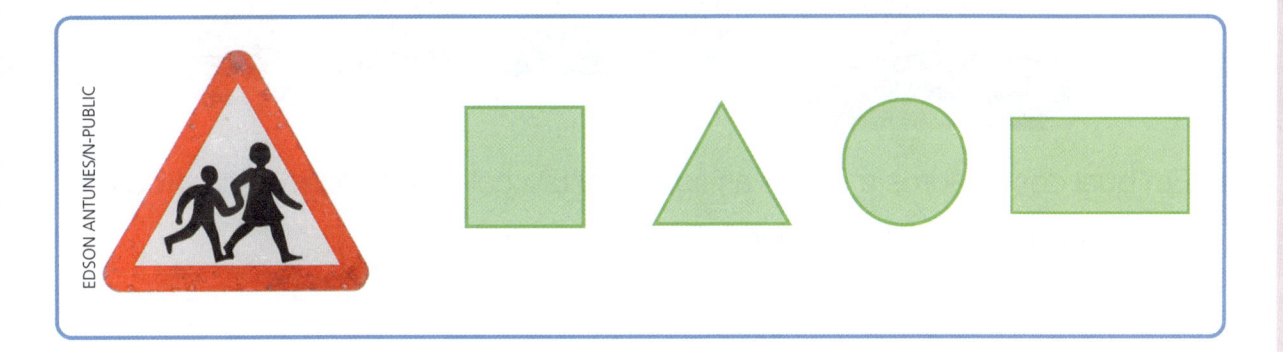

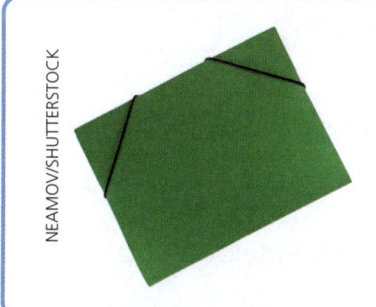

2. Fernando desenhou algumas figuras geométricas planas no caderno.

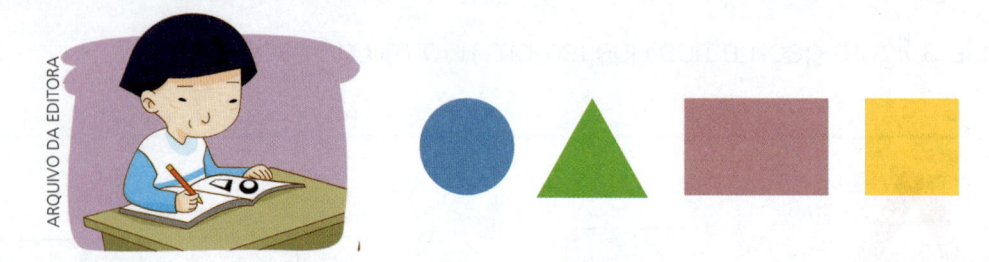

a) Em qual dos quadros a seguir as figuras estão colocadas na mesma ordem que as desenhadas por Fernando? Marque com um ⌧.

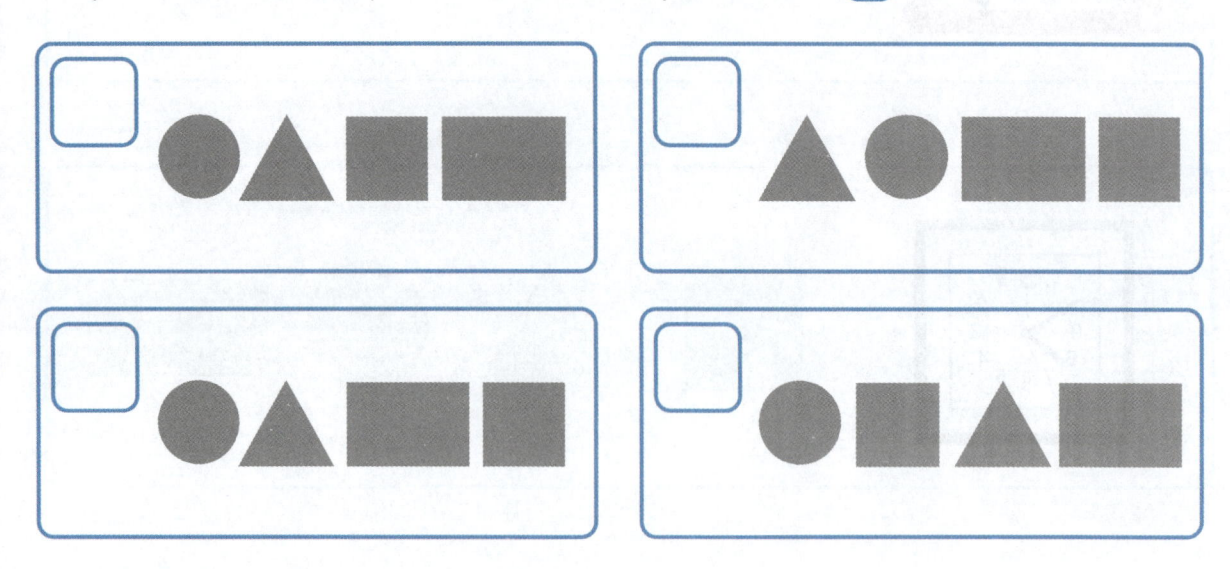

b) Qual é a próxima figura que deve ser desenhada para continuar a fila de figuras? Marque um ⌧.

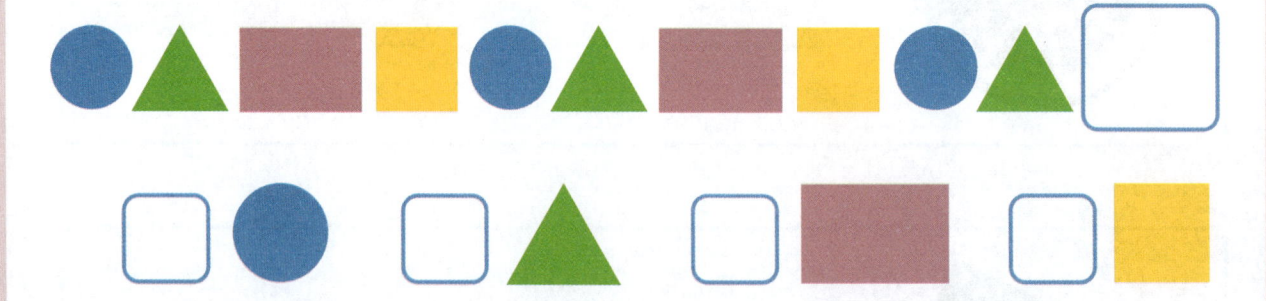

3. No caderno, desenhe um quadrado e um retângulo. Escreva seu nome no **exterior** do retângulo.

4. No caderno, desenhe um círculo e um triângulo. Escreva sua idade no **interior** do círculo.

LIÇÃO 15 — NÚMEROS DE 50 A 99

Números de 50 a 59

Observe a representação do número 50.

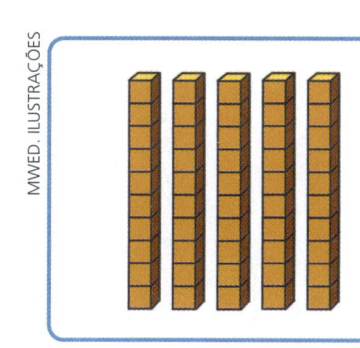

5 dezenas = 50 unidades

50 = cinquenta

Veja o exemplo e complete.

5 dezenas + 1 unidade = 51 — CINQUENTA E UM

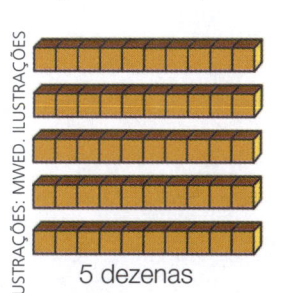

5 dezenas + 2 unidades = ☐ CINQUENTA E DOIS

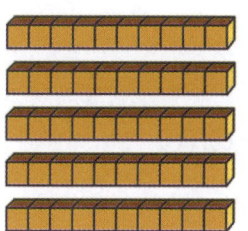

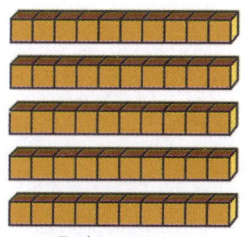

5 dezenas + 3 unidades = ☐ CINQUENTA E TRÊS

5 dezenas + 4 unidades = CINQUENTA E QUATRO

5 dezenas + 5 unidades = CINQUENTA E CINCO

5 dezenas + 6 unidades = CINQUENTA E SEIS

5 dezenas + 7 unidades = CINQUENTA E SETE

5 dezenas + 8 unidades = CINQUENTA E OITO

5 dezenas + 9 unidades = CINQUENTA E NOVE

ATIVIDADES

1. Ligue cada número à sua escrita por extenso.

32	quarenta e nove
49	quarenta e oito
52	trinta e dois
56	cinquenta e nove
59	cinquenta e dois
48	cinquenta e seis

2. Faça o que se pede.

a) Complete com o número que vem antes.

| __ | 10 | | __ | 20 | | __ | 30 | | __ | 40 |
| __ | 50 | | __ | 32 | | __ | 51 | | __ | 58 |

b) Complete com o número que vem depois.

| 49 | __ | | 39 | __ | | 29 | __ | | 19 | __ |
| 50 | __ | | 37 | __ | | 53 | __ | | 58 | __ |

Números de 60 a 69

Observe a representação do número 60.

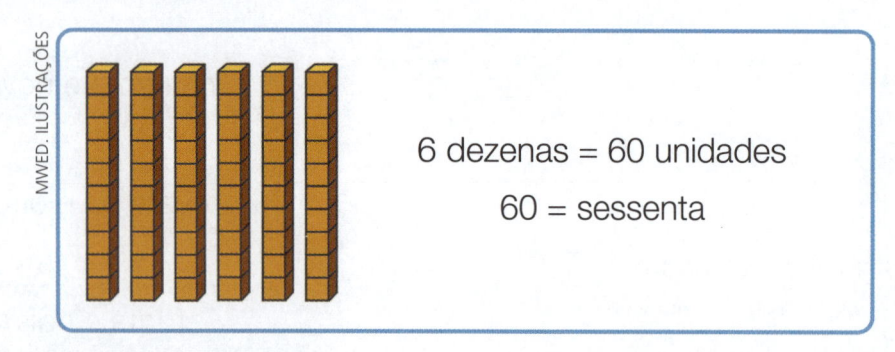

6 dezenas = 60 unidades

60 = sessenta

Veja o exemplo e complete.

6 dezenas + 1 unidade = 61 SESSENTA E UM

6 dezenas + 2 unidades = ☐ SESSENTA E DOIS

6 dezenas + 3 unidades = ☐ SESSENTA E TRÊS

6 dezenas + 4 unidades = ☐ SESSENTA E QUATRO

6 dezenas + 5 unidades = ☐ SESSENTA E CINCO

6 dezenas + 6 unidades = ☐ SESSENTA E SEIS

6 dezenas + 7 unidades = ☐ SESSENTA E SETE

6 dezenas + 8 unidades = ☐ SESSENTA E OITO

6 dezenas + 9 unidades = ☐ SESSENTA E NOVE

ATIVIDADES

1. Continue a sequência.

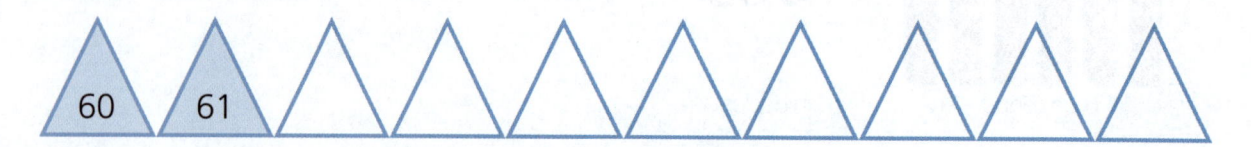

60, 61, ___, ___, ___, ___, ___, ___, ___, ___, ___

2. Circule o número que representa a maior quantidade.

a) 66 ou 69

b) 65 ou 64

c) 63 ou 67

d) 68 ou 65

e) 61 ou 60

f) 67 ou 64

g) 60 ou 63

h) 64 ou 62

3. Escreva nos quadros os números correspondentes a:

a) 6 dezenas e 1 unidade

D	U

d) 6 dezenas e 3 unidades

D	U

b) 6 dezenas e 9 unidades

D	U

e) 6 dezenas e 7 unidades

D	U

c) 6 dezenas e 4 unidades

D	U

f) 6 dezenas

D	U

4. Complete o quadro seguindo a numeração.

1. Vem depois de 65.
2. Vem antes de 68.
3. Fica entre 61 e 63.
4. Equivale a 6 dezenas e 9 unidades.

	D	U
1		
2		
3		
4		

5. Siga o modelo e complete.

62 ←(−2)— 64 —(+2)→ 66

☐ ←(−3)— 45 —(+3)→ ☐

☐ ←(−2)— 53 —(+2)→ ☐

☐ ←(−3)— 36 —(+3)→ ☐

☐ ←(−2)— 67 —(+2)→ ☐

6. Complete as sequências.

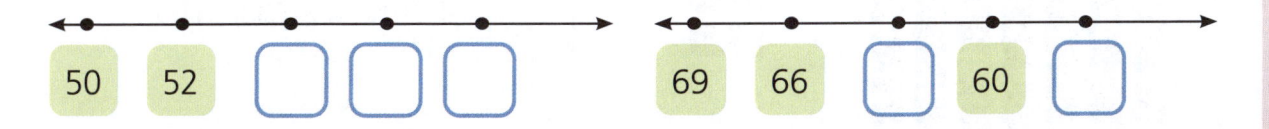

50, 52, ☐, ☐, ☐

69, 66, ☐, 60, ☐

Números de 70 a 79

Observe a representação do número 70.

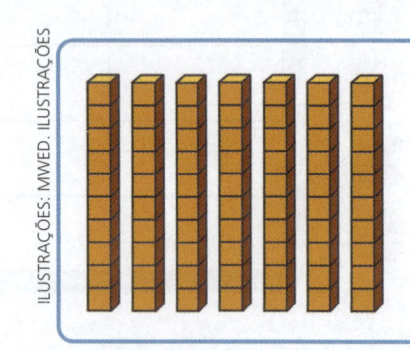

7 dezenas = 70 unidades

70 = setenta

Veja o exemplo e complete.

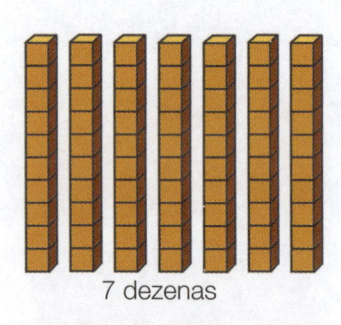

7 dezenas + 1 unidade = 71 SETENTA E UM

7 dezenas + 2 unidades = ☐ SETENTA E DOIS

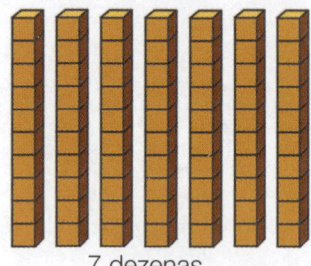

7 dezenas + 3 unidades = ☐ SETENTA E TRÊS

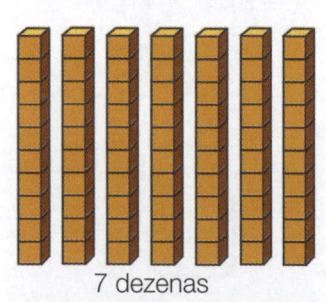

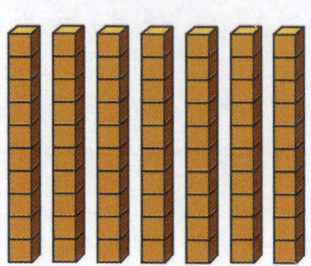

7 dezenas + 4 unidades = ☐ SETENTA E QUATRO

7 dezenas + 5 unidades = ☐ SETENTA E CINCO

7 dezenas + 6 unidades = ☐ SETENTA E SEIS

7 dezenas + 7 unidades = ☐ SETENTA E SETE

7 dezenas + 8 unidades = ☐ SETENTA E OITO

7 dezenas + 9 unidades = ☐ SETENTA E NOVE

ATIVIDADES

1. Complete as sequências.

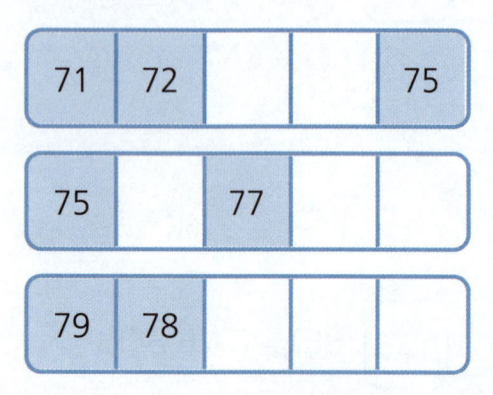

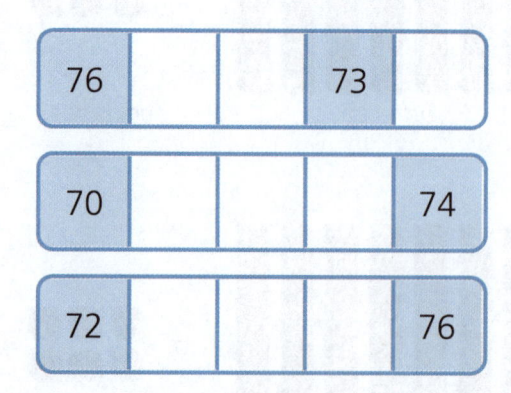

| 71 | 72 | | | 75 |

| 76 | | | 73 | |

| 75 | | 77 | | |

| 70 | | | | 74 |

| 79 | 78 | | | |

| 72 | | | | 76 |

2. Conte de 5 em 5 e escreva os números até 70.

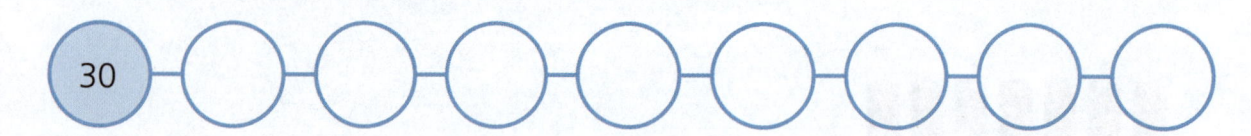

30 — ○ — ○ — ○ — ○ — ○ — ○ — ○ — ○

3. Circule o número que representa a maior quantidade.

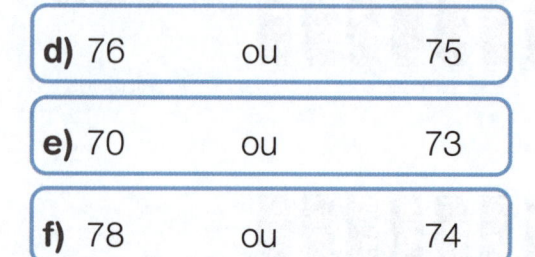

a) 72   ou   74

b) 79   ou   77

c) 75   ou   78

d) 76   ou   75

e) 70   ou   73

f) 78   ou   74

4. Ligue cada número à sua escrita por extenso.

76   SETENTA E CINCO

72   SETENTA E SEIS

75   SETENTA E OITO

78   SETENTA E DOIS

Números de 80 a 89

Observe a representação do número 80.

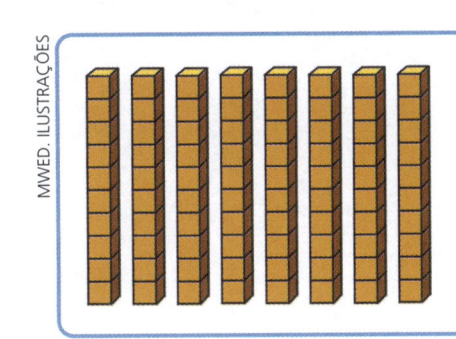

8 dezenas = 80 unidades

80 = oitenta

Veja o exemplo e complete.

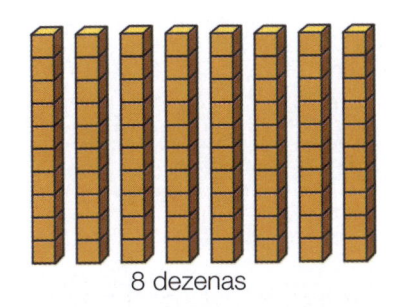

8 dezenas + 1 unidade = 81 OITENTA E UM

8 dezenas + 2 unidades = ☐ OITENTA E DOIS

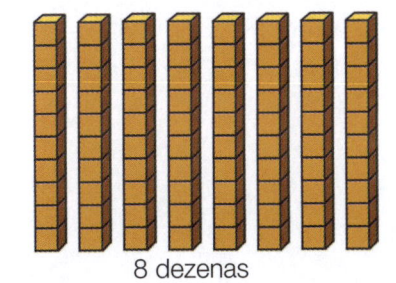

8 dezenas + 3 unidades = ☐ OITENTA E TRÊS

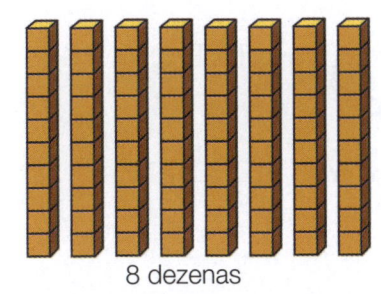

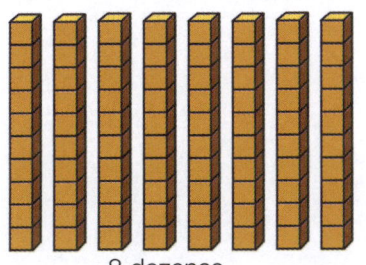

8 dezenas + 4 unidades = ☐ OITENTA E QUATRO

8 dezenas	+ 5 unidades	= ☐	OITENTA E CINCO
8 dezenas	+ 6 unidades	= ☐	OITENTA E SEIS
8 dezenas	+ 7 unidades	= ☐	OITENTA E SETE
8 dezenas	+ 8 unidades	= ☐	OITENTA E OITO
8 dezenas	+ 9 unidades	= ☐	OITENTA E NOVE

ATIVIDADES

1. Represente os números nos quadros.

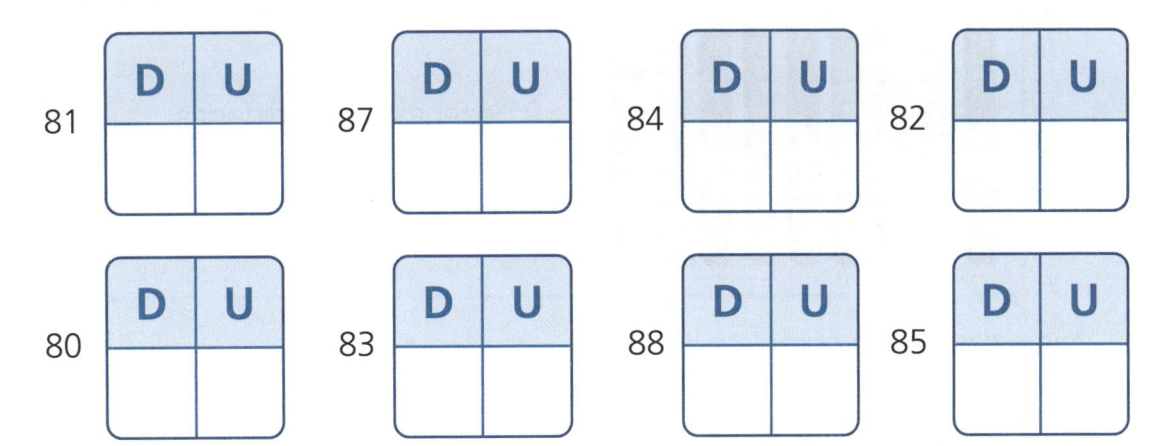

D	U

81

D	U

87

D	U

84

D	U

82

D	U

80

D	U

83

D	U

88

D	U

85

2. Observe os números a seguir e responda às questões.

> 82   87
> 85   86   80

a) Qual é o número que representa a maior quantidade? ☐

b) Qual é o número que representa a menor quantidade? ☐

c) Qual é o número que vem imediatamente antes de 87? ☐

d) Qual é o número que vem imediatamente depois de 84? ☐

e) Qual é o número que tem 8 dezenas e 2 unidades? ☐

3. Complete com o número que vem imediatamente antes de:

☐ 50   ☐ 60   ☐ 70   ☐ 80

Números de 90 a 99

Observe a representação do número 90.

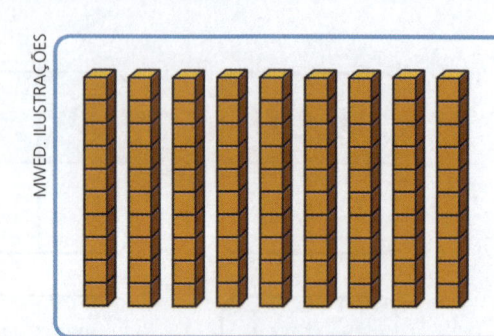

9 dezenas = 90 unidades

90 = noventa

Veja o exemplo e complete.

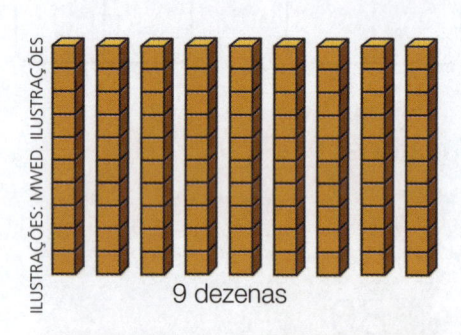

9 dezenas + 1 unidade = 91 NOVENTA E UM

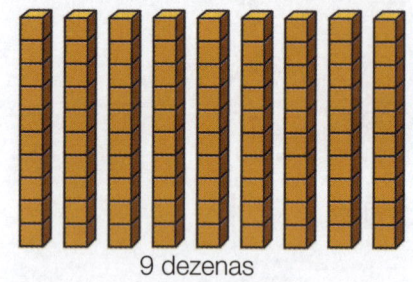

9 dezenas + 2 unidades = ☐ NOVENTA E DOIS

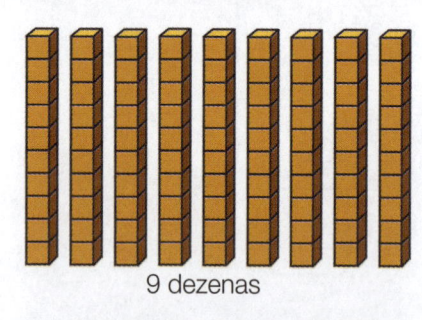

9 dezenas + 3 unidades = ☐ NOVENTA E TRÊS

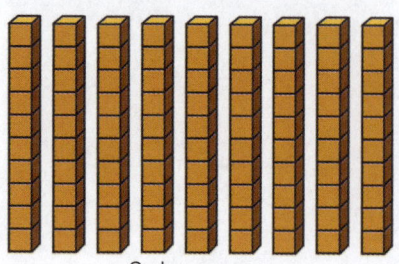

9 dezenas + 4 unidades = ☐ NOVENTA E QUATRO

9 dezenas	+ 5 unidades	= ☐	NOVENTA E CINCO
9 dezenas	+ 6 unidades	= ☐	NOVENTA E SEIS
9 dezenas	+ 7 unidades	= ☐	NOVENTA E SETE
9 dezenas	+ 8 unidades	= ☐	NOVENTA E OITO
9 dezenas	+ 9 unidades	= ☐	NOVENTA E NOVE

MATEMÁTICA

ATIVIDADES

1. Complete.

- 90 — noventa
- 91 — noventa e _____
- 92 — _____ e dois
- 93 — noventa e _____
- 94 — _____ e quatro
- 95 — noventa e _____
- 96 — _____ e seis
- 97 — noventa e _____
- 98 — _____ e oito
- 99 — noventa e _____

2. Complete com o número que falta.

90 + ☐ = 92   90 + ☐ = 97

3. Escreva os números de 2 em 2.

50, ____, ____, ____, ____, ____, ____, ____, ____, ____, 70

70, ____, ____, ____, ____, ____, ____, ____, ____, ____, 90

4. Observe e ordene os números.

94 – 96 – 92 – 99 – 97 – 90 – 93 – 98 – 95 – 91

| 90 | 91 | | | | | | | | |

Os números acima estão em ordem:

☐ CRESCENTE.   ☐ DECRESCENTE.

5. Escreva os números vizinhos.

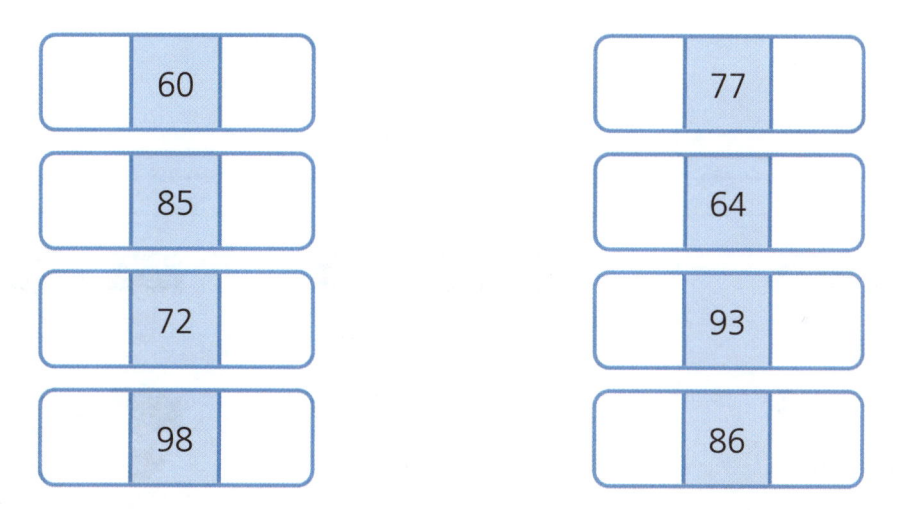

	60	
	85	
	72	
	98	

	77	
	64	
	93	
	86	

6. Complete a sequência das dezenas.

90
80

LIÇÃO 16 — DEZENAS EXATAS

Cada ramalhete tem 10 flores.

10 unidades é igual a **1 dezena**.

20 unidades é igual a **2 dezenas**.

30 unidades é igual a **3 dezenas**.

40 unidades é igual a **4 dezenas**.

50 unidades é igual a **5 dezenas**.

60 unidades é igual a **6 dezenas**.

70 unidades é igual a **7 dezenas**.

80 unidades é igual a **8 dezenas**.

90 unidades é igual a **9 dezenas**.

ATIVIDADES

1. Em cada barrinha há uma dezena de cubinhos. Observe o exemplo e complete.

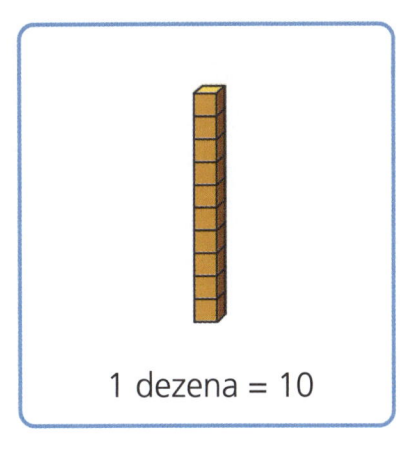

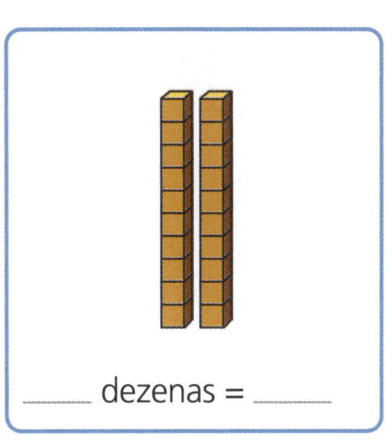

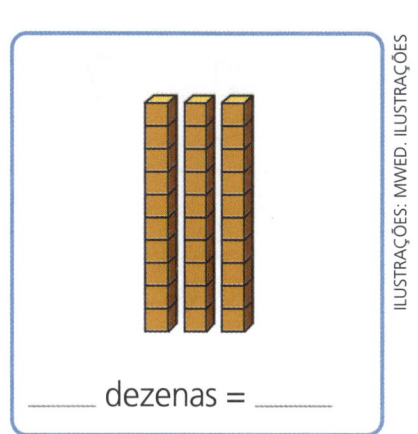

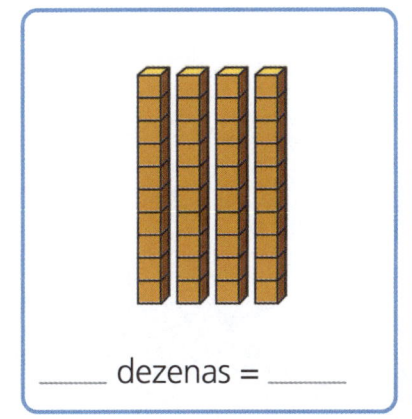

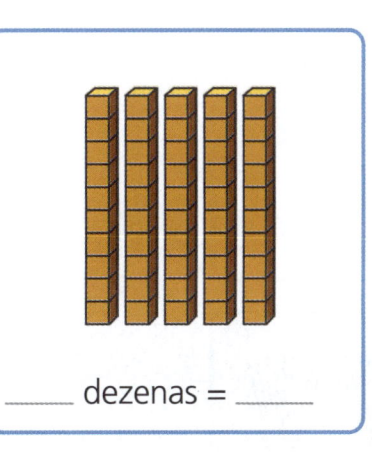

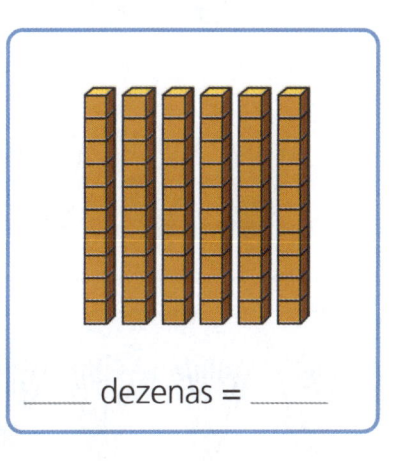

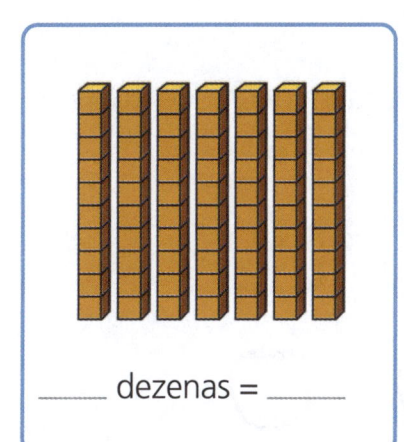

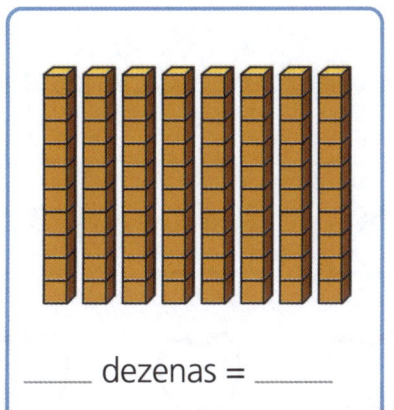

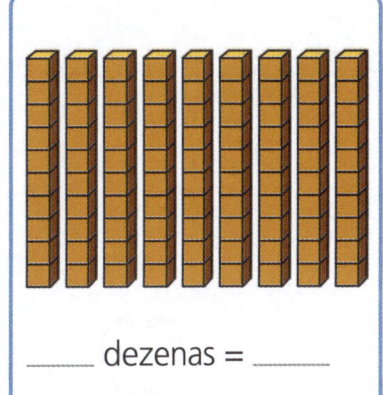

1 dezena = 10

_____ dezenas = _____

_____ dezenas = _____

_____ dezenas = _____

_____ dezenas = _____

_____ dezenas = _____

_____ dezenas = _____

_____ dezenas = _____

_____ dezenas = _____

2. As varetas estão reunidas em grupos de 10. Ligue os grupos aos números correspondentes.

30

50

40

20

10

3. Observe os números dos quadros e escreva-os em ordem decrescente.

| 40 | 50 | 10 | 30 | 20 |

Composição e decomposição com dezenas exatas

Observe o que os alunos da Escola do Bairro descobriram brincando com o Material Dourado.

| 4 | + | 2 | = | 6 |

| 40 | + | 20 | = | 60 |

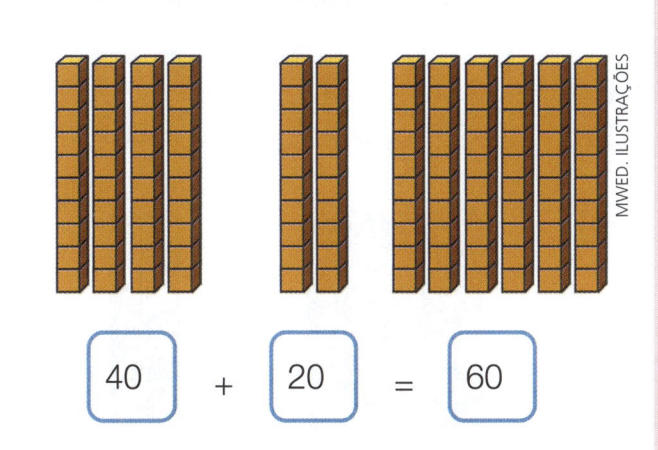

- Com base nessa descoberta, complete.

4 unidades + _____ unidades = _____ unidades ⟶

⟶ _____ + _____ = _____

_____ dezenas + _____ dezenas = _____ dezenas ⟶

⟶ _____ + _____ = _____

ATIVIDADES

1. Conte as bolinhas e complete.

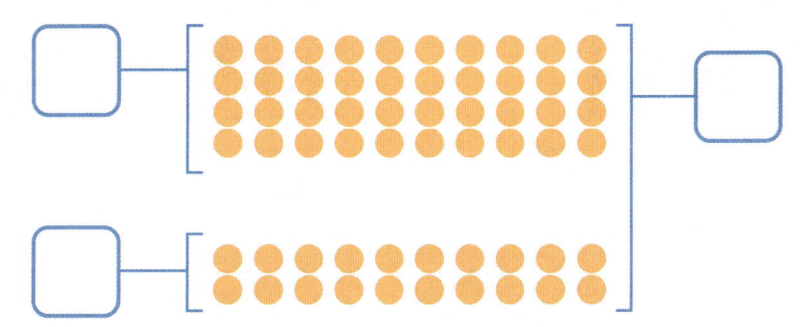

215

2. Complete.

a) ☐ + ☐ = ☐

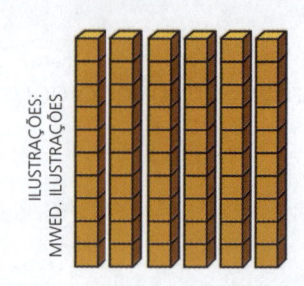

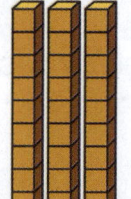

b) ☐ + ☐ = ☐

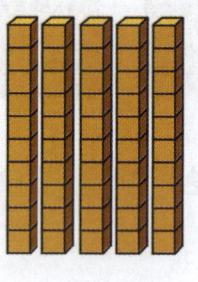

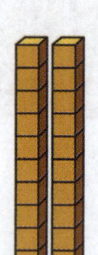

3. Calcule.

a) 90 = 40 + _____

b) 90 = 20 + _____

c) 90 = _____ + 60

d) 90 = _____ + 80

4. Escreva as subtrações.

a) 80 − ☐ = 50

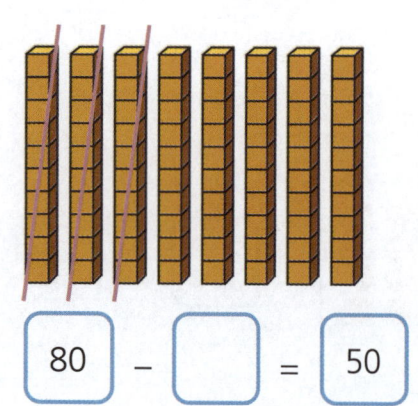

b) 90 − ☐ = 50

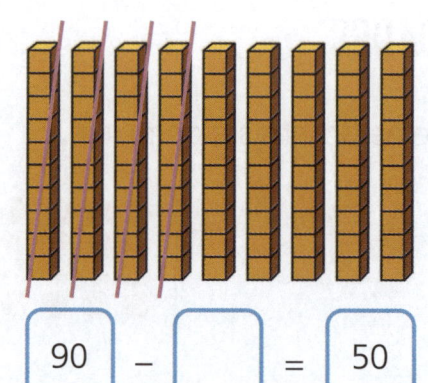

PROBLEMAS

1. Em uma campanha para doação de roupas, foram arrecadadas 40 blusas e 30 calças. No total, foram arrecadadas quantas peças de roupas?

Resposta: _____ .

2. A quadrilha da escola para dançar a festa junina tinha 40 alunos do 1º ano e 50 alunos do 2º ano. Quantos alunos dançaram a quadrilha?

Resposta: _____

3. Juca tem um álbum de figurinhas de personagens de desenho animado com 50 figurinhas. Ele ganhou mais 20 figurinhas não repetidas de um colega. Com quantas figurinhas Juca ficou?

Resposta: _____ .

INFORMAÇÃO E ESTATÍSTICA

1. A professora do 1º ano organizou uma doação de brinquedos para uma instituição.

Observe os brinquedos que foram arrecadados durante a semana.

	⚽	🚗	👧
SEGUNDA-FEIRA	3	1	4
TERÇA-FEIRA	8	6	6
QUARTA-FEIRA	5	2	2
QUINTA-FEIRA	0	3	1
SEXTA-FEIRA	4	5	0

Organize as informações da tabela construindo o gráfico ao lado. Pinte 1 quadrinho para cada brinquedo conforme a legenda.

a) Quantas bolas foram arrecadadas durante a semana?

_____

b) Qual é o brinquedo que foi arrecadado em menor quantidade?

_____

218

2. Guilherme tem duas lojas de brinquedos. Para controlar as vendas, ele organiza em gráficos a quantidade de brinquedos vendidos em cada loja. Nos gráficos, cada quadrinho representa uma unidade. Veja como ficaram os gráficos desta semana:

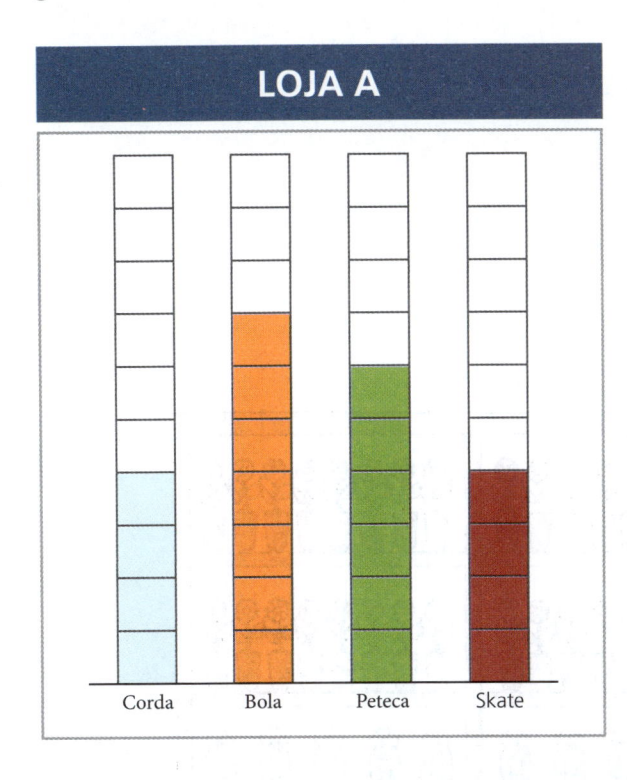

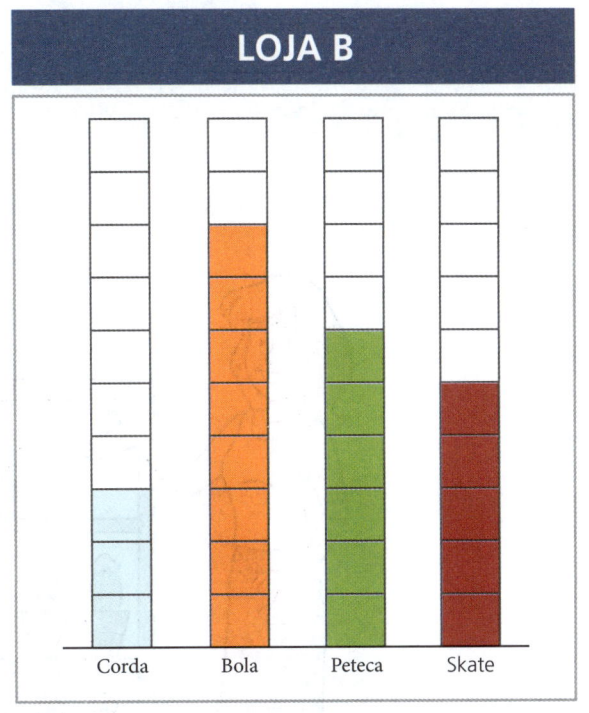

LOJA A

| Corda | Bola | Peteca | Skate |

LOJA B

| Corda | Bola | Peteca | Skate |

a) Quantas cordas Guilherme vendeu considerando as duas lojas? _____

b) Um dos brinquedos teve a mesma quantidade vendida nas duas lojas. Qual é esse brinquedo? _____

c) Quantos brinquedos a loja **A** vendeu no total? _____

d) Quantos brinquedos a loja **B** vendeu no total? _____

e) Qual loja vendeu mais brinquedos? Quantos brinquedos ela vendeu a mais do que a outra? _____

LIÇÃO 17
ADIÇÃO E SUBTRAÇÃO ATÉ 99

Adição até 99

Observe uma estante com plantas de uma floricultura.

Nessas prateleiras há 25 vasos de flores e 12 vasos de cactos.

Quantos vasos há ao todo nessa estante?

Para resolver esse problema, precisamos juntar a quantidade de vasos de flores com a de vasos de cactos:

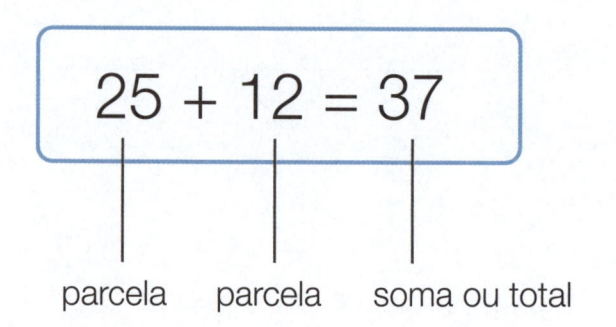

$$25 + 12 = 37$$

parcela parcela soma ou total

Veja como efetuar a adição 25 + 12.

	D	U
	2	5
+	1	2
	3	7

- Somamos as unidades:
  5 + 2 = 7 ⟶ 7 unidades
- Somamos as dezenas:
  2 + 1 = 3 ⟶ 3 dezenas

Assim, chegamos à resposta do problema.

Há, ao todo, 37 vasos nessa estante.

> Chamamos cada um dos números somados de **parcela** e o resultado de **soma**.

Agora, veja como podemos realizar a mesma adição utilizando o Material Dourado.

Não esqueça:

- Cada ▪ é igual a 1 unidade.
- Cada ▬ vale uma dezena, ou seja, é igual a 10.

25 + 12

25 + 12 = 37

Veja:

Obtemos 3 ▬ com 7 ▪, que é o mesmo que 37.

Portanto, há 37 vasos de plantas na estante.

Veja outros exemplos.

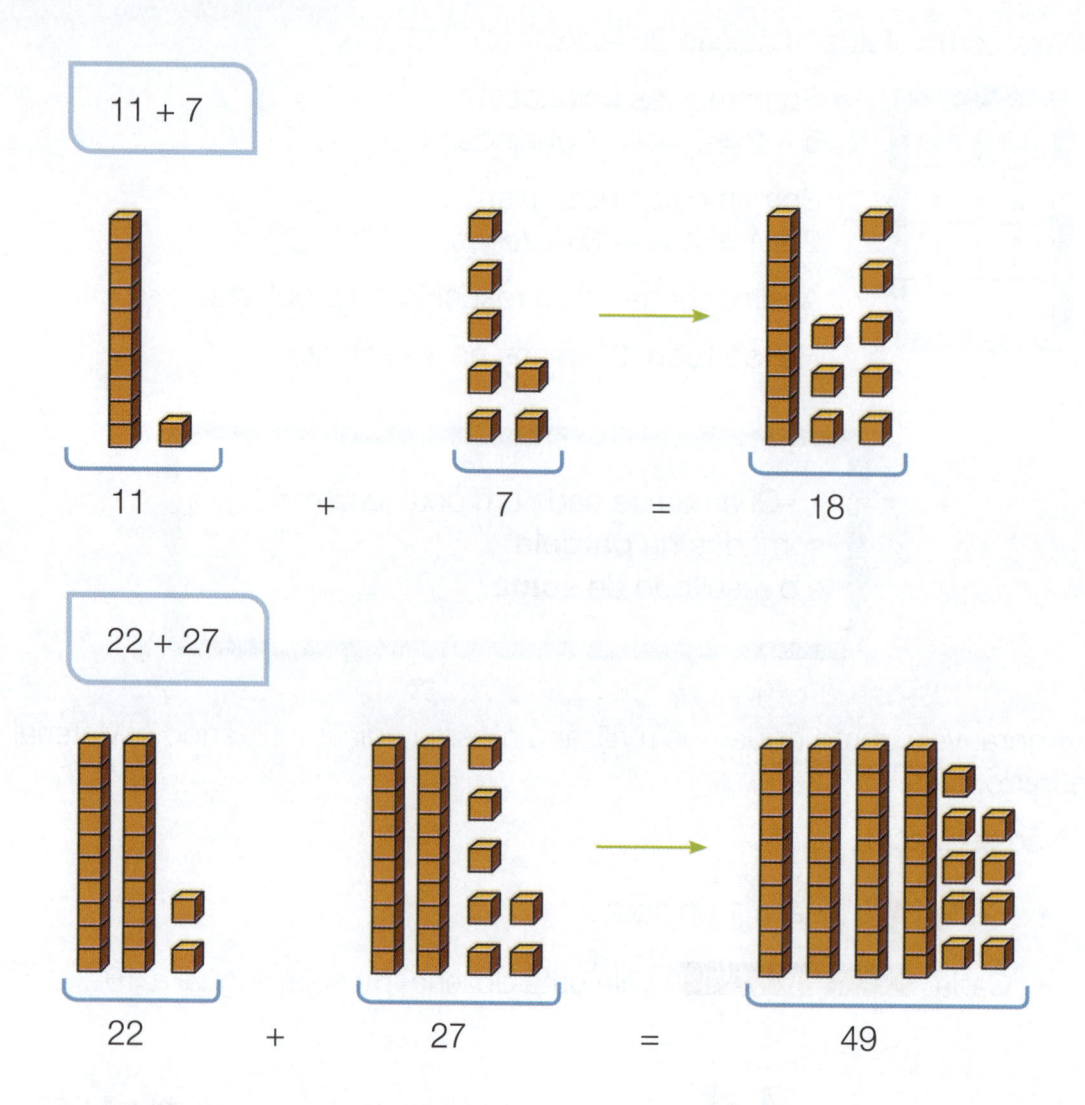

11 + 7

11 + 7 = 18

22 + 27

22 + 27 = 49

ATIVIDADES

1. Faça as adições a seguir usando o quadro. Observe o exemplo.

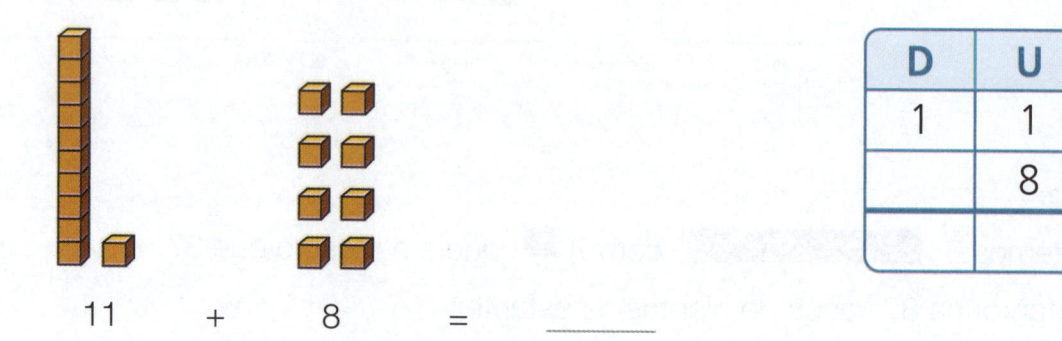

11 + 8 = _____

D	U
1	1
	8

22 + 15 = _____

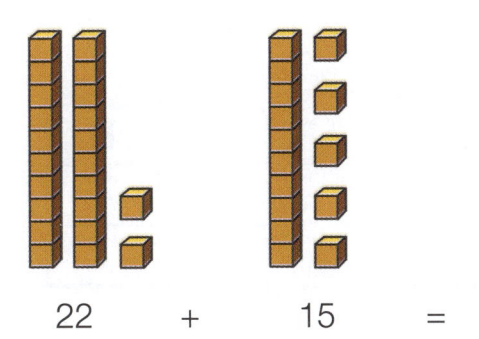

D	U
2	2
1	5

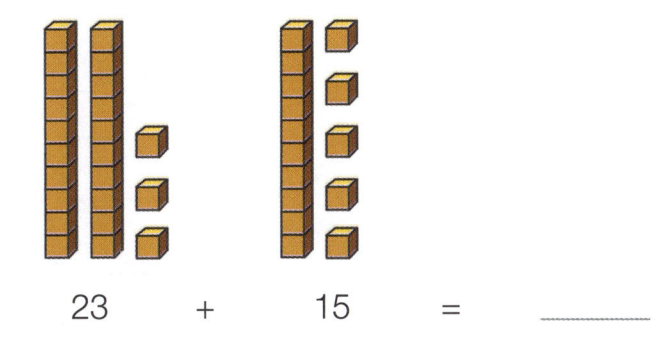

23 + 15 = _____

D	U
2	3
1	5

12 + 24 = _____

D	U
1	2
2	4

30 + 7 = _____

D	U
3	0
	7

2. Efetue as adições.

D	U
5	6
+2	1

D	U
4	2
+2	6

D	U
6	4
+1	3

D	U
3	1
+3	8

D	U
5	1
+3	5

D	U
6	6
+2	1

D	U
4	2
+2	3

D	U
4	1
+3	3

D	U
5	4
+3	4

D	U
4	2
+3	6

D	U
4	2
+3	0

D	U
2	0
+2	8

3. Calcule mentalmente e coloque o resultado no quadrinho.

65 + 2 = ☐   58 + 1 = ☐   54 + 4 = ☐

35 + 3 = ☐   76 + 3 = ☐   66 + 2 = ☐

28 + 1 = ☐   42 + 5 = ☐   94 + 3 = ☐

Subtração até 99

Observe a estante de um mercado antes e depois do meio-dia.

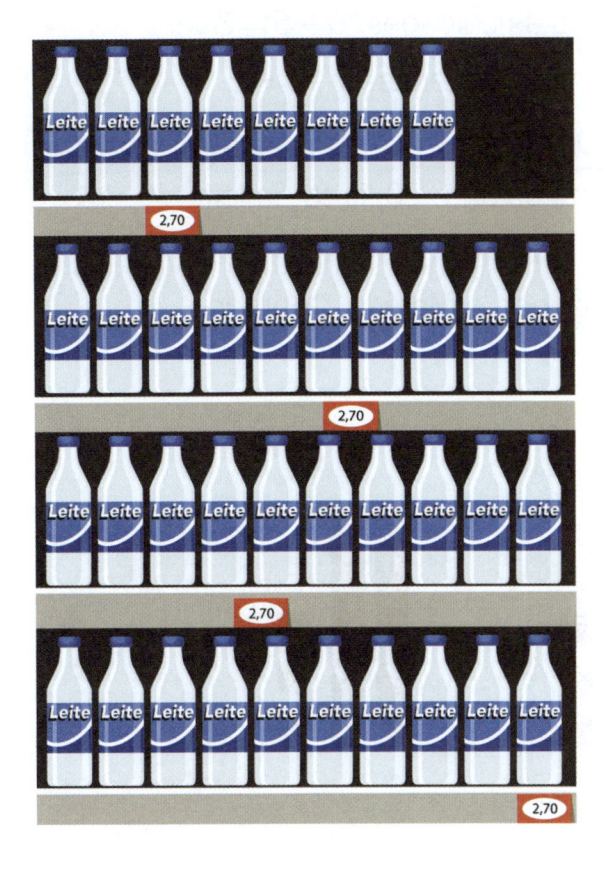

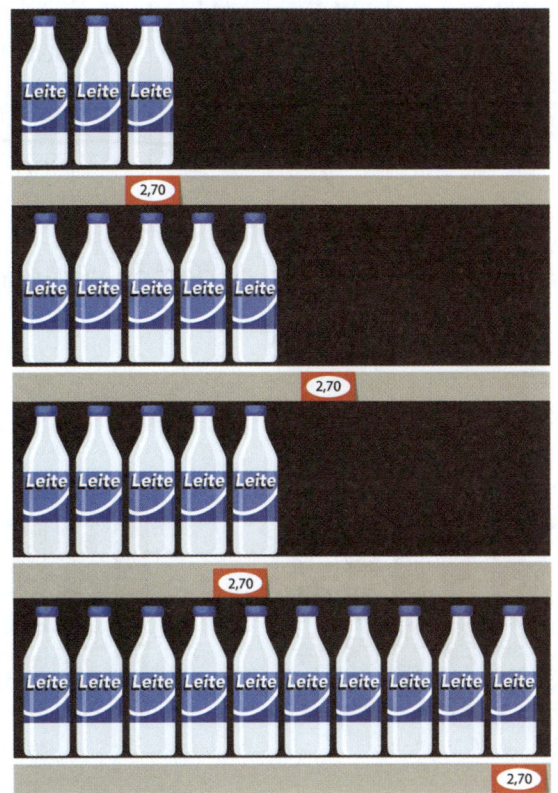

Antes do meio-dia   Depois do meio-dia

Na estante havia 38 litros de leite antes do meio-dia. Foram vendidos 15 litros. Quantos litros de leite ficaram na estante depois do meio-dia?

Para resolver esse problema, precisamos tirar da quantidade total de litros de leite que havia na estante antes do meio-dia a quantidade de litros de leite que foram vendidos.

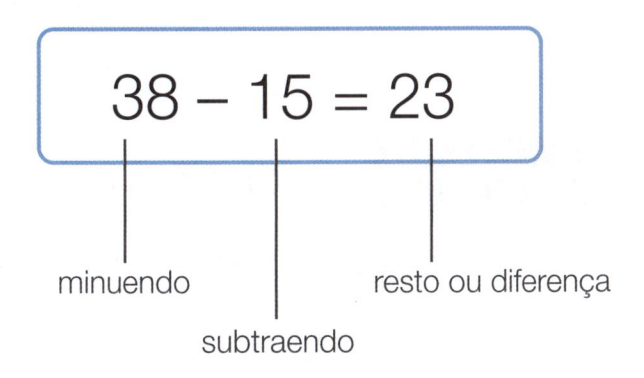

$$38 - 15 = 23$$

minuendo — subtraendo — resto ou diferença

Veja como efetuar a seguinte subtração: 38 – 15

	D	U
	3	8
–	1	5
	2	3

- Subtraímos as unidades: 8 – 5 = 3.
- Subtraímos as dezenas: 3 – 1 = 2.

Assim, chegamos à resposta do problema.
Ficaram na estante 23 litros de leite.

Agora, veja como podemos subtrair utilizando o Material Dourado.

De 38 vamos tirar 15:

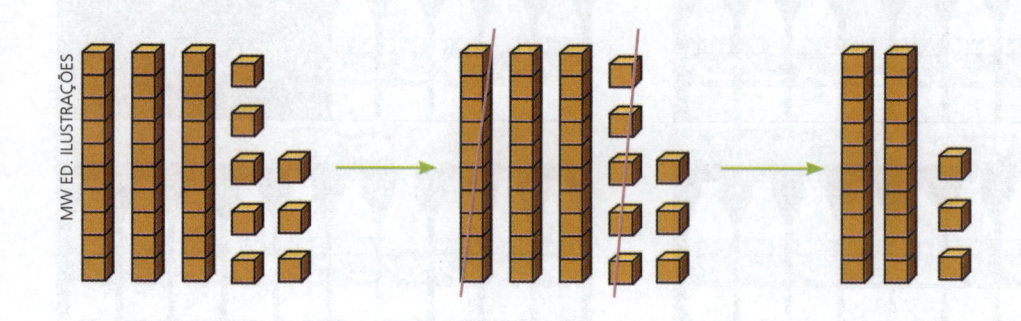

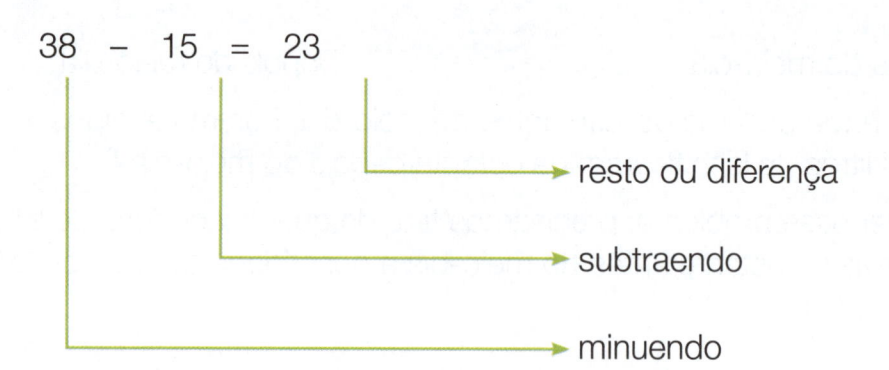

38 – 15 = 23

- resto ou diferença
- subtraendo
- minuendo

Veja:

Restaram ▭▭ com ▫▫▫, que é o mesmo que 23.

Portanto, ficaram na estante 23 litros de leite depois do meio-dia.

Veja outros exemplos.

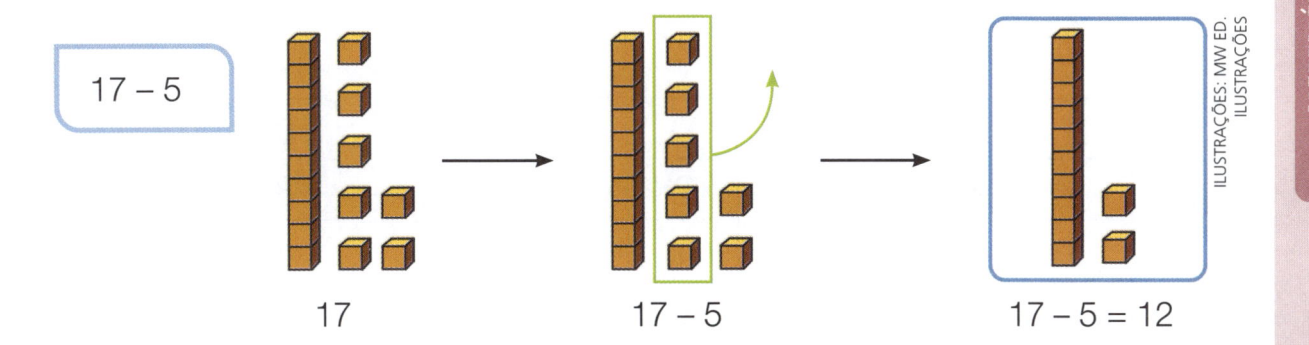

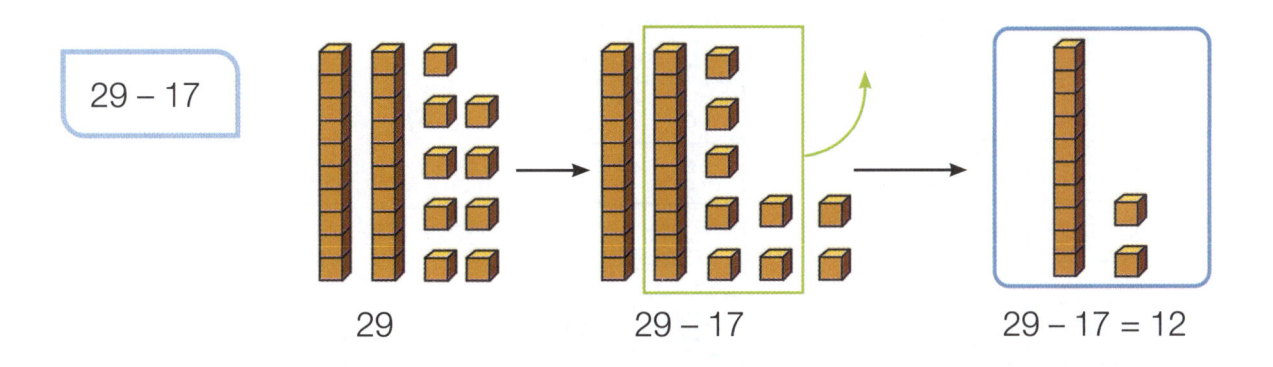

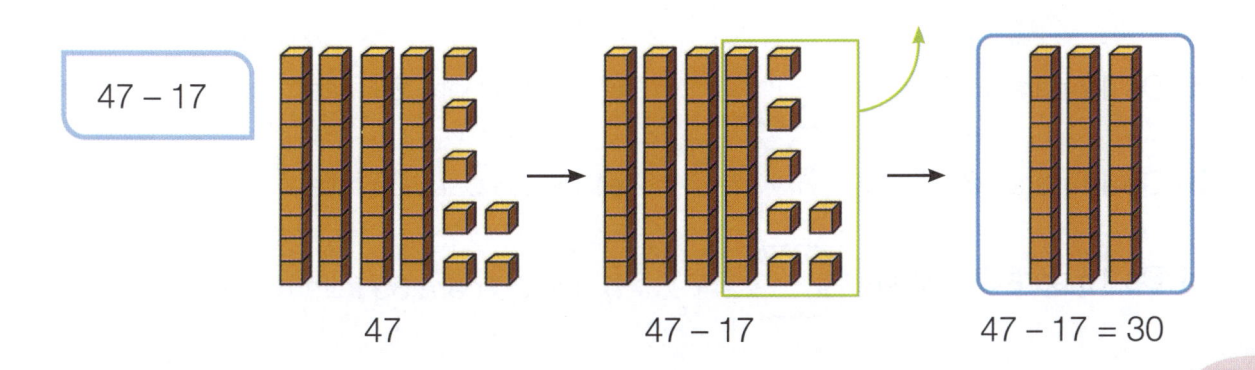

17 – 5

17   17 – 5   17 – 5 = 12

29 – 17

29   29 – 17   29 – 17 = 12

47 – 17

47   47 – 17   47 – 17 = 30

ATIVIDADES

1. Resolva as subtrações.

a)
D	U
5	9
3	7

b)
D	U
9	8
3	6

c)
D	U
6	8
4	4

d)
D	U
4	2
3	1

e)
D	U
2	7
1	4

f)
D	U
6	8
4	6

g)
D	U
8	6
5	4

h)
D	U
6	9
1	8

i)
D	U
8	6
4	1

j)
D	U
7	7
2	5

k)
D	U
3	9
2	7

l)
D	U
9	5
6	3

2. Calcule mentalmente e registre as respostas.

a) De 12 para 15 faltam ☐

b) De 11 para 18 faltam ☐

c) De 15 para 20 faltam ☐

d) De 25 para 29 faltam ☐

e) De 23 para 25 faltam ☐

f) De 35 para 39 faltam ☐

18 CENTENA

Observe.

▪▪▪▪▪▪▪▪▪▪ 1 grupo de 10 unidades

Juntando um grupo de 10 unidades:

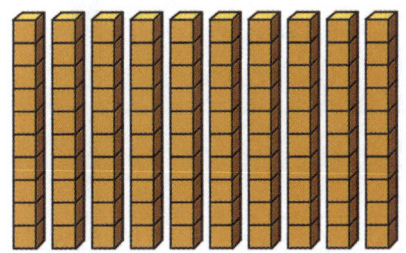

▬ = 1 dezena

1 grupo de 10 dezenas

Juntando um grupo de 10 dezenas:

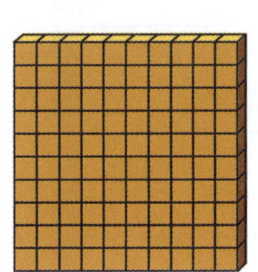

= 1 centena

10 dezenas formam **1 centena**

100 unidades formam **1 centena**

ATIVIDADES

1. Complete com os números que estão faltando.

   10 – 20 – _____ – _____ – 50 – 60 – _____ – _____ – 90 – _____

2. Complete.

   1 centena = _____ unidades

   10 dezenas = _____ unidades

   10 dezenas = _____ centena

3. Complete o quadro.

Dezena Anterior	Dezena	Dezena Posterior
20	30	40
	50	
	40	
	90	
	60	
	80	
	20	

4. Complete as sequências.

100 – 99 – ____ – ____ – ____ – ____ – ____

94 – 95 – ____ – ____ – ____ – ____ – ____

5. Complete para somar 100. Veja o exemplo.

+	80	20	70	30	50	40	60	90	+
	20								

PROBLEMAS

1. Na biblioteca que Eduarda frequenta tem uma centena de livros.

- Há _____ livros na biblioteca.

2. Vinícius colou 10 dezenas de figurinhas no álbum de animais.

Vinícius colou _____ figurinhas no álbum de animais.

Álgebra: padrão de uma sequência

Observe como Artur organizou sua coleção de carrinhos.

- Logo depois de um carrinho azul vêm quantos carrinhos verdes?
- Logo depois de dois carrinhos verdes há quantos carrinhos azuis?

A fila organizada por Artur tem um trecho que se repete. Esse trecho é formado por um carrinho azul e dois verdes.

> Em uma fila organizada de objetos, quando um trecho se repete de forma igual, esse trecho é chamado **padrão de repetição**.

ATIVIDADES

1. Observe a sequência composta pelas figuras.

a) Essa sequência obedece a um padrão de formas? _____

b) Essa sequência obedece a um padrão de cores? _____

c) Marque um ⊠ nas afirmações verdadeiras.

☐ TODOS OS CÍRCULOS SÃO VERMELHOS.

☐ TODOS OS TRIÂNGULOS SÃO VERDES.

☐ TODOS OS QUADRADOS SÃO VERMELHOS.

☐ NESSA SEQUÊNCIA HÁ 4 ELEMENTOS DIFERENTES.

19 NOÇÕES DE MULTIPLICAÇÃO E DIVISÃO

Observe o desenho.

Há 4 cestas.

Em cada cesta foram colocados 2 cachorros.

Se temos 4 cestas, com 2 cachorros em cada cesta, no total temos 8 cachorros.

ATIVIDADES

1. Desenhe três brinquedos em cada uma das caixas.

Quantos brinquedos você desenhou no total? _____

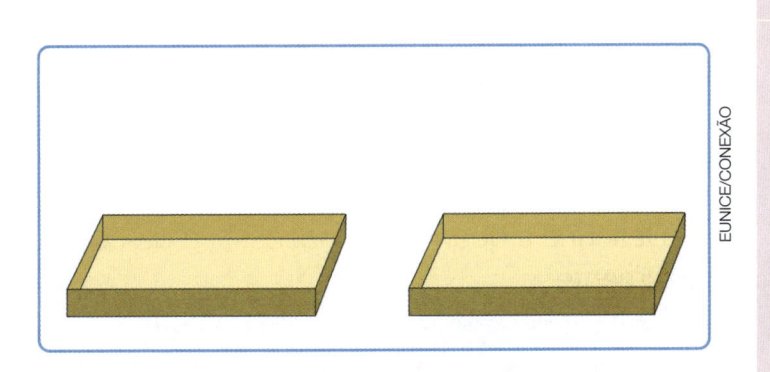

2. Elias ganhou 3 figurinhas de cada um de seus 3 amigos.

Quantas figurinhas Elias ganhou? _____

3. Carolina tinha 8 balas.

Decidiu repartir todas elas igualmente entre duas amigas.

Observe como Carolina repartiu as balas.

Cada amiga de Carolina ganhou _____ balas.

4. Conte os lápis e distribua a mesma quantidade em cada estojo.

Quantos lápis ficaram em cada estojo? _____

5. Desenhe a quantidade necessária de cestas para distribuir 9 laranjas igualmente.

Quantas cestas você desenhou? _____

Combinação

Observe como podemos combinar três tipos de sorvete com dois tipos de casquinhas.

É possível fazer **6** combinações diferentes de sorvetes e casquinhas.

ATIVIDADES

1. Forme e pinte as combinações possíveis.

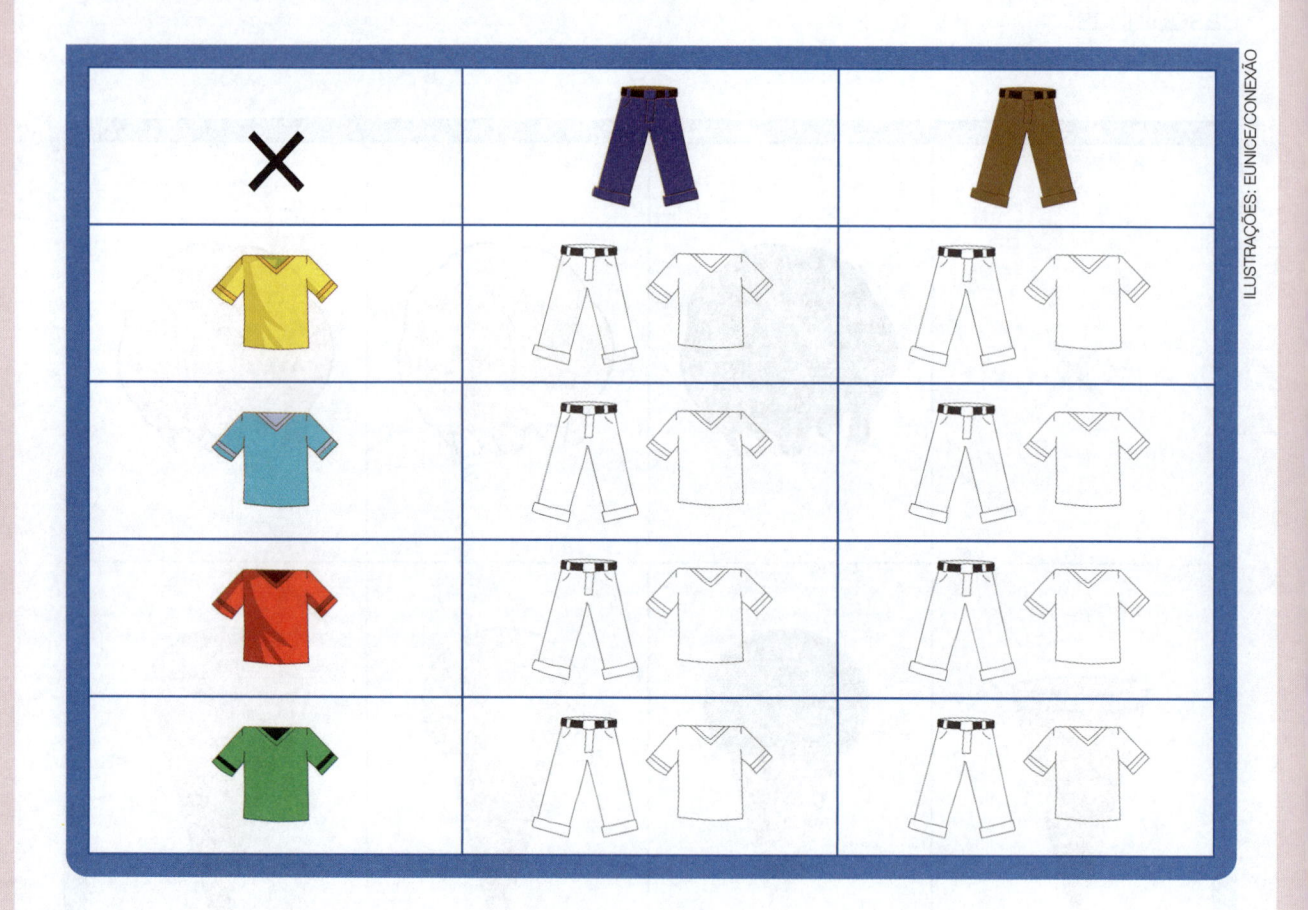

×	👖	👖
👕 (amarela)	👖👕	👖👕
👕 (azul)	👖👕	👖👕
👕 (vermelha)	👖👕	👖👕
👕 (verde)	👖👕	👖👕

Podem ser feitas _____ combinações diferentes.

2. Luciana sabe que pode combinar suas saias e blusas de 6 maneiras diferentes. Sabendo que Luciana tem 3 blusas de cores diferentes, quantas saias diferentes ela tem?

Luciana tem _____ saias diferentes.

NOÇÕES DE TEMPO

O relógio

Tudo tem hora

Hora de dormir
Hora de acordar
Hora de comer
Hora de brincar

Parece que tudo tem hora!
E tudo parece agora!

Hora de sair
Hora de chegar
Hora de aprender
Hora de estudar

Esse mundo é um relógio gigante
Onde o tempo vem dançar
Tudo tem momento certo
Até o tempo tem hora pra passar! [...]

Edgard Poças. *Tudo tem hora*.
São Paulo: Companhia Editora Nacional, 2008.

O relógio é usado para medir o tempo. Você sabe ler as horas? Vamos aprender.

Observe as horas marcadas em dois tipos diferentes de relógio.

Este é um relógio de ponteiros.

O ponteiro pequeno está apontando para o 1, e o grande, para o 12. É uma hora.

O ponteiro pequeno está apontando para o 3, e o grande, para o 12. São 3 horas.

Existe também o relógio digital. Observe como ele marca as horas.

Este é um relógio digital.

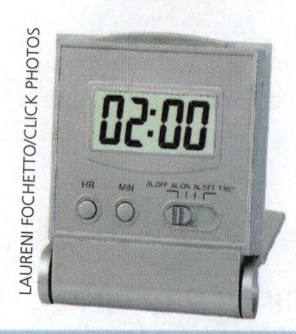

02:00

09:00

São 2 horas.

São 9 horas.

ATIVIDADES

1. Observe o relógio e complete.

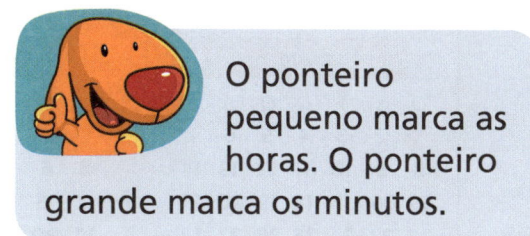

> O ponteiro pequeno marca as horas. O ponteiro grande marca os minutos.

O ponteiro grande marca os **minutos**, e quando está apontado para o 12, ele indica horas exatas.

a) Quantos ponteiros há? _____.

b) Os números vão de 1 a _____.

c) O ponteiro pequeno está apontando para o número _____.

Ele marca as _____.

d) O ponteiro grande está apontando para o número _____.

Ele marca os _____.

e) O relógio está marcando _____ horas.

O calendário

O calendário nos orienta sobre o tempo. Ele indica os meses do ano e os dias da semana.

Observe o calendário a seguir.

Calendário 2023

Janeiro
D	S	T	Q	Q	S	S
1	2	3	4	5	6	7
8	9	10	11	12	13	14
15	16	17	18	19	20	21
22	23	24	25	26	27	28
29	30	31				

1 - Confraternização Universal

Fevereiro
D	S	T	Q	Q	S	S
			1	2	3	4
5	6	7	8	9	10	11
12	13	14	15	16	17	18
19	20	**21**	22	23	24	25
26	27	28				

21 - Carnaval

Março
D	S	T	Q	Q	S	S
			1	2	3	4
5	6	7	8	9	10	11
12	13	14	15	16	17	18
19	20	21	22	23	24	25
26	27	28	29	30	31	

Abril
D	S	T	Q	Q	S	S
						1
2	3	4	5	6	**7**	8
9	10	11	12	13	14	15
16	17	18	19	20	**21**	22
23	24	25	26	27	28	29
30						

7 - Sexta-feira da Paixão
9 - Páscoa
21 - Tiradentes

Maio
D	S	T	Q	Q	S	S
	1	2	3	4	5	6
7	8	9	10	11	12	13
14	15	16	17	18	19	20
21	22	23	24	25	26	27
28	29	30	31			

1 - Dia do Trabalho
14 - Dia das Mães

Junho
D	S	T	Q	Q	S	S
				1	2	3
4	5	6	7	**8**	9	10
11	12	13	14	15	16	17
18	19	20	21	22	23	24
25	26	27	28	29	30	

8 - Corpus Christi

Julho
D	S	T	Q	Q	S	S
						1
2	3	4	5	6	7	8
9	10	11	12	13	14	15
16	17	18	19	20	21	22
23	24	25	26	27	28	29
30	31					

Agosto
D	S	T	Q	Q	S	S
		1	2	3	4	5
6	7	8	9	10	11	12
13	14	15	16	17	18	19
20	21	22	23	24	25	26
27	28	29	30	31		

13 - Dia dos Pais

Setembro
D	S	T	Q	Q	S	S
					1	2
3	4	5	6	**7**	8	9
10	11	12	13	14	15	16
17	18	19	20	21	22	23
24	25	26	27	28	29	30

7 - Dia da Independência

Outubro
D	S	T	Q	Q	S	S
1	2	3	4	5	6	7
8	9	10	11	**12**	13	14
15	16	17	18	19	20	21
22	23	24	25	26	27	28
29	30	31				

12 - Nossa Senhora Aparecida
15 - Dia do Professor

Novembro
D	S	T	Q	Q	S	S
			1	**2**	3	4
5	6	7	8	9	10	11
12	13	14	**15**	16	17	18
19	20	21	22	23	24	25
26	27	28	29	30		

2 - Finados
15 - Proclamação da República

Dezembro
D	S	T	Q	Q	S	S
					1	2
3	4	5	6	7	8	9
10	11	12	13	14	15	16
17	18	19	20	21	22	23
24	**25**	26	27	28	29	30
31						

25 - Natal

O ano tem 12 meses.

OS MESES DO ANO SÃO:		
1 – JANEIRO	**5** – MAIO	**9** – SETEMBRO
2 – FEVEREIRO	**6** – JUNHO	**10** – OUTUBRO
3 – MARÇO	**7** – JULHO	**11** – NOVEMBRO
4 – ABRIL	**8** – AGOSTO	**12** – DEZEMBRO

Observe o calendário do mês de janeiro.

Janeiro

D	S	T	Q	Q	S	S
1	2	3	4	5	6	7
8	9	10	11	12	13	14
15	16	17	18	19	20	21
22	23	24	25	26	27	28
29	30	31				

1 - Confraternização Universal

A semana tem 7 dias. Os dias da semana são:

- **D** DOMINGO
- **S** SEGUNDA-FEIRA
- **T** TERÇA-FEIRA
- **Q** QUARTA-FEIRA
- **Q** QUINTA-FEIRA
- **S** SEXTA-FEIRA
- **S** SÁBADO

A semana tem 7 dias.

ATIVIDADES

1. Complete.

a) O ano tem _____ meses.

b) O primeiro mês do ano é _____.

c) O último mês do ano é_____.

2. Consulte o calendário da página 240 e pinte os meses de acordo com a legenda.

🟩 Mês com exatamente 30 dias   🟨 Mês com exatamente 31 dias   🟥 Mês com exatamente 28 dias

- ☐ Janeiro
- ☐ Fevereiro
- ☐ Março
- ☐ Abril

- ☐ Maio
- ☐ Junho
- ☐ Julho
- ☐ Agosto

- ☐ Setembro
- ☐ Outubro
- ☐ Novembro
- ☐ Dezembro

3. Os dias da semana estão embaralhados no quadro a seguir. Arrume-os, obedecendo a ordem.

> Sábado   segunda-feira
> quinta-feira   domingo   quarta-feira
> terça-feira   sexta-feira

Dias da semana:

1º _____   5º _____

2º _____   6º _____

3º _____   7º _____

4º _____

4. Complete o quadro a seguir com o mês, o ano, os dias atuais e responda às perguntas.

Mês: _____   Ano: _____

domingo	segunda-feira	terça-feira	quarta-feira	quinta-feira	sexta-feira	sábado

a) Em que mês estamos? _____

b) Quantos dias tem este mês? _____

c) Que dia é hoje? _____

d) Qual é o dia da semana? _____

e) Pinte de azul o último sábado do mês.

5. Desenhe o que você costuma fazer durante a semana.

LIÇÃO 21 — MEDIDAS DE COMPRIMENTO

Observe as cenas.

João está medindo a sala com passos.

Lívia está medindo a borracha com o dedo.

Mônica está medindo a porta com os pés.

Ricardo está medindo a carteira com palmos.

Nas cenas, as crianças estão utilizando partes do corpo para medir.

- Você acha que as partes do corpo fornecem medidas iguais para todas as pessoas? Por quê?

O metro e o centímetro

O **metro** e o **centímetro** são unidades de medidas de comprimento. Para obter medidas precisas, utilizamos instrumentos.

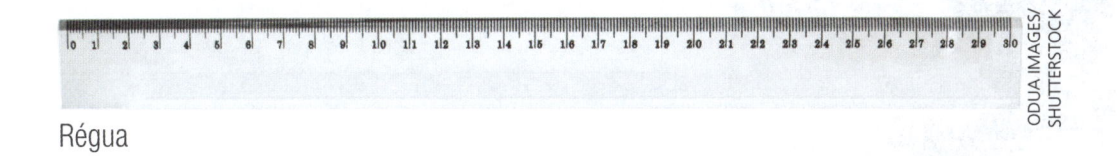

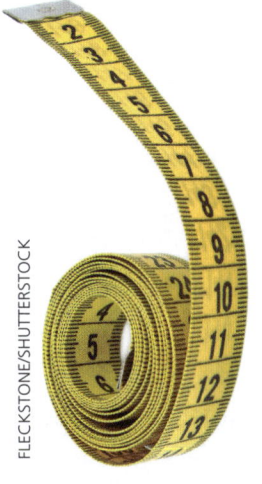

Régua

Fita métrica

Metro articulado

Trena

m é o símbolo do **metro**.
cm é o símbolo do **centímetro**.

ATIVIDADES

1. Meça e responda às perguntas.

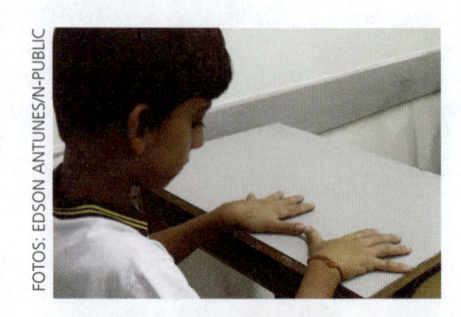

a) Quantos palmos mede sua carteira?

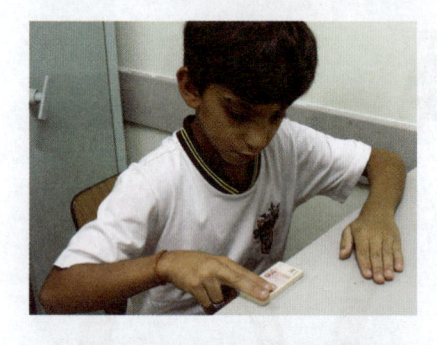

_____

_____.

b) Quantos dedos mede sua borracha?

_____

_____.

c) Quantos passos mede a largura de sua sala de aula?

_____

_____.

d) Quantos pés mede a largura da porta de sua sala de aula?

_____

_____.

- Compare as medidas que você obteve com as que seus colegas obtiveram. Elas são iguais ou diferentes? Por quê?

2. Agora, meça com sua régua e responda.

a) Quanto mede o comprimento do seu lápis? _____ cm.

b) Quanto mede a largura do seu estojo? _____ cm.

3. Observe e responda.

arame	tecido	corda
2 m	6 m	5 m

a) Qual é a diferença entre as medidas da peça de tecido e do rolo de arame?
_____

b) Quantos metros medem juntos o rolo de corda e o rolo de arame? _____

4. Pesquise, recorte e cole figuras de produtos que podem ser comprados em metros.

INFORMAÇÃO E ESTATÍSTICA

Faça uma pesquisa e construa um gráfico com as brincadeiras preferidas de seus colegas. Siga as instruções.

1. Escolha o nome de cinco brincadeiras conhecidas pelos colegas.

2. Pergunte a, pelo menos, 21 colegas qual das cinco brincadeiras eles preferem.

3. Pinte um quadrinho para cada brincadeira escolhida.

Brincadeira

Quantidade de alunos

a) Qual brincadeira foi a mais escolhida? _____

b) Qual brincadeira foi a menos escolhida? _____

22 MEDIDAS DE MASSA

Observe as figuras.

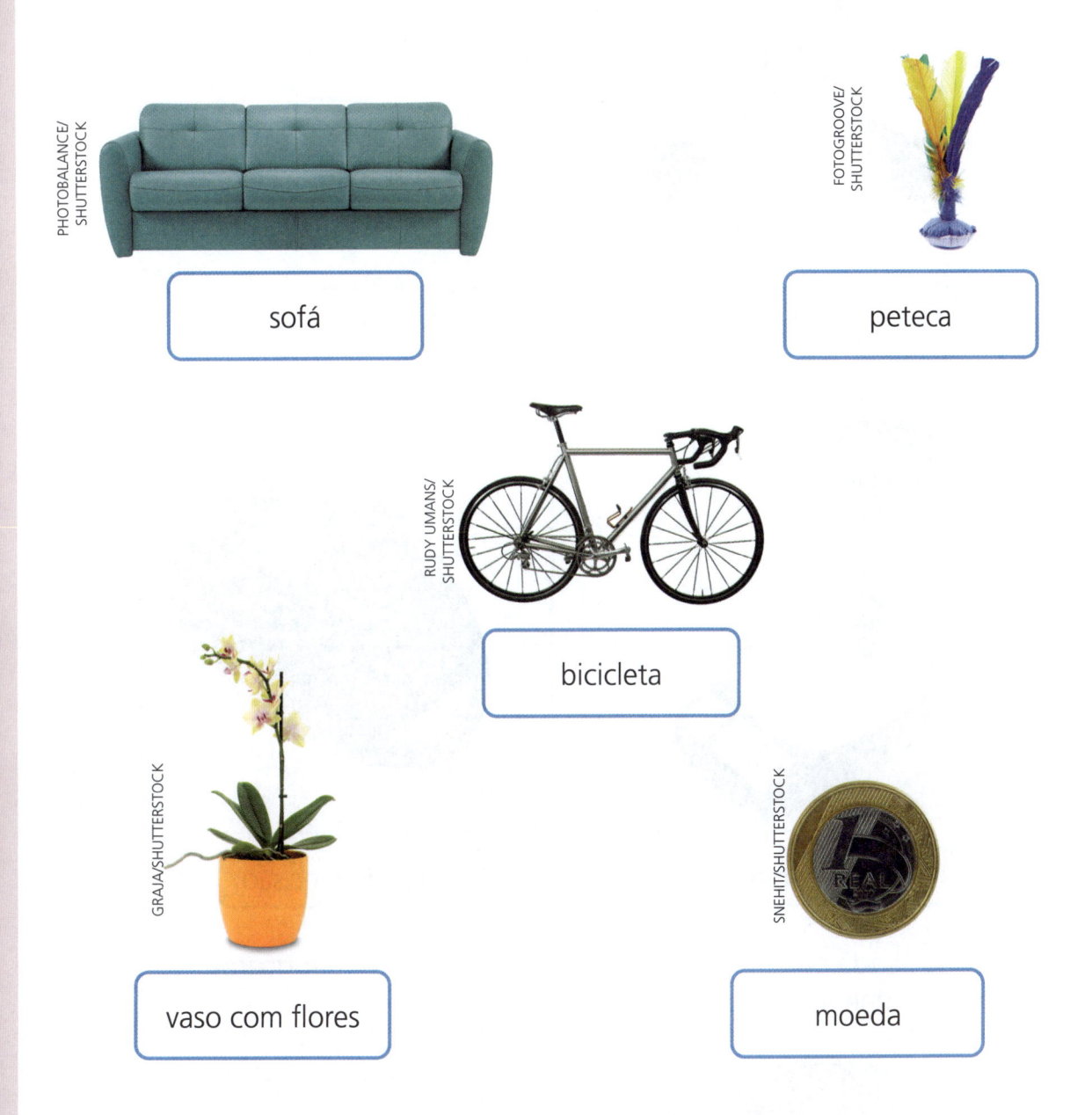

sofá

peteca

bicicleta

vaso com flores

moeda

- Qual desses objetos você acha que é o mais leve? E o mais pesado?

A balança é o instrumento usado para medir o peso de um objeto, uma pessoa, um produto etc. Observe alguns tipos de balança.

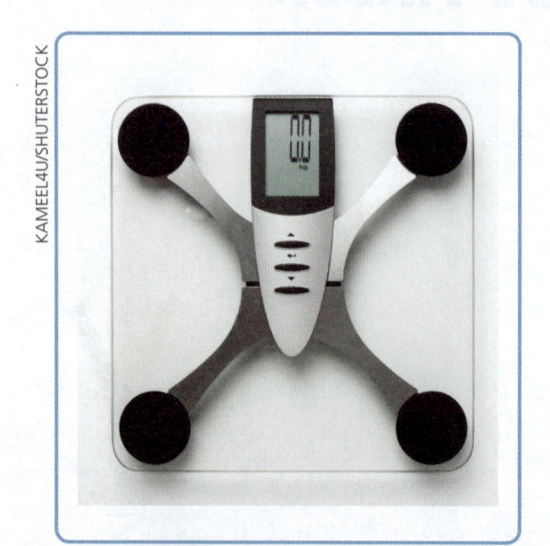

Balança corporal

Balança de farmácia

Balança comercial

Balança de precisão

A unidade usada para medir a massa dos objetos é o **quilograma**, popularmente chamado de **quilo**.

O símbolo do quilograma é **kg**.

ATIVIDADES

1. Procure em sua casa embalagens de três produtos que são vendidos em quilogramas. Escreva o nome do produto e quanto ele pesa.

Produto	Peso

a) Qual é o produto mais pesado? _____

b) Você observou se nas embalagens dos produtos constam a data de fabricação e a data de validade? _____

c) Você acha que essas informações são importantes? Por quê? _____

2. Quanto você acha que pesam estes objetos? Faça uma estimativa.

☐ mais de 1 kg
☐ menos de 1 kg

☐ mais de 1 kg
☐ menos de 1 kg

☐ mais de 1 kg
☐ menos de 1 kg

☐ mais de 1 kg
☐ menos de 1 kg

3. Responda às perguntas.

a) Quem pesa mais: o menino ou o cachorro?

_____

b) Quanto pesam os dois juntos?

_____

c) Você se pesou recentemente?

_____

d) Quanto você pesa?

_____

e) Quem pesa mais: você ou o menino do desenho?

_____

23 MEDIDAS DE CAPACIDADE

O litro

Líquidos como leite, água, sucos, óleos, gasolina, entre outros, são medidos em litros.

Refrigerante

Caixinha de suco

Água

Óleo

Garrafa de leite

Amaciante

O litro serve para medir a capacidade de líquido que cabe nos recipientes.

L é o símbolo de litro.

ATIVIDADES

1. Circule os produtos que compramos em litro.

2. Pinte de vermelho ou azul as etiquetas junto aos recipientes, indicando se a capacidade de cada um é:

■ menos que 1 litro.

■ mais que 1 litro.

3. O conteúdo de cada jarra vai ser despejado no recipiente maior. Quanto haverá em cada recipiente maior?

a) 1 L + 1 L + 1 L + 1 L

_____ litros

b) 1 L + 1 L + 1 L + 1 L + 1 L

_____ litros

PROBLEMAS

1. Um balde tem capacidade igual a 3 garrafas de 2 litros. Quantos litros cabem no balde?

Resposta: No balde cabem ☐ litros.

2. Com 1 litro de suco eu encho 4 copos. De quantos litros de suco preciso para encher 8 copos?

Observe a figura e responda.

Resposta: Preciso de ☐ litros de suco para encher 8 copos.

24 DINHEIRO BRASILEIRO

O dinheiro brasileiro é composto por cédulas e moedas.

As cédulas são as seguintes:

E as moedas são as seguintes:

Nosso dinheiro é o **real**.

O símbolo do real é **R$**.

As cédulas também são chamadas de **notas**.

Observe algumas trocas que podemos fazer utilizando moedas e notas.

ATIVIDADES

1. Complete os espaços com as palavras dos quadros a seguir:

| R$ | moedas | real | cédulas |

a) Nosso dinheiro é o _____.

b) O símbolo do real é _____.

2. Observe cada situação e assinale ⊠ para sim, se for possível comprar, e ⊠ para não, se não for possível.

4 reais — ☐ Sim ☐ Não

2 reais — ☐ Sim ☐ Não

3. Alice tem 15 reais. Marque se ela pode comprar.

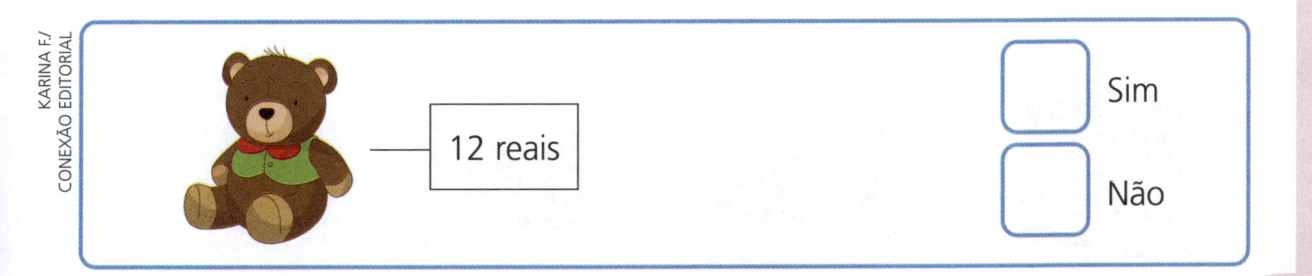

12 reais — ☐ Sim ☐ Não

INFORMAÇÃO E ESTATÍSTICA

Faça uma pesquisa de preços dos produtos a seguir.

Produto	Preço
1 kg de feijão	
5 kg de arroz	
1 pacote de macarrão	
1 kg de açúcar	
1 litro de leite	
1 kg de café	

Responda:

a) Qual é o produto mais caro? _____

b) Qual é o produto mais barato? _____

c) Qual é o preço do feijão? _____

d) Você acha o feijão caro ou barato? _____

- Compare os preços escritos na sua tabela com os das tabelas de outros colegas. Os preços são iguais para cada produto? Comente.

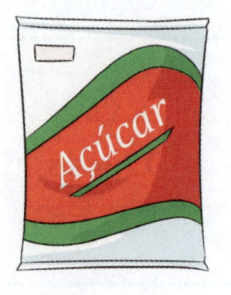

Coleção Eu gosto m@is

HISTÓRIA

1º ANO
ENSINO FUNDAMENTAL

SUMÁRIO

Lição 1 – Eu sou criança **263**
- Todo mundo é diferente 263
- O que você quer? 265
- Como é o seu jeito de ser? 268

Lição 2 – Eu tenho tempo **270**
- Todos temos uma história 270
- Vários aprendizados 271
- Linha do tempo de sua vida 272
- A infância 274
- A infância de outros tempos 274

Lição 3 – Histórias de criança **276**
- Somos iguais, mas também somos diferentes 276
- O dia a dia das crianças 278
- Os direitos das crianças 280

Lição 4 – Eu tenho uma família **283**
- Como são as famílias 283
- As famílias são diferentes 284
- Viver em família 286

Lição 5 – Todo mundo tem uma família **288**
- Cada família tem sua história 288
- As famílias mudaram com o tempo 290
- A árvore genealógica 292
- Os sobrenomes contam a história das famílias 294

Lição 6 – A nossa escola **296**
- Um lugar muito importante 296
- Escolas diferentes 297

Lição 7 – Eu aprendo **302**
- A escola, a família e os amigos 302
- Eu aprendo na escola 303
- Eu aprendo com a família 304
- Eu aprendo com os amigos 304

Lição 8 – Datas comemorativas **307**
- Festas escolares 307
- Festas familiares 309
- Festas coletivas 310

1 EU SOU CRIANÇA

Todo mundo é diferente

Nenhuma criança é igual a você. Você é única! Vamos conhecer outras crianças?

EU SOU A ANA TERESA. TENHO 6 ANOS. MEUS CABELOS SÃO CASTANHOS E MEUS OLHOS SÃO PRETOS. GOSTO DE SUCO DE UVA. TAMBÉM GOSTO DE APOSTAR CORRIDA COM MEUS AMIGOS.

EU SOU O VINÍCIUS. VOU FAZER 6 ANOS NO MÊS QUE VEM. MEUS CABELOS SÃO LOIROS E MEUS OLHOS SÃO VERDES. GOSTO DE PIPOCA E DE NADAR.

ATIVIDADES

1. Agora é a sua vez! Conte para o professor e para os colegas:

a) qual é o seu nome;

b) quantos anos você tem;

c) qual é a cor de seus cabelos e de seus olhos;

d) o que você gosta de fazer.

2. Marque com um **X** as características a seguir que ajudam a descrever como você é.

☐ MENINO ☐ MENINA

☐ ALTO ☐ BAIXO

☐ QUIETO ☐ FALANTE

☐ DE CABELOS PRETOS

☐ DE CABELOS LOIROS

☐ DE CABELOS CASTANHOS

☐ DE CABELOS RUIVOS

☐ DE OLHOS CLAROS

☐ DE OLHOS ESCUROS

3. Agora desenhe como você é: seu corpo, seu rosto, seu cabelo e seus olhos.

4. Desenhe, no espaço a seguir, sua brincadeira favorita.

O que você quer?

Com o professor e os colegas, leia o poema a seguir.

CRIANÇA É VIDA

BRINCANDO DE CARRINHO
OU DE BOLA DE GUDE
CRIANÇA QUER CARINHO,
CRIANÇA QUER SAÚDE.

CHUTANDO UMA BOLA
OU FAZENDO UM AMIGO
CRIANÇA QUER ESCOLA,
CRIANÇA QUER ABRIGO.

LENDO UM GIBI
OU GIRANDO UM BAMBOLÊ
CRIANÇA QUER SORRIR,
CRIANÇA QUER CRESCER.

ILUSTRAÇÕES: JOSÉ LUIS JUHAS

5. Assinale as frases que estão corretas.

☐ EU E MEUS COLEGAS SOMOS TODOS IGUAIS.

☐ CADA CRIANÇA É DIFERENTE DA OUTRA.

☐ TODAS AS CRIANÇAS DEVEM SER RESPEITADAS.

HISTÓRIA

A GENTE QUER, A GENTE QUER
A GENTE QUER SER FELIZ!
CRIANÇA É VIDA
E A GENTE NÃO SE CANSA
DE SER PRA SEMPRE UMA CRIANÇA.

NA HORA DO CANSAÇO
OU NA HORA DA PREGUIÇA
CRIANÇA QUER ABRAÇO,
CRIANÇA QUER JUSTIÇA.

SÉRIO OU ENGRAÇADO,
NO FRIO OU NO CALOR
CRIANÇA QUER CUIDADO,
CRIANÇA QUER AMOR.

EM QUALQUER LUGAR,
CRIANÇA QUER O QUÊ?
CRIANÇA QUER SONHAR,
CRIANÇA QUER VIVER.

A GENTE QUER,
A GENTE QUER
A GENTE QUER SER FELIZ!
CRIANÇA É VIDA
E A GENTE NÃO SE CANSA
DE SER PRA SEMPRE UMA CRIANÇA.

L. MACEDO E F. SALEM. CRIANÇA É VIDA. IN: *TEORIAS DA APRENDIZAGEM*. CURITIBA: IESDE, 2003. P. 8.

ILUSTRAÇÕES: JOSÉ LUÍS JUHAS

Observe as ilustrações do poema. O que as crianças estão fazendo em cada uma delas? Converse com os colegas e o professor sobre o que você percebeu.

No poema, os autores dizem que criança quer carinho, escola, entre outras coisas. E você, o que quer para ser feliz? Conte para os colegas e para o professor.

ATIVIDADES

1. Com base no poema das páginas anteriores, marque com um **X** os desejos de uma criança:

☐ SER FELIZ

☐ SONHAR O TEMPO TODO

☐ TER JUSTIÇA

☐ PODER BRINCAR

☐ NUNCA IR À ESCOLA

☐ TER SAÚDE

2. No poema, sublinhe com a cor amarela as brincadeiras de que você gosta e com a cor verde as brincadeiras de que você não gosta.

3. Desenhe, no espaço a seguir, o que você gostaria que acontecesse para tornar sua vida mais feliz.

4. Em casa, converse com os familiares para descobrir algumas informações sobre quando você era bebê. Depois, com a ajuda deles, complete a ficha a seguir.

QUANDO NASCI, EU PESAVA: _____.

QUANDO NASCI, EU MEDIA: _____.

QUEM ESCOLHEU MEU NOME FOI: _____.

A PRIMEIRA PALAVRA QUE FALEI: _____.

MEU BRINQUEDO PREFERIDO QUANDO ERA BEBÊ: _____.

QUANDO ERA BEBÊ GOSTAVA MAIS DE COMER: _____.

5. Apresente ao professor e aos colegas as informações que conseguiu reunir sobre você. Depois, responda oralmente:

a) Você e seus colegas têm alguma informação que seja igual? Qual?

b) E quais informações são diferentes?

HISTÓRIA

267

Como é seu jeito de ser?

Não é só nas características físicas que somos diferentes uns dos outros. O jeito de ser de cada um também nos torna pessoas únicas e especiais.

Leia o poema a seguir.

EU

EU FAÇO TUDO IGUAL ÀS OUTRAS CRIANÇAS.
EU ACORDO. EU DURMO.
EU COMO. EU BEBO.
EU SONHO. EU ESQUEÇO.
EU BRINCO. EU BRIGO.

EU FAÇO TUDO DIFERENTE DAS OUTRAS CRIANÇAS.
QUANDO EU ACORDO, EU VIRO DE UM LADO.
QUANDO EU DURMO, EU COÇO ESSE OLHO.
QUANDO EU COMO, EU APERTO ESSE DENTE.
QUANDO EU BEBO, MINHA GARGANTA FAZ ASSIM.
QUANDO EU SONHO, NEM EU ENTENDO.
QUANDO EU ESQUEÇO, EU NÃO ME LEMBRO.
QUANDO EU BRINCO, EU BRIGO.
QUANDO EU BRIGO, EU BRINCO.

EU SOU IGUAL A TODAS AS CRIANÇAS,
E DIFERENTE TAMBÉM.
E TENHO UMA HISTÓRIA, DESDE QUE EU NASCI:
ESSA HISTÓRIA QUE EU CONTEI DE MIM.

TEXTO ESCRITO PELO PROFESSOR ALEXANDRE RABELO
ESPECIALMENTE PARA ESTA OBRA.

ATIVIDADES

1. Complete as informações sobre você.

Quando acordo, eu _____

_____.

Quando brinco, eu _____

_____.

Quando durmo, eu _____

_____.

2. Desenhe, no espaço a seguir, uma atividade que você faz todos os dias.

3. Sente-se com um colega e conversem sobre o que vocês fazem que é igual e o que vocês fazem que é diferente.

4. Escreva, entre as atividades que você realiza todos os dias, qual é a sua preferida.

_____
_____
_____
_____
_____
_____
_____

HISTÓRIA

LIÇÃO 2

EU TENHO TEMPO

Todos temos uma história

Fabíola queria conhecer a história de sua mãe. Por isso, a mãe dela mostrou-lhe algumas fotos.

1 Mãe de Fabíola com 1 ano de idade.

2 Mãe de Fabíola com 7 anos de idade.

3 Mãe de Fabíola com 13 anos de idade.

4 Mãe de Fabíola com 19 anos de idade.

5 Mãe de Fabíola com 25 anos de idade.

6 Mãe de Fabíola com 31 anos de idade, quando Fabíola completou 1 ano.

Pelas imagens, você pode perceber que o tempo passou e a mãe de Fabíola foi crescendo e se modificando. Quando tinha 1 ano de idade, a mãe de Fabíola não fazia muita coisa sozinha. Ela precisava de ajuda para comer, tomar banho e estava aprendendo a andar. Quando tinha 7 anos, alimentava-se, andava sozinha e já sabia ler e escrever.

ATIVIDADES

1. Escreva no quadrinho o número da foto em que Fabíola aparece na página anterior.

☐

2. Complete:

a) Nessa foto, Fabíola está com _____ .

b) Nessa foto, Fabíola tinha _____ de idade.

Vários aprendizados

Observe as fotos a seguir. Elas mostram com quantos anos algumas crianças aprenderam a comer, a andar e a escrever o nome delas.

- Igor aprendeu a comer papinha com 6 meses de idade.

- Taís conseguiu andar com 1 ano de idade.

- Júlia escreveu seu nome pela primeira vez com 4 anos de idade.

ATIVIDADES

1. Coloque as fotos do álbum de Lucas em ordem, numerando-as.

☐

Lucas com 5 anos de idade.

☐

Lucas recém-nascido.

☐

Lucas com 3 anos de idade.

☐

Lucas com 1 ano de idade.

2. Com a ajuda de alguém de sua família, escreva que idade você tinha quando aprendeu a realizar algumas atividades.

a) Aprendi a comer sozinho com _____.

b) Eu aprendi a andar com _____.

c) Eu aprendi a falar com _____.

d) Eu aprendi a escrever meu nome com _____.

3. Quem ensinou você a realizar essas atividades? Você tem fotos desses momentos? Cole uma delas aqui. Se não tiver foto, faça um desenho representando como foi o aprendizado.

Linha do tempo de sua vida

Você se desenvolveu com o passar do tempo: cresceu, aprendeu coisas novas e conheceu outras crianças e pessoas adultas.

Veja como Yasmin cresceu em seis anos.

1 ano. 2 anos. 4 anos. 6 anos.

JOSÉ LUÍS JUHAS

A linha do tempo de sua vida representa a história do que você viveu desde seu nascimento. Em cada parte dela estão registrados momentos importantes de sua vida.

ATIVIDADES

1. Escolha um acontecimento importante em cada ano de sua vida para desenhar e pintar.

Eu com 1 ano.

Eu com 2 anos.

Eu com 3 anos.

Eu com 4 anos.

Eu com 5 anos.

Eu com 6 anos.

2. Apresente os desenhos da linha do tempo de sua vida aos colegas. Depois, responda oralmente.

a) O que aconteceu de igual na história de vida de vocês?

b) O que aconteceu de diferente?

A infância

Ao longo da vida, o ser humano passa por diferentes fases: infância, adolescência, fase adulta e velhice.

Na infância, quase todos os dias, aprende-se a fazer uma coisa nova. É na infância também que mais se precisa de cuidado. Por isso, os adultos estão sempre de olho nas crianças, ajudando-as nas tarefas mais difíceis e observando se elas não correm nenhum perigo.

As crianças têm o direito de brincar, estudar, praticar esportes e outras atividades que ajudem no seu desenvolvimento.

- Conte para os colegas e para o professor: O que você já sabe fazer sozinho? E em quais atividades precisa de ajuda?

A infância de outros tempos

Ser criança antigamente não era como hoje. Em outros tempos, há mais de 50 ou 100 anos, as crianças participavam das mesmas atividades dos adultos e também se vestiam com roupas escolhidas pelos pais, às vezes iguais às dos adultos. Muitas delas, inclusive, trabalhavam como os adultos.

Antigamente, as crianças eram tratadas como adultos em tamanho menor. Na foto, crianças brincando em gangorra de madeira, com roupas semelhantes às utilizadas pelos adultos. Foto de 1958.

- Como você gosta de se vestir?
- É você ou um adulto que escolhe suas roupas?

ATIVIDADES

1. Circule as frases que estão corretas:

a) No passado, as crianças tinham uma infância exatamente igual à infância que temos hoje.

b) Atualmente, as crianças se vestem de maneira mais confortável que no passado.

c) Muitas crianças, no passado, eram tratadas como adultas.

d) Atualmente, as crianças não precisam mais ser protegidas e cuidadas pelos adultos.

2. Observe as imagens a seguir e depois faça o que se pede.

ILUSTRAÇÕES: JOSÉ LUIS JUHAS

a) Marque um **X** na atividade que não é adequada a uma criança.

b) Pinte o quadrinho da resposta que explica por que essa atividade não é adequada a uma criança.

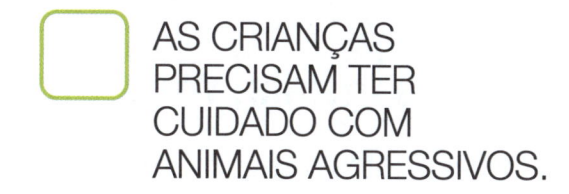

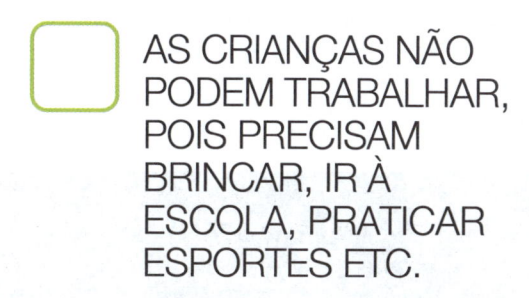

☐ AS CRIANÇAS PRECISAM TER CUIDADO COM ANIMAIS AGRESSIVOS.

☐ AS CRIANÇAS NÃO PODEM TRABALHAR, POIS PRECISAM BRINCAR, IR À ESCOLA, PRATICAR ESPORTES ETC.

3. Desenhe no espaço a seguir uma atividade que você considera adequada a uma criança.

HISTÓRIA

275

LIÇÃO 3

HISTÓRIAS DE CRIANÇA

Somos iguais, mas também somos diferentes

Veja as fotos a seguir. O que você observa de comum e de diferente no jeito de ser de cada uma das crianças que aparece nas imagens?

276

ATIVIDADES

1. Na página anterior, você conheceu o jeito de brincar, de se vestir e de se divertir de algumas crianças. Agora, desenhe seu jeito de ser.

- Qual é a sua brincadeira predileta?

- Qual esporte você pratica?

- Como você gosta de se vestir?

- De que modo você vai à escola?

2. Você acha que todas as crianças são iguais? Converse com seus colegas e com o professor sobre o assunto.

O dia a dia das crianças

Você e seus amigos certamente realizam muitas atividades ao longo do dia.

Algumas dessas atividades são feitas em casa, com os familiares; outras ocorrem na escola ou em lugares que costumamos frequentar e envolvem diferentes pessoas.

Acompanhe algumas atividades do cotidiano de Leonardo, desde o horário em que ele acorda até quando vai dormir.

ILUSTRAÇÕES: JOSÉ LUIS JUHAS

Acorda.

Veste-se.

Toma o café da manhã.

Escova os dentes.

Vai à escola.

Almoça e descansa.

Faz as tarefas escolares.

Brinca com os amigos.

Toma banho.

Janta.

Escova os dentes.

Dorme.

ATIVIDADES

1. Preencha o quadro com algumas atividades que você faz nos períodos da manhã, da tarde e da noite.

PERÍODO	ATIVIDADES
MANHÃ	_____
TARDE	_____
NOITE	_____

2. Agora, reúna-se com um colega e comparem as informações. Depois, responda às questões abaixo.

a) Marque com um **X** suas atividades que são iguais às atividades de seu colega.

☐ TOMAR BANHO ANTES DE JANTAR.

☐ ACORDAR E ESCOVAR OS DENTES.

☐ BRINCAR DEPOIS DE FAZER OS DEVERES ESCOLARES.

☐ ASSISTIR À TELEVISÃO APÓS O JANTAR.

b) Pinte os quadrinhos das suas atividades que são diferentes das de seu colega.

HORÁRIO DE TOMAR BANHO.

ATIVIDADE APÓS O ALMOÇO.

ATIVIDADE APÓS O JANTAR.

HORÁRIO DE BRINCAR.

3. Responda.

a) Em que período do dia você tem mais atividades: de manhã, à tarde ou à noite?

_____

b) Em que período do dia você vai à escola?

_____

4. Comente com o professor e os colegas se você gostaria de modificar alguma atividade do seu dia a dia e explique por quê.

5. Desenhe no espaço abaixo a atividade que você mais gosta de fazer durante o dia.

HISTÓRIA

Os direitos das crianças

Todas as crianças têm direito a uma vida digna, saudável e feliz.

Todas as crianças devem ser respeitadas.

Para garantir esse respeito, foi criado no Brasil o Estatuto da Criança e do Adolescente (ECA), uma lei a que todos precisam obedecer.

Nas ilustrações a seguir estão representados direitos das crianças. Observe:

- Toda criança tem direito a:

ILUSTRAÇÕES: ANDERSON SANTOS

Um nome.

Uma nacionalidade.

Um lugar para morar.

Uma boa alimentação.

Uma escola para estudar.

Receber amor de sua família e de todas as pessoas.

Receber tratamento médico.

Brincar. É proibido que qualquer criança trabalhe antes dos 14 anos.

Ser tratada com carinho e proteção.

No mundo inteiro, as crianças devem ser respeitadas e protegidas!

ILUSTRAÇÕES: ANDERSON SANTOS

ATIVIDADES

1. Das ilustrações presentes nas páginas 280 e 281, pinte aquelas que representam situações vividas por você. Depois, sublinhe seus direitos que estão sendo respeitados.

- EU TENHO UM LUGAR PARA MORAR.
- EU FREQUENTO UMA ESCOLA.
- EU TENHO ATENDIMENTO MÉDICO SE FICAR DOENTE.
- EU RECEBO VACINAS QUE ME PROTEGEM.
- MINHA FAMÍLIA ME DÁ CARINHO E PROTEÇÃO.
- EU TENHO TEMPO PARA BRINCAR.
- EU FAÇO REFEIÇÕES SAUDÁVEIS DURANTE O DIA.

2. Faça a correspondência entre as imagens e os direitos das crianças.

A DIREITO À SAÚDE.

B DIREITO AO LAZER.

C DIREITO À MORADIA.

D DIREITO À EDUCAÇÃO.

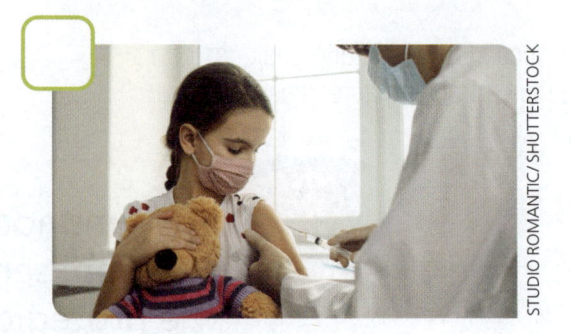

4 EU TENHO UMA FAMÍLIA

Como são as famílias

Toda pessoa faz parte de uma **família**. E cada família tem uma história.

Esta é a família de Luciano, um menino de 6 anos. O pai dele se chama Leonardo, e a mãe, Júlia. O irmão mais velho de Luciano é o Vítor. Luna é a cachorrinha da família.

Luciano é o mais novo da família.

Existem também outras pessoas que fazem parte da família de Luciano. Essas pessoas são **parentes** dele, como os avós, os tios, as tias, os primos e as primas. Ele adora visitar seus avós, Marcelo e Tereza.

Marcelo e Tereza são os avós de Luciano.

As famílias são diferentes

Nem sempre o pai, a mãe e os filhos vivem todos juntos na mesma casa.

Às vezes, os filhos moram apenas com o pai, ou somente com a mãe, ou, ainda, com os avós, os tios ou outros parentes.

Algumas famílias são formadas por madrasta, padrasto e irmãos postiços. Há também os casais que adotam filhos.

Daniel mora com a mãe dele.

Larissa mora com o pai dela.

Luana foi adotada por Márcio e Catarina. Eles formam uma família.

As crianças que vivem em orfanato formam outro tipo de família.

ATIVIDADES

1. Como é sua família? Desenhe, no espaço a seguir, você com as pessoas com quem mora.

2. Pinte apenas os círculos e depois leia a frase que eles formam juntos.

- AVÔ (triângulo)
- TODA (círculo)
- CIDADE (quadrado)
- DO (círculo)
- MÃE (triângulo)
- AMOR (círculo)
- DE (círculo)
- UMA (círculo)
- RUA (quadrado)
- CRIANÇA (círculo)
- PRECISA (círculo)
- IRMÃO (triângulo)
- CASA (quadrado)
- FAMÍLIA (círculo)
- TIA (triângulo)

3. Escreva aqui a frase que você formou ao pintar os círculos.

_____

4. Com a ajuda das pessoas que cuidam de você, complete.

a) MEU AVÔ PATERNO CHAMA-SE:

_____

b) MINHA AVÓ PATERNA CHAMA-SE:

_____

c) MEU AVÔ MATERNO CHAMA-SE:

_____

d) MINHA AVÓ MATERNA CHAMA-SE:

_____

e) MEUS TIOS, IRMÃOS DO PAPAI, SÃO:

_____

f) MEUS TIOS, IRMÃOS DA MAMÃE, SÃO:

_____

g) MEUS PRIMOS, FILHOS DOS MEUS TIOS, SÃO:

_____

Viver em família

Você já deve ter percebido que todas as pessoas fazem diversas atividades em casa. Essas atividades são necessárias para que a família possa viver em um ambiente limpo e saudável.

Os pais cuidam dos filhos, levando-os à escola, ao médico, para passear e se divertir. Em casa, é preciso cozinhar, lavar a louça e a roupa e limpar os cômodos.

As crianças podem e devem ajudar nas tarefas de casa. É muito importante que você ajude os adultos, cuidando bem do que é seu, guardando os brinquedos, arrumando a cama, as roupas e o quarto.

Há famílias em que o pai é quem cuida da casa enquanto a mãe trabalha fora.

As crianças também podem ajudar nas tarefas de casa cuidando de suas coisas e guardando os brinquedos, por exemplo.

Crianças e pais também se divertem muito juntos.

ATIVIDADES

1. Marque com um **X** as tarefas domésticas que você costuma realizar.

☐ ARRUMO A CAMA.

☐ CUIDO DO ANIMAL DE ESTIMAÇÃO.

☐ GUARDO MINHAS ROUPAS.

☐ ARRUMO A MESA.

☐ GUARDO MEUS BRINQUEDOS.

☐ LAVO A LOUÇA.

☐ CUIDO DAS PLANTAS.

☐ GUARDO A LOUÇA.

☐ CUIDO DOS MEUS IRMÃOS.

2. Pinte os quadrados ao lado das frases que explicam melhor como devemos viver em família.

☐ OS PAIS DEVEM CUIDAR BEM DOS FILHOS.

☐ OS IRMÃOS PODEM BRIGAR MUITO.

☐ A FAMÍLIA DEVE VIVER COM AMOR.

☐ PAI E MÃE NÃO PRECISAM SE ENTENDER.

☐ OS FILHOS DEVEM OBEDECER AOS PAIS E RESPEITÁ-LOS.

4. Leia o poema.

DE MAL, DE BEM...

A FAMÍLIA É COMO UMA ÁRVORE
QUE NASCE DE UMA SEMENTE.
ELA CRESCE E SE ESPALHA
PELO CORAÇÃO DA GENTE.

OS IRMÃOS ÀS VEZES BRIGAM.
PAI E MÃE SE DESENTENDEM
MAS DEPOIS TODOS SE LIGAM:
DAS OFENSAS SE ARREPENDEM.

EVELYN HEINE. *POESIAS PARA CRIANÇAS* – FAMÍLIA. BLUMENAU: BRASILEITURA [S.D.].

Com o que a família do poema foi comparada? Faça um desenho que represente sua resposta.

LIÇÃO 5

TODO MUNDO TEM UMA FAMÍLIA

Cada família tem sua história

A família é a primeira comunidade da qual fazemos parte. Comunidade é um grupo de pessoas que tem interesses e objetivos comuns.

O pai, a mãe, os filhos e outros parentes formam uma família e também uma comunidade.

Além da família, geralmente participamos de outras comunidades: a escola, o condomínio ou a rua onde moramos, o bairro, o clube e muitas outras.

Família indígena Kaiapó na aldeia Mojkarako, em São Felix do Xingu, Pará, década de 2010.

Família reunida em Teofilândia, Bahia, década de 2010.

Pai com a filha no colo posa para foto em frente de casa, em São Joaquim, Santa Catarina, década de 2010.

Mãe e filha de comunidade quilombola, em Cabo Frio, Rio de Janeiro, década de 2010.

ATIVIDADES

1. Encontre no diagrama o nome do grau de parentesco de algumas pessoas que fazem parte de sua família.

R	P	O	D	E	T	M	I	R	M	Ã	O
S	A	V	Ó	I	I	E	Ã	T	E	G	A
D	I	Z	O	I	O	O	H	E	L	M	E

2. Observe os tipos de família e faça a correspondência.

A — MARCELA MORA COM A AVÓ.

B — CÉSAR MORA COM OS PAIS E OS IRMÃOS. A FAMÍLIA DELE É NUMEROSA.

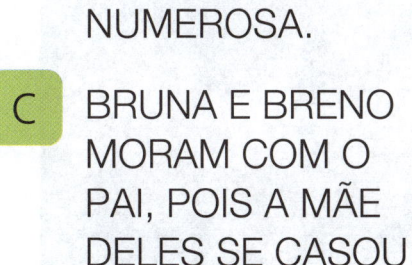

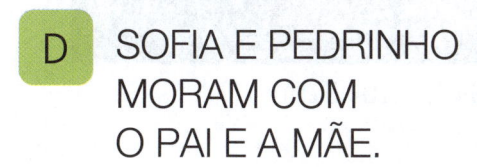

C — BRUNA E BRENO MORAM COM O PAI, POIS A MÃE DELES SE CASOU NOVAMENTE.

D — SOFIA E PEDRINHO MORAM COM O PAI E A MÃE.

As famílias mudaram com o tempo

As famílias foram mudando ao longo do tempo.

Antigamente, a maioria das famílias era formada por pai, mãe e filhos, e havia também os agregados. Essas famílias eram bem numerosas.

Hoje, há famílias que são muito diferentes daquelas de antigamente. Há famílias pequenas e outras grandes. Há famílias formadas apenas por mães e os filhos, ou por pais e os filhos.

Há famílias em que os membros possuem diferentes características físicas. Por exemplo, uns são altos, e outros, baixos; uns possuem a pele mais clara, e outros, a pele mais escura; uns têm cabelos cacheados, e outros, cabelos lisos.

Observe a imagem a seguir.

A família (1925), de Tarsila do Amaral. Óleo sobre tela, 79 cm × 101,5 cm.

O quadro da pintora Tarsila do Amaral representa uma família do passado, com os muitos membros que a compunham. A obra mostra inclusive a presença de animais de estimação.

ATIVIDADES

1. Observe o quadro da página anterior e complete as frases.

a) O título do quadro é _____.

b) Foi pintado pela artista _____.

c) O ano em que ela fez o quadro foi _____.

2. Como é a família retratada pela artista Tarsila do Amaral? Marque com um X as frases corretas sobre a pintura:

☐ A FAMÍLIA TEM POUCAS PESSOAS.

☐ A FAMÍLIA É NUMEROSA.

☐ A ARTISTA RETRATOU APENAS AS PESSOAS MUITO IDOSAS.

☐ A ARTISTA RETRATOU CRIANÇAS, ADOLESCENTES E ADULTOS.

☐ NO QUADRO PODEMOS VER ANIMAIS, COMO GALINHAS E VACAS.

☐ NO QUADRO FORAM RETRATADOS UM CACHORRO E UM GATO.

3. Quanto às características físicas, como é a família do quadro? Pinte a frase que responde corretamente à questão.

> TODAS AS PESSOAS DO QUADRO SÃO LOIRAS, PARECENDO ESTRANGEIROS.

> TODAS AS PESSOAS DO QUADRO PARECEM BRASILEIRAS, COM CABELOS ESCUROS E PELE MORENA.

4. Sente-se com um colega e conversem sobre as características físicas das famílias de vocês. Depois, um desenhará a família do outro, de acordo com as descrições feitas. Não se esqueçam de completar o título no desenho com o nome do colega.

5. Coloque **C** se a frase estiver certa e **E** se estiver errada.

☐ A FAMÍLIA É A PRIMEIRA COMUNIDADE DA QUAL FAZEMOS PARTE.

☐ AS FAMÍLIAS SÃO TODAS IGUAIS.

☐ NO PASSADO, AS FAMÍLIAS TINHAM O MESMO NÚMERO DE INTEGRANTES QUE AS FAMÍLIAS DO PRESENTE.

☐ OS SOBRENOMES CONTAM A HISTÓRIA DAS FAMÍLIAS.

HISTÓRIA

A árvore genealógica

A árvore genealógica é um esquema usado para representar os membros de uma família, desde os mais antigos, como seus bisavós e seus avós, até os mais recentes, como você e seus irmãos.

A árvore genealógica ajuda a entender um pouco mais a história de nossas famílias e também a perceber as diferenças e as semelhanças entre as gerações.

Geração é o conjunto de pessoas de uma mesma idade. Seus avós maternos e paternos fazem parte de uma geração. Seus pais e seus tios fazem parte de outra geração. Você e seus colegas de sala formam uma geração.

ATIVIDADES

1. Cole fotos ou desenhe seus familiares nesta árvore genealógica.

AVÔ PATERNO   AVÓ PATERNA   AVÓ MATERNA   AVÔ MATERNO

PAI   MÃE

EU

2. Agora, escreva o nome de cada um deles.

_____

_____

_____

Os sobrenomes contam a história das famílias

Outra maneira de conhecermos a história de uma família é pelo sobrenome dos parentes.

Antigamente, para se identificarem, as pessoas começaram a usar sobrenomes. Assim, se a pessoa morava perto de uma árvore, poderia adotar como sobrenome o nome dessa árvore. Desse modo, surgiram sobrenomes como "Figueira" (a árvore que dá figo) e "Oliveira" (a árvore que dá azeitona). Se a pessoa morasse na proximidade de uma floresta, poderia adotar o sobrenome "Silva" (que significa selva).

Os sobrenomes também podiam indicar a profissão de alguém da família, como "Ferreira" (que trabalhava com o ferro).

Outro costume era escolher um sobrenome que lembrasse o nome ou a aparência dos pais. "Fernandes", por exemplo, significava "filho de Fernando", e Mariano, "filho de Maria".

Características da própria pessoa também originavam sobrenomes. "Barbosa", por exemplo, significava ter longa barba.

ATIVIDADES

1. Qual é a importância de ter nome e sobrenome? Pinte o quadrinho da resposta correta.

☐ É UM JEITO DE NOS IDENTIFICARMOS.

☐ SERVE PARA MOSTRAR ONDE NASCEMOS.

☐ INDICA QUEM É NOSSA MÃE.

2. Em casa, com ajuda de um adulto, escreva seu nome completo, isto é, seu nome e sobrenome. Escreva também o nome completo de sua mãe.

MEU NOME COMPLETO _____
_____
_____.

NOME COMPLETO DE MINHA MÃE
_____
_____.

3. Vamos analisar mais alguns sobrenomes e pensar no que significam? Associe os quadrinhos aos sobrenomes.

1	NUNES.
2	MONTEIRO.
3	PEREIRA.

☐ CAÇADOR DOS MONTES.

☐ ÁRVORE QUE DÁ A PERA.

☐ FILHO DE NUNO.

4. Na sua turma, existe algum sobrenome com significado parecido com os que você analisou? Converse com o professor e os colegas e façam uma lista coletiva.

_____
_____
_____
_____
_____
_____
_____
_____
_____
_____
_____
_____

HISTÓRIA

LIÇÃO 6 — A NOSSA ESCOLA

Um lugar muito importante

A escola é um lugar de estudo, de convivência e de trabalho. Frequentar a escola é um direito de todas as crianças.

Muitas pessoas trabalham na escola, como o diretor, o professor, o porteiro, o coordenador etc.

Além de estudar e aprender, na escola conhecemos pessoas e fazemos amizades.

Na escola, é muito importante que as pessoas se respeitem e colaborem para que todos se sintam bem.

Sala de aula em escola do Rio de Janeiro, 2015.

- O que você aprendeu de mais importante na escola até agora?

Escolas diferentes

Nas escolas de antigamente, as salas de aula eram diferentes. O mobiliário era diferente e havia turmas só de meninas ou só de meninos.

Instituto Profissional Feminino, Rio de Janeiro, 1922.

Mesmo hoje, existem diferentes tipos de escola. As escolas são construídas para atender às necessidades das crianças de cada lugar.

Nas escolas indígenas, as crianças aprendem a cultura e a língua de seu povo. Escola indígena Sakruiwê, da Aldeia Funil, Tocantínia, Tocantins, 2022.

Barco transportando crianças até a escola pelo Rio Tapajós, em Aveiro, Pará, 2014.

ATIVIDADES

1. Com a ajuda do professor, complete as frases e responda.

a) O NOME DA MINHA ESCOLA É _____

_____

_____.

b) Ela sempre teve esse nome?

☐ SIM.

☐ NÃO.

c) Em sua escola, os alunos usam uniforme?

☐ SIM.

☐ NÃO.

d) O endereço da minha escola é _____

_____

_____

_____

_____.

2. Pinte os quadros que indicam os momentos de que você mais gosta quando está na escola.

- AULA DE LÍNGUA PORTUGUESA
- AULA DE CIÊNCIAS
- ATIVIDADE NO LABORATÓRIO
- AULA DE MATEMÁTICA
- AULA DE HISTÓRIA
- FILME NA SALA DE VÍDEO
- AULA DE GEOGRAFIA
- AULA DE EDUCAÇÃO FÍSICA
- HORA DO RECREIO

3. Faça um desenho da escola onde você estuda.

4. Marque um **X** em "sim" ou "não".

a) As salas de aula no passado eram iguais à sua sala de aula?

☐ SIM.   ☐ NÃO.

b) No passado, as crianças usavam uniforme?

☐ SIM.   ☐ NÃO.

5. Observe esta foto antiga. Depois, responda oralmente.

MUSEU DA IMAGEM E DO SOM, RIO DE JANEIRO

Alunos e professores em sala de aula, Rio de Janeiro, 1914.

a) Em qual cidade essa escola se localizava? Quando a foto foi tirada?

_____

_____

b) Os meninos e as meninas dessa escola estudavam todos juntos?

c) Nessa escola, o que é diferente da escola onde você estuda?

_____

_____

_____

d) Nessa escola, o que é semelhante à escola onde você estuda?

_____

_____

_____

6. Em casa, pergunte a seus responsáveis como era a escola no tempo em que eles estudavam. Peça-lhes que escrevam em seu caderno um pequeno parágrafo com o relato. Depois, em sala de aula, leia o parágrafo para os colegas ou peça ao professor que o leia.

7. Na escola, as crianças têm direitos e deveres. Nos quadros a seguir, indique **1** para direito e **2** para dever.

☐ FAZER AS LIÇÕES.

☐ TER UM LUGAR PARA BRINCAR.

☐ TRATAR O PROFESSOR E OS COLEGAS COM RESPEITO.

☐ TER UM LUGAR NA SALA DE AULA.

☐ CONSERVAR AS CARTEIRAS E OUTROS MATERIAIS DA TURMA.

☐ TER MATERIAL ESCOLAR, COMO LIVROS E CADERNOS.

8. Observe novamente a foto da sala de aula da página 296 e a foto do Instituto Profissional Feminino da página 297. Depois, marque um **X** nas respostas corretas.

☐ AS DUAS ESCOLAS SÃO ANTIGAS.

☐ AS ESCOLAS TÊM TIPOS DE CARTEIRA DIFERENTES.

☐ A ESCOLA DA PÁGINA 296 É ATUAL.

☐ NA ESCOLA DA PÁGINA 297, SÓ ESTUDAVAM MOÇAS.

☐ AS DUAS ESCOLAS SÃO ATUAIS.

LIÇÃO 7

EU APRENDO

A escola, a família e os amigos

As crianças estão sempre aprendendo.

Elas aprendem em casa e com os familiares. As crianças aprendem com os amigos, que podem ser crianças e também adultos. Aprendem na escola com os professores, com os funcionários e com os colegas.

ILUSTRAÇÕES: JOSÉ LUIS JUHAS

- Qual é o lugar onde você mais aprende? Conte aos colegas a última coisa que você aprendeu.

Eu aprendo na escola

A educação é um direito de todas as crianças. Não importa onde a criança mora, as condições financeiras da família, nem se ela apresenta qualquer tipo de limitação física.

A família, a comunidade e o governo têm obrigação de promover a educação para todas as crianças brasileiras.

É na escola que, geralmente, as crianças aprendem a ler, a escrever e a fazer contas.

A escola também é lugar de aprender novas brincadeiras e a respeitar opiniões diferentes.

- O que você já aprendeu na escola este ano?

Eu aprendo com a família

Desde que nasce a criança já começa a aprender. E são os familiares as primeiras pessoas a ajudarem as crianças a aprenderem novas habilidades.

O bebê aprende com seus cuidadores a falar e a andar. Quando a criança cresce um pouco mais, ela, aos poucos, começa a aprender várias outras habilidades necessárias para seu dia a dia, as quais serão usadas ao longo da vida. Por exemplo, aprende a se vestir e a calçar os sapatos, a escovar os dentes, a tomar banho, a trocar de roupa, a lavar as mãos etc.

Hábitos de higiene, como tomar banho, lavar as mãos e escovar os dentes, são muito importantes para nossa saúde!

Em família, as crianças aprendem a cuidar de seus objetos pessoais e da casa.

Os familiares também ajudam as crianças a conhecerem os costumes da família: as crenças, as festas, o tipo de comida preferido e os hábitos de lazer.

Pais ensinando bebê a andar.

Família reunida na hora do almoço.

Eu aprendo com os amigos

Amigo é a pessoa que nos entende, que gosta de fazer atividades conosco e até com quem às vezes brigamos, mas sem nunca deixar de gostar.

Temos diferentes tipos de amigo. Eles podem ser os irmãos, os parentes, os vizinhos, os colegas de escola ou crianças que se conheceram no clube, no parque e em outros lugares.

Amigo pode ser criança, pode ser adulto.

Às vezes, os amigos têm os mesmos gostos e as mesmas preferências. Outras vezes, os amigos gostam de fazer coisas bem diferentes.

- Você tem amigos? Quem é seu melhor amigo?

ATIVIDADES

1. Observe as imagens a seguir e faça o que se pede.

a) Circule o desenho que mostra a criança aprendendo com a família.

b) Pinte o desenho que mostra a criança aprendendo com os amigos.

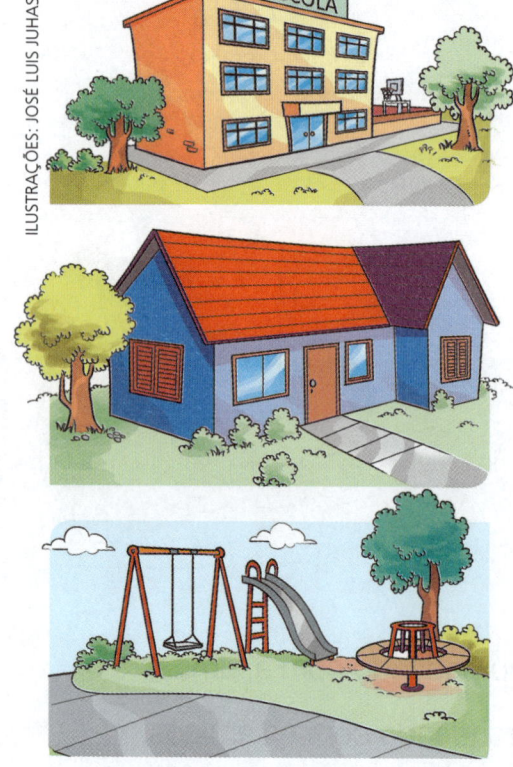

2. Marque um **X** nos quadrinhos que indicam o que é mais comum aprender com os amigos.

☐ FALAR E COMER USANDO TALHERES.

☐ BRINCADEIRAS.

☐ DICAS PARA FAZER A LIÇÃO DE CASA.

☐ COMO SE COMPORTAR NA CASA DE OUTRAS PESSOAS.

☐ PALAVRAS EM LÍNGUA ESTRANGEIRA.

☐ JOGAR *VIDEOGAME*.

3. Complete as frases com o nome de dois amigos e com algo que você aprendeu com cada um deles.

Com meu amigo _____,

aprendi a _____

_____.

Com _____, aprendi a _____

_____.

4. Escreva o nome da pessoa com quem você aprendeu a:

a) Ler: _____.

b) Andar de bicicleta: _____.

c) Amarrar os tênis: _____.

d) Comer com talheres: _____.

5. Ligue os lugares de aprender com o que se aprende.

DATAS COMEMORATIVAS

Festas escolares

Na escola, você aprende muitas coisas e, além disso, precisa seguir algumas regras e alguns acordos de convivência, mas há sempre os momentos de diversão, nos quais você brinca e ri com seus amigos.

Na escola, você também deve ter participado de pelo menos uma festa, não é mesmo?

Em geral, nas escolas do Brasil, ao longo do ano, ocorrem algumas celebrações. Às vezes, a escola promove comemorações exclusivas para os alunos, mas há também as festas abertas à participação da família e da comunidade.

Essas festas celebram momentos especiais para a escola, para a comunidade, bem como para o país.

ATIVIDADE

1. Ao longo deste ano, você deve ter participado de algumas comemorações na sua escola. Que tal preencher o calendário a seguir com as festas da escola? Você pode inserir, também, as datas de aniversário dos amigos e do professor. Vamos lá?

DATAS COMEMORATIVAS DA ESCOLA			
JANEIRO	FEVEREIRO	MARÇO	ABRIL
MAIO	JUNHO	JULHO	AGOSTO
SETEMBRO	OUTUBRO	NOVEMBRO	DEZEMBRO

Festas familiares

Além das festas da escola, você já deve ter participado de muitas festas familiares. Essas festas acontecem para celebrar momentos importantes na vida dos membros da família.

Aniversário e casamento, por exemplo, são datas comemoradas em família. Nessas ocasiões, costumamos convidar os amigos e os vizinhos.

Algumas famílias se reúnem em datas comemorativas ligadas às celebrações coletivas, como o Natal, uma festa religiosa, e o Ano-Novo, uma festa mundial que comemora a mudança de ano.

- Qual é a festa de que você mais gosta? Por quê?

As reuniões familiares são momentos em que se fortalece o vínculo entre as pessoas. Nessas ocasiões, os mais velhos podem rememorar acontecimentos importantes ocorridos na família e compartilhar essas informações com os mais novos.

Quando um indígena morre, a aldeia onde ele vivia celebra sua lembrança, para que ele fique sempre na memória de todos. É então organizada uma festa que se chama Quarup. Essa festa tem música, dança e são servidos peixe e mingau de mandioca. Na foto, o tronco de árvore pintado representa uma pessoa falecida. Foto da década de 2010.

Festas coletivas

São aquelas celebrações comemoradas por muitas pessoas. Há diversos tipos de festas coletivas. Elas podem ser religiosas, cívicas e populares.

Observe a seguir alguns exemplos:

As festas religiosas são ligadas às religiões, como o Círio de Nazaré, uma das maiores festas católicas do mundo. Ela ocorre todos os anos, no segundo domingo do mês de outubro, em Belém do Pará. Foto de 2017.

As festas cívicas são comemorações históricas e estão ligadas aos acontecimentos nacionais. Por exemplo, o Dia da Independência, que ocorre em 7 de setembro. Nessa data, há festas em várias cidades do Brasil. Foto de 2016.

As festas populares celebram manifestações da cultura brasileira. Algumas delas acontecem em várias partes do Brasil; é o caso, por exemplo, do Carnaval. Há festas populares, porém, que são locais, ou seja, acontecem apenas em uma única região ou cidade do país. Na foto, Carnaval em Recife, Pernambuco, 2018.

- Você conhece alguma festa popular que acontece apenas na sua cidade? Qual é ela?

Coleção Eu gosto m@is

GEOGRAFIA

1º ANO
ENSINO FUNDAMENTAL

SUMÁRIO

Lição 1 – Eu e os lugares onde vivo 313
- Como é o lugar onde moro 314
- Outros lugares nos quais convivo 316
- Lugares diferentes daqueles dos quais convivo 317
- Todas as crianças comem as mesmas comidas? 317
- O modo de se vestir não é igual 318

Lição 2 – Brincadeiras 320
- Conviver com as regras 321

Lição 3 – Minha moradia 325
- As moradias têm formas e tamanhos diferentes 325

Lição 4 – Eu e os objetos ao meu redor 328
- Direita, esquerda – frente, atrás 329

Lição 5 – Minha escola 332
- Os espaços da escola 333
- A sala de aula 334
- O meu lugar na sala de aula 335

Lição 6 – Paisagens 337
- Sinais de trânsito 341
- Cuidados nas ruas 343

Lição 7 – As diferentes paisagens 344
- As pessoas e as paisagens 345

Lição 8 – As condições do clima e o meu dia a dia 348
- As estações do ano 349

EU E OS LUGARES ONDE VIVO

Observe a imagem a seguir. Você provavelmente vive com sua família em uma moradia.

O tipo de relação entre as pessoas que vivem nas diferentes moradias pode variar bastante.

Em algumas casas moram apenas os pais e seus filhos. Há famílias com grande número de filhos, mas também há famílias com apenas um filho.

Mãe com seus três filhos em frente ao condomínio onde moram. Bahia, 2020.

Família composta de muitas pessoas.

Júlio mora com os pais. Eles se chamam Rebeca e Gustavo.

Há famílias que conseguem realizar diferentes atividades do dia a dia em conjunto, como ir ao mercado.

Algumas moradias podem ser compartilhadas por diferentes membros de uma mesma família ou até mesmo por pessoas de famílias diferentes.

Como é o lugar onde moro

Você provavelmente conhece bem o lugar onde mora, não é verdade? Sabe como é sua rua, sua moradia e qual é o caminho que faz para ir à escola.

Nas imagens a seguir são apresentados vários tipos de locais. Ruas com casas bem próximas umas das outras; ruas com prédios de apartamentos; ruas estreitas; ruas largas. Observe atentamente tudo que tem nesses lugares.

Rua com prédios de apartamentos.

Rua com casas bem próximas umas das outras.

Rua estreita de Olinda, Pernambuco.

Rua larga na cidade de Santos, São Paulo, com prédios de apartamentos.

ATIVIDADES

1. O lugar onde você vive é parecido com algum das imagens?

☐ SIM. ☐ NÃO.

2. Assinale as características do lugar onde você mora.

☐ TEM GRADES NAS JANELAS.

☐ NÃO TEM GRADES NAS JANELAS.

☐ A RUA É ESTREITA.

☐ A RUA É LARGA.

☐ ESCUTO PASSARINHOS CANTANDO.

☐ NÃO ESCUTO PASSARINHOS CANTANDO.

- ☐ TEM BASTANTE BARULHO.
- ☐ É SILENCIOSO.
- ☐ VEJO ÁRVORES DA JANELA DE ONDE MORO.
- ☐ NÃO VEJO ÁRVORES DA JANELA DE ONDE MORO.
- ☐ POSSO BRINCAR NA RUA.
- ☐ NÃO POSSO BRINCAR NA RUA.
- ☐ É UMA CASA.
- ☐ É UM APARTAMENTO.
- ☐ É OUTRO TIPO DE MORADIA.

3. Quais atividades você faz e gosta de realizar no lugar onde mora?

- ☐ BRINCAR.
- ☐ DORMIR.
- ☐ VER TELEVISÃO.
- ☐ FAZER AS REFEIÇÕES.
- ☐ CONVIVER COM MEUS FAMILIARES.
- ☐ FAZER MINHAS LIÇÕES DE CASA.

4. Desenhe sua família.

GEOGRAFIA

Outros lugares nos quais convivo

Além do lugar onde você mora, há outros nos quais você convive.

A escola, por exemplo, é um deles.

No espaço da escola, convivemos com várias pessoas: os professores, os amigos, as pessoas que trabalham lá.

Há também lugares que frequentamos e nos quais convivemos com outras pessoas, como parques, praças, áreas de lazer dos prédios.

Em cada um desses lugares fazemos atividades diferentes, conhecemos pessoas, convivemos com amigos.

ATIVIDADES

1. Que lugares você frequenta além de sua casa e de sua escola?

☐ PARQUE.

☐ PRAÇA.

☐ ÁREA DE LAZER DO PRÉDIO.

☐ CASA DOS FAMILIARES.

☐ CLUBE.

2. Nos locais que você frequenta, o que você costuma fazer?

☐ BRINCAR.

☐ ESTUDAR.

☐ COMER.

☐ PRATICAR ESPORTES.

☐ OUTRAS ATIVIDADES.

3. As pessoas que frequentam esses lugares nos quais você convive:

a) fazem as mesmas coisas que você?

☐ SIM.   ☐ NÃO.

b) se vestem como você?

☐ SIM.   ☐ NÃO.

c) se alimentam como você?

☐ SIM.   ☐ NÃO.

Lugares diferentes daqueles dos quais convivo

Mas o nosso planeta é enorme e existem muitos lugares bem mais distantes de onde você mora. Existem outras cidades, outros estados, outros países.

Será que nesses lugares diferentes as pessoas têm os mesmos costumes que os seus? Será que as crianças comem as mesmas comidas que você? Será que elas se vestem como você? Brincam com os mesmos brinquedos?

Vamos descobrir.

Olhe estas imagens. O que elas mostram?

Indonésia, 2019.

Peru, 2020.

Índia, 2020.

Todas as crianças comem as mesmas comidas?

Cada país tem suas comidas típicas.

Comida típica é aquela a que o povo está acostumado e que é característica daquele lugar.

No Brasil, de uma região para outra, as comidas também variam muito. E a alimentação brasileira recebeu influência de muitos povos, quando pessoas de outros países vieram morar no nosso país.

Prato de comida típica brasileira: arroz com feijão, um tipo de carne e salada.

As comidas e os pratos típicos variam de acordo com cada região do Brasil.

É muito importante que as crianças de todos os lugares aprendam a se alimentar de modo saudável. Elas precisam de comidas que ajudem no crescimento e na manutenção da saúde. Por isso, devem evitar comer muitos doces, alimentos gordurosos e aqueles pouco nutritivos, isto é, que não contêm vitaminas, minerais ou outros elementos importantes para o organismo.

O modo de se vestir não é igual

Assim como as comidas variam de um lugar para outro, o modo de se vestir também muda.

No Brasil, um país muito extenso, há diferenças no modo de se vestir de uma região para outra, variando de acordo com o clima. No Norte, no Nordeste e no Centro-Oeste, as pessoas raramente usam roupas de frio, porque dificilmente as temperaturas são baixas. Já no Sudeste e no Sul, durante o inverno, pode fazer muito frio, obrigando as pessoas a se agasalharem mais.

No verão, é comum o lazer em rios e praias. Crianças indígenas da etnia Yawalapiti, Gaúcha do Norte, Mato Grosso, 2013.

No inverno, as crianças brincam também, porém estão sempre mais agasalhadas. Santa Maria, Rio Grande do Sul, 2014.

ATIVIDADES

1. Marque as frases corretas com um **X**.

☐ O MODO DE SE ALIMENTAR DAS PESSOAS PODE VARIAR DE UM LUGAR PARA OUTRO.

☐ O ARROZ COM FEIJÃO É UM PRATO APRECIADO EM TODOS OS PAÍSES DO PLANETA.

☐ TODAS AS PESSOAS PRECISAM SE ALIMENTAR BEM PARA TER SAÚDE.

☐ NA ÍNDIA, A POPULAÇÃO PREFERE PRATOS QUE TENHAM CARNE DE VACA.

☐ CADA PAÍS TEM SUAS COMIDAS TÍPICAS.

2. Pense e responda: no Brasil, o modo de se alimentar é sempre o mesmo no país inteiro? Explique.

_____

_____

_____

_____

3. Pense nas comidas de que você mais gosta e escreva cinco exemplos.

_____

_____

4. Algum desses alimentos que você escreveu é um prato típico da sua região? Qual?

_____

5. Você leu que os hábitos alimentares das pessoas de um lugar são formados ao longo do tempo. No Brasil, aprendemos a comer muitas coisas diferentes com pessoas de outros países que vieram morar aqui. Será que você consegue descobrir a origem de cada uma das comidas citadas a seguir? Utilize os adesivos do final do livro e cole as palavras indicando corretamente o nome de cada comida e o povo que a trouxe para o nosso país.

FIGURA	NOME DA COMIDA	NOME DO POVO

LIÇÃO 2

BRINCADEIRAS

Observe as imagens.

As imagens mostram crianças realizando diversas atividades. Algumas delas estão relacionadas com atividades de rotina, como estudar, dormir, se alimentar. Outras, entretanto, têm a ver com um momento muito importante da infância: as brincadeiras, pois elas divertem.

Existem muitas brincadeiras que as crianças praticam. Elas podem brincar de bola, pega-pega, amarelinha, pular corda, formar figuras observando nuvens etc.

Muitas brincadeiras existem há muitos anos. Nós as aprendemos com quem convivemos, por exemplo, nossos pais, avós, primos, amigos e na escola.

Existem brincadeiras que podemos fazer sozinhos, outras com os colegas. Elas também podem acontecer na rua, nos parques, nas praças e também dentro de casa.

Às vezes uma mesma brincadeira tem nomes diferentes de um lugar para outro. Por exemplo, papagaio, pandorga, arraia, cafifa ou pipa são alguns nomes que se dá, no Brasil, ao brinquedo feito de papel fino e varetas leves de madeira para formar uma estrutura colada, na qual se amarra um carretel de linha com a finalidade de fazê-la voar com o vento.

Nossos pais nos ensinam muitas brincadeiras.

Também aprendemos a brincar com nossos amigos.

Criança empinando pipa.

Conviver com as regras

Além das brincadeiras, existem outras situações e lugares em que as regras também são importantes.

Com as brincadeiras aprendemos a conviver com as regras.

Na convivência com os colegas da escola.

Na escola.

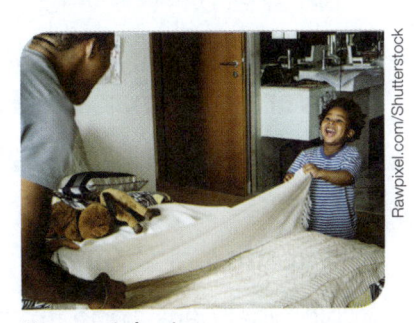

Na convivência em casa com os familiares.

Na convivência com os vizinhos.

Nos meios de transporte.

No trânsito.

Na escola precisamos seguir determinadas regras para a organização do lugar. Por isso existe o sinal para o começo das aulas, para a hora do intervalo e para o horário da saída. Existe ainda a formação de fila em determinadas situações.

No ambiente familiar também temos regras para seguir, pois são elas que garantem o respeito entre todos os membros da família.

Nos meios de transporte coletivo e no trânsito também seguimos regras. No trânsito, especialmente, as regras são fundamentais para que os veículos não colidam uns com os outros e não atropelem as pessoas.

Sinais de trânsito

Para controlar a movimentação de pessoas e veículos nas ruas foram criados os sinais de trânsito. Há sinais que controlam a circulação dos veículos e sinais que controlam a movimentação das pessoas.

No sinal para os veículos, cada cor indica uma atitude a ser feita pelo motorista:

- o **vermelho** indica **PARE**.
- o **amarelo** indica **ATENÇÃO**, para que os motoristas reduzam a velocidade e parem.
- o **verde** indica **SIGA**.

No sinal para pedestre há duas cores apenas:

- o **verde** indica que o sinal está aberto para o pedestre atravessar a rua.
- o **vermelho** indica que o sinal está fechado e o pedestre deve esperar na calçada.

Ainda existem outras sinalizações no trânsito que indicam comportamentos a serem seguidos, como as faixas de travessia de pedestre, que devem ser respeitadas pelos motoristas dos carros.

As pessoas só devem atravessar a rua quando o sinal estiver verde para elas e vermelho para os carros. Elas devem usar sempre a faixa de pedestres.

ATIVIDADES

1. Observe as cenas e assinale o que você gosta de fazer.

2. Assinale as brincadeiras que você conhece.

☐ EMPINAR PIPA.

☐ PULAR CORDA.

☐ AMARELINHA.

☐ ESCONDE-ESCONDE.

☐ JOGAR BOLA.

☐ JOGO DE DAMAS.

☐ CABO DE FORÇA.

☐ ANDAR DE BICICLETA.

☐ CABRA-CEGA.

☐ FAZER CASTELO NA AREIA.

☐ *VIDEOGAME.*

☐ BOLINHA DE SABÃO.

3. Onde você mais gosta de brincar?

☐ DENTRO DE CASA.

☐ FORA DE CASA.

4. Escreva o nome de um amigo com quem você brinca sempre.

_____

_____

GEOGRAFIA

323

5. Escreva o nome de um colega da escola com quem você gosta de brincar.

_____

_____

6. Você conhece a história dos brinquedos? Siga as pistas e adivinhe quais são os brinquedos a seguir.

BICICLETA   BOLA

BONECA   *VIDEOGAME*

a) Ela tem duas rodas e pode ser de várias cores. Foi inventada por Leonardo da Vinci e as primeiras eram feitas de madeira.

_____

_____

b) Com esse brinquedo temos acesso a jogos eletrônicos. O primeiro deles foi inventado em 1968 nos Estados Unidos.

_____

_____

c) É um dos brinquedos mais antigos que existe. Pode ser de papel, plástico, couro, tecido e muitos outros materiais. É usado em vários jogos, inclusive no futebol.

_____

d) Pode ser feita de pano, palha de milho, plástico, vinil etc. Antigamente era feita de louça.

_____

_____

7. Em uma folha de sulfite, desenhe a brincadeira que você mais gosta de fazer.

8. As regras são importantes nas brincadeiras?

☐ SIM.   ☐ NÃO.

• Por quê?

_____

_____

_____

9. Em que outras situações as regras devem ser respeitadas? Marque com um **X**.

☐ AO ATRAVESSAR A RUA.

☐ AO PEDIR A VEZ DE FALAR.

☐ AO PRATICAR ESPORTES.

☐ AO VESTIR A ROUPA.

☐ AO ACORDAR PELA MANHÃ.

☐ AO IR DORMIR.

☐ AO ESCOVAR OS DENTES.

MINHA MORADIA

Ouça a leitura da história.

A TARTARUGA

A SENHORA TARTARUGA
POSSUI CASA E MOBÍLIA,
UMA HERANÇA DE FAMÍLIA
QUE NÃO VENDE NEM ALUGA.

PARA ELA NÃO TEM PREÇO
QUE PAGUE O QUE TANTO GOSTA,
E ATÉ CARREGA NAS COSTAS
PRA NÃO PERDER O ENDEREÇO.

NUNCA TEVE UMA GOTEIRA,
NÃO PRECISA DE PINTURA
SEM NENHUMA RACHADURA,
DURA MAIS QUE A VIDA INTEIRA.

DESSA FORMA, A TARTARUGA
AOS PEDIDOS, NÃO ATENDE:
SUA CASA, ELA NÃO VENDE,
NÃO EMPRESTA E NÃO ALUGA.

MARIA AUGUSTO DE MEDEIROS. *O QUINTAL DE SÃO FRANCISCO*: POESIAS PARA AS CRIANÇAS. SÃO PAULO: PAULINAS, 2004. (COLEÇÃO ESTRELA.)

Como a tartaruga, todos nós precisamos de uma **moradia**.

A moradia é o lugar de abrigo, de proteção e de convivência com a família.

Na moradia, as pessoas descansam, alimentam-se, divertem-se, guardam objetos e dormem.

As moradias têm formas e tamanhos diferentes

As moradias podem ser construídas de diferentes materiais: tijolos e cimento, madeira, barro amassado e até de gelo, nas regiões mais frias do planeta!

Moradia feita com tijolos e cimento.

Moradia feita com barro amassado.

Moradia feita com gelo.

Em geral, uma moradia é dividida em cômodos, que são espaços com funções diferentes. Normalmente, há a sala, o quarto, a cozinha e o banheiro. Mas essa divisão varia bastante, de acordo com a região, com o tamanho da moradia etc.

Em cada cômodo, as pessoas realizam diferentes atividades, como comer, dormir, tomar banho.

Planta baixa de uma moradia, com representação de seus cômodos.

As **ocas** são grandes moradias indígenas onde vivem diversas famílias. São feitas de materiais recolhidos da natureza, como palha, galhos de árvores e argila.

Moradia típica da aldeia Yawalapiti no Parque indígena do Xingu, Gaúcha do Norte, Mato Grosso, 2012.

ATIVIDADES

1. Como é sua moradia? Desenhe.

2. Observe as fotos e escreva com que material as moradias foram feitas.

_____

_____

_____

3. Marque com um **X** os materiais que foram usados na construção da sua moradia.

☐ TIJOLO

☐ PALHA

☐ TELHA

☐ MADEIRA

☐ AREIA

☐ BARRO

LIÇÃO 4

EU E OS OBJETOS AO MEU REDOR

O nosso corpo tem dois lados: o **lado direito** e o **lado esquerdo**.

Com a ajuda do professor, leia um trecho da letra de música a seguir. Se souber, cante-a.

DIREITA-ESQUERDA!

PERNA DIREITA, PERNA ESQUERDA,
VAMOS CAMINHAR
PARA FRENTE E PARA TRÁS,
NÓS VAMOS BRINCAR...

PRUM LADO, PRO OUTRO,
DIREITA, ESQUERDA,
VAMOS LÁ
PRUM LADO, PRO OUTRO,
PRA LÁ E PRA CÁ...

BRAÇO DIREITO, BRAÇO ESQUERDO
PRA MOVIMENTAR
PARA CIMA E PARA BAIXO,
NÓS VAMOS BRINCAR...

PRUM LADO, PRO OUTRO,
DIREITA, ESQUERDA, VAMOS LÁ
PRUM LADO, PRO OUTRO,
PRA LÁ E PRA CÁ...

E AGORA A CABECINHA
VAMOS BALANÇAR
PARA CIMA E PARA BAIXO,
NÓS VAMOS BRINCAR...

PRUM LADO, PRO OUTRO,
DIREITA, ESQUERDA, VAMOS LÁ
PRUM LADO, PRO OUTRO,
PRA LÁ E PRA CÁ...

Sarah; Tatti; Greyce. Direita-Esquerda / É hora / Tem alegria. *In*: Eliana. *Primavera*. [s. l.]: Sony Music Entertainment, 1999. CD.

ATIVIDADES

1. No caderno, faça o contorno da mão com a qual você escreve.

Agora, responda: para escrever, você utiliza a mão:

☐ DIREITA.   ☐ ESQUERDA.

2. Na letra da música, aparecem expressões como: perna direita; perna esquerda; braço direito; braço esquerdo.

Siga as instruções de seu professor e coloque:

- sua mão direita sobre sua perna direita;
- sua mão direita sobre sua perna esquerda;
- sua mão esquerda sobre sua perna esquerda;
- sua mão esquerda sobre sua perna direita;
- sua mão direita sobre sua orelha direita;
- sua mão direita sobre sua orelha esquerda;
- sua mão esquerda sobre sua orelha esquerda;
- sua mão esquerda sobre sua orelha direita.

Direita, esquerda – frente, atrás

Quando observamos pessoas, objetos, locais etc., podemos mostrar onde eles estão localizados dependendo da posição em que se encontram. Veja alguns exemplos.

EU VEJO UMA ÁRVORE DO MEU LADO DIREITO E UM BANCO DE JARDIM DO MEU LADO ESQUERDO.

EU MUDEI DE POSIÇÃO. AGORA VEJO A ÁRVORE DO MEU LADO ESQUERDO E O BANCO DO MEU LADO DIREITO.

O menino mudou de posição.
O banco e a árvore também mudaram de posição?

Veja nestes desenhos como o menino descreve a posição das coisas.

> ESTOU PARADO, OLHANDO DE FRENTE PARA O SOFÁ. O CARRINHO VERMELHO ESTÁ À MINHA ESQUERDA E O AZUL À DIREITA!

> ESTOU PULANDO CORDA, E O CESTO DE LIXO ESTÁ À MINHA DIREITA. E TEM UM GATO À MINHA ESQUERDA.

> A MINHA MOCHILA ESTÁ ATRÁS DE MIM. MEU COMPUTADOR, À MINHA DIREITA! PARA EU SAIR DO MEU QUARTO, DEVO ANDAR PARA A ESQUERDA.

ATIVIDADES

1. Olhe em direção à mesa do professor e desenhe:

a) o que está à sua frente;

b) o que está atrás de você;

c) o que está à sua direita;

d) o que está à sua esquerda.

2. Observe a ilustração e responda às perguntas.

a) Quem está à frente de Bia?

_____

b) Quem está acima de Júlio?

_____

c) Quem está abaixo de Laura?

_____

3. Escreva frases usando as palavras: esquerda, direita, frente e atrás.

_____
_____
_____
_____
_____

4. Observe a ilustração da mesa de Mariana e escreva **à direita** e **à esquerda**, de acordo com a posição do objeto em relação ao caderno:

Estojo _____ do caderno.

Lápis _____ do caderno.

Borracha _____ do caderno.

Apontador _____ do caderno.

331

LIÇÃO 5

MINHA ESCOLA

A escola é o lugar onde estudamos, aprendemos muitas coisas e conhecemos pessoas novas: o diretor, o professor, os colegas de turma etc.

A poesia a seguir descreve o dia a dia em uma escola.

A ESCOLA

TODO DIA,
NA ESCOLA,
A PROFESSORA,
O PROFESSOR,
A GENTE APRENDE,
E BRINCA MUITO
COM DESENHO,
TINTA E COLA.
MEUS AMIGOS
TÃO QUERIDOS
FAZEM FARRA,
FAZEM FILA.
O PAULINHO,
O PEDRÃO,
A PATRÍCIA
E A PRISCILA
QUANDO CHEGA
O RECREIO
TUDO VIRA
BRINCADEIRA.
COMO O BOLO,
TOMO O SUCO
QUE VEM DENTRO DA LANCHEIRA.
QUANDO TOCA
O SINAL,
NOSSA AULA
CHEGA AO FIM.
ATÉ AMANHÃ,
AMIGUINHOS,
NÃO SE ESQUEÇAM, NÃO,
DE MIM.

CLÁUDIO THEBAS. *AMIGOS DO PEITO*.
BELO HORIZONTE: FORMATO, 1996. P. 8-9.

Você tem muitos amigos na escola?

Cada escola é diferente da outra. Umas são grandes, outras, pequenas. Em algumas, os alunos usam uniforme, em outras, não.

Algumas escolas são **públicas**, ou seja, mantidas pelo governo, e não é necessário pagar mensalidade. Outras são **particulares**: para estudar nelas é preciso pagar mensalidade.

Escola indígena no Rio Grande Sul, 2014.

Escola quilombola no Amapá, 2014.

Escola em comunidade de pescadores no Ceará, 2014.

Colégio em Minas Gerais, 2014.

Os espaços da escola

Na escola, existem **espaços** para várias atividades.

Diretoria, secretaria, salas de aula, banheiros e pátio são alguns espaços que existem na escola.

Algumas escolas também têm laboratórios, cantina, ginásio de esportes com quadras e piscinas, teatro, além de serviços médicos, como enfermaria e sala de dentista.

Veja alguns destes espaços:

Cantina.

Biblioteca.

No Brasil, todas as crianças devem ir para a escola obrigatoriamente no ano em que completam 6 anos.

A sala de aula

A **sala de aula** é o espaço que você compartilha com os colegas e o professor. Nela, os alunos fazem as mais variadas atividades escolares.

As salas de aula são diferentes umas das outras. Existem salas amplas e salas pequenas. Algumas têm móveis, como estantes e mesas, outras têm apenas os locais para as crianças e o professor se sentarem.

Sala de aula da Escola Municipal Vicência Castelo, Tibau do Sul, Rio Grande do Norte, 2013.

Sala de aula da Escola Municipal Oscar Agner, Pancas, Espírito Santo, 2015.

O meu lugar na sala de aula

Os alunos, o professor e os objetos ocupam **posições** diferentes na sala de aula.

O lugar de cada aluno pode ser na parte da frente ou de trás da sala, perto ou longe da mesa do professor. Onde é sua posição na sala de aula?

GEOGRAFIA

ATIVIDADES

1. Esta é uma sala de aula. Observe e pinte 11 objetos que aparecem na figura.

Agora, escreva os nomes dos objetos que você encontrou.

_____
_____
_____
_____
_____
_____
_____

2. Cite duas atividades que você gosta de fazer em sala de aula.

_____
_____
_____

3. Quais colegas estão sentados perto de você? Escreva o nome deles na posição que eles ocupam.

NA SUA FRENTE ESTÁ:
_____

DO SEU LADO ESQUERDO ESTÁ:
_____

VOCÊ

DO SEU LADO DIREITO ESTÁ:
_____

ATRÁS DE VOCÊ ESTÁ:
_____

335

Representando os espaços da escola

Podemos observar uma pessoa, um objeto e até mesmo um local de diferentes posições e representá-los no papel.

O menino está olhando a carteira em que ele se senta na escola. Observe como ele vê a carteira de diferentes posições.

Nessa cena, o menino está vendo a carteira de frente.

Nessa cena, o menino está vendo a carteira de cima para baixo.

Nessa cena, o menino está vendo a carteira do alto.

A visão de frente é chamada **visão frontal**.
A visão do alto, de cima para baixo, é a **visão vertical**.
A visão do alto e de lado é chamada **visão oblíqua**.

ATIVIDADES

1. Observe novamente as cenas anteriores e marque com um **X** a resposta correta.

a) Em todas as cenas é sempre a mesma criança e a mesma carteira?

☐ SIM.   ☐ NÃO.

b) A criança muda de posição nas cenas?

☐ SIM.   ☐ NÃO.

Os **direitos** dos alunos são:
- ser respeitados;
- ter segurança;
- receber ensino e educação de qualidade;
- ter professores competentes;
- dar opiniões;
- ter um lugar na sala de aula;
- ter um local para brincar;
- ter uma escola limpa e agradável.

São **deveres** dos alunos:
- respeitar e tratar bem os colegas e os funcionários que trabalham na escola;
- estudar e fazer as lições;
- cuidar do material escolar;
- ir à escola todos os dias;
- ser pontual;
- zelar pela limpeza e pela conservação da escola.

2. Na escola, você também convive com outras pessoas, aprende a fazer seus direitos serem respeitados e entende que tem deveres importantes a cumprir. Escreva alguns dos seus direitos e deveres.

PAISAGENS

Para chegarmos a algum lugar, podemos fazer caminhos diferentes.

Flávio mora em uma cidade muito movimentada. Todos os dias, para ir à escola, ele atravessa ruas e precisa respeitar a sinalização para pedestres.

Ao longo do caminho, Flávio passa por subidas e descidas. Ele vê edifícios, uma padaria e uma loja de roupas.

Maria Clara vai à escola de carroça, com seu pai e seu irmão.

Ela mora no campo, em um lugar com muitas plantações. O lugar é plano e, ao longe, é possível observar alguns morros e elevações.

No caminho, Maria Clara vê muitos animais, árvores e outras plantas que já estão ali há muito tempo, bem antes do pai de seu pai mudar-se para lá e comprar um pequeno sítio.

Ela também encontra casas, uma mercearia, um ponto de ônibus e algumas pessoas andando pela estrada.

Sítio é uma propriedade localizada no campo, onde se cultivam produtos e se criam animais. Você já visitou um sítio?

ATIVIDADES

1. Complete as frases.

a) Flávio vai à escola. No caminho ele vê:

_____

_____

b) Maria Clara, no seu caminho para a escola, vê:

_____

_____

2. Assinale o que você vê no caminho de sua casa até a escola.

PADARIA.

LIVRARIA.

SUPERMERCADO.

FLORICULTURA.

LOJA DE CALÇADOS.

LOJA DE ELETRODOMÉSTICOS.

O que Flávio e Maria Clara observam no caminho para a escola são chamados **pontos de referência**. Os pontos de referência ajudam a nos localizarmos no dia a dia. Algumas coisas não podem ser consideradas pontos de referência, porque não estão sempre no mesmo lugar, por exemplo um carrinho de sorvete, carros estacionados, animais etc.

ATIVIDADES

1. Assinale aquilo que pode ser um ponto de referência.

☐ BANCO.
☐ CACHORRO.
☐ CARROS ESTACIONADOS.
☐ FARMÁCIA.
☐ PADARIA.
☐ PESSOAS CIRCULANDO NAS RUAS.
☐ PLACA DE TRÂNSITO.
☐ PONTO DE ÔNIBUS.
☐ PRAÇA.
☐ VENDEDOR AMBULANTE.

2. Observe o percurso que você faz todo dia para ir à escola e assinale o que você vê no caminho.

☐ CASAS.
☐ EDIFÍCIOS RESIDENCIAIS.
☐ PRAÇA.
☐ SUPERMERCADO.
☐ BANCO.
☐ PRAIA.
☐ PONTO DE ÔNIBUS.
☐ HOSPITAL.
☐ EDIFÍCIOS COMERCIAIS.
☐ LOJAS.
☐ POSTO DE SAÚDE.
☐ PADARIA.
☐ PLANTAÇÕES.
☐ POSTO DE GASOLINA.
☐ LANCHONETE.
☐ ESTAÇÃO DE TREM OU METRÔ.
☐ BARCOS.
☐ PARQUE.

GEOGRAFIA

3. A ilustração a seguir mostra onde mora João e onde fica sua escola.

a) Identifique onde mora João e onde está a escola.

b) Trace na ilustração o percurso que João precisa fazer para chegar à escola.

c) Quais podem ser os pontos de referência para João? Circule-os.

4. Desenhe aquilo que você observa no caminho para a escola.

Sinais de trânsito

Observe as duas ilustrações com atenção.

- Você notou alguma diferença nas imagens?

_____

_____

A quantidade de pessoas e veículos na rua é muito grande. Por isso precisamos de **sinais de trânsito**.

As placas de sinalização servem para orientar motoristas e pedestres. Elas são muito importantes para evitar acidentes.

Veja algumas placas e o que elas significam.

Parada obrigatória

Proibido acionar buzina ou sinal sonoro

Área escolar

Velocidade máxima permitida

Semáforo à frente

Proibido estacionar

Proibido virar à direita

Siga em frente

O **semáforo** também é um sinal de trânsito. Há dois tipos de semáforos:

a) O semáforo **para veículos:**

Vermelho: Pare

Amarelo: Atenção

Verde: Siga

Os carros só podem seguir quando o semáforo para veículos sinalizar a cor verde.

b) O semáforo **para pedestres:**

Vermelho: Perigo!

Verde: Os carros devem parar e eu posso atravessar.

Só podemos atravessar a rua quando o semáforo para pedestres sinalizar a cor verde.

Quando há qualquer problema com o semáforo, um guarda de trânsito organiza o tráfego, usando um apito.

O guarda de trânsito ajuda a travessia dos pedestres quando o movimento é grande.

As faixas de segurança para pedestres também são sinais de trânsito. Elas mostram o local em que o pedestre deve atravessar. As crianças devem atravessar sempre de mãos dadas com um adulto.

Ilustrações: Jose Luis Juhas

Cuidados nas ruas

Para evitar acidentes, devemos tomar alguns cuidados quando estamos na rua, como:

- andar pelas calçadas;
- atravessar a rua na faixa de pedestres;
- não descer do ônibus em lugares inadequados ou quando ele estiver em movimento;
- só atravessar a rua com o sinal fechado para o motorista;
- não jogar bola nem correr atrás de pipas nas ruas.

ATIVIDADES

1. Marque com um **X** as frases com informações corretas.

- ☐ PARA ATRAVESSAR A RUA, USE A FAIXA DE SEGURANÇA.
- ☐ AS PLACAS DE SINALIZAÇÃO ORIENTAM MOTORISTAS E PEDESTRES.
- ☐ HÁ SÓ UM TIPO DE SEMÁFORO.
- ☐ O SINAL VERMELHO PARA PEDESTRES INDICA QUE DEVO PASSAR.
- ☐ DEVO SUBIR E DESCER DO ÔNIBUS SOMENTE QUANDO ELE ESTÁ PARADO.
- ☐ POSSO ANDAR NA PISTA DE CARROS SE NÃO HOUVER MOVIMENTO.
- ☐ O SINAL VERDE PARA VEÍCULOS INDICA QUE OS CARROS PODEM SEGUIR.

2. Observe a cor de cada semáforo e escreva o que ela indica para os motoristas.

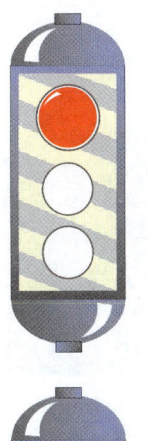

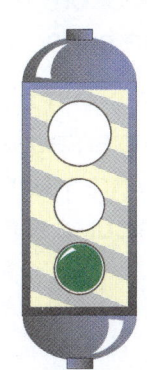

_____
_____.

_____
_____.

_____
_____.

LIÇÃO 7

AS DIFERENTES PAISAGENS

Cada lugar tem um aspecto diferente do outro, por causa dos elementos da natureza que lá se encontram e aquilo que foi modificado pelo ser humano.

Ao observar um lugar, é possível descrever os elementos que formam a paisagem dele, como florestas, plantações, diversas construções, praias, morros, ruas asfaltadas, viadutos, construções etc.

Trecho da vegetação da Floresta Amazônica em Manaus, Amazonas.

Vista de um trecho da cidade de Manaus, Amazonas.

As imagens mostram trechos de dois tipos de paisagens: uma natural e outra transformada pela ação do ser humano.

As paisagens naturais são formadas por elementos da natureza, como árvores e outras plantas, montanhas, rios, lagos e animais silvestres.

As paisagens transformadas ocorrem quando as pessoas começam a construir, a plantar e a mexer no espaço onde vivem, alterando os locais.

As paisagens transformadas são muito diferentes. As do campo apresentam vegetações e elementos como plantações, criação de gado etc. As paisagens da cidade se caracterizam pelo grande número de construções, pelo grande movimento de pessoas e de veículos e pela inexistência ou pouca quantidade de vegetação original.

ATIVIDADES

1. Como é a paisagem do lugar onde você mora? Assinale a resposta.

☐ MUITO TRANSFORMADA.

☐ POUCO TRANSFORMADA.

2. Observe as cenas a seguir e responda:

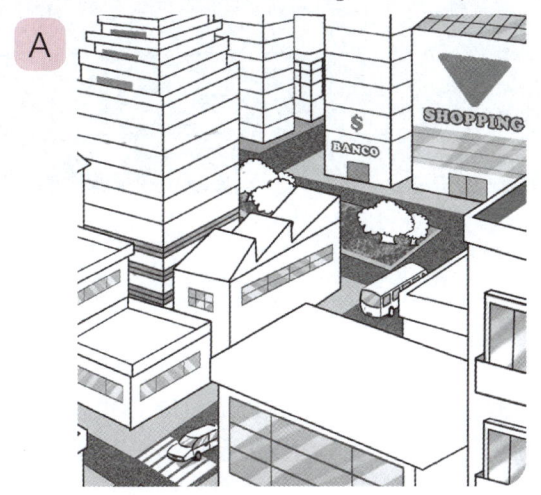

A

B

a) O que mostram as cenas das paisagens **A** e **B**?

_____

_____

b) Agora pinte as cenas.

As pessoas e as paisagens

Observe as imagens:

Na ilustração do processo de transformação da paisagem, é possível perceber que as modificações foram causadas pela construção de elementos que facilitam a vida das pessoas. Por exemplo, as casas para abrigo, as ruas para ordenar e facilitar a circulação de pessoas e veículos, a ponte para permitir a travessia do rio de um lado ao outro sem a necessidade de um barco, a praça para oferecer um espaço de convivência e lazer.

As pessoas modificam a paisagem natural em um lugar para poder viver melhor ali. Para isso, elas derrubam árvores, retiram plantas, afastam os animais que vivem na natureza etc. Veja a seguir a imagem de um mesmo lugar em dois momentos diferentes e observe como o ambiente foi transformado.

Teresópolis, Rio de Janeiro, em 1890.

Teresópolis, Rio de Janeiro, em 2015.

ATIVIDADES

1. Observe novamente as ilustrações que mostram a transformação da paisagem de um lugar. Identifique com um **X** no quadrinho o que foi construído no lugar.

☐ CASA. ☐ ESCOLA. ☐ PONTE. ☐ RUA.

☐ PRAÇA. ☐ IGREJA. ☐ MERCADO.

No ambiente transformado podem ocorrer problemas.

Na imagem a seguir, você observa um trecho de rio poluído em função do lançamento de esgotos das residências, fábricas, lojas e outros estabelecimentos.

Imagem do Rio Pinheiros, em São Paulo (SP) mostrando a poluição.

ATIVIDADES

1. Quais elementos da paisagem construída você identifica no lugar onde vive? Assinale com um **X**.

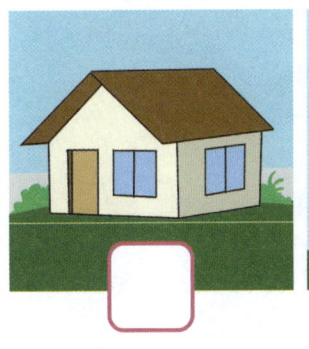

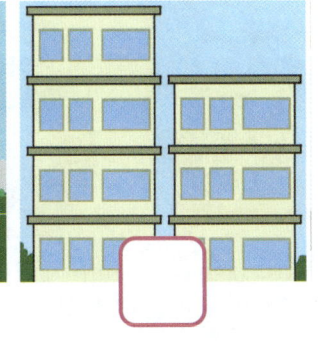

2. O que aparece representado na paisagem da foto da página anterior?

_____

3. Quem você acha que sujou esse rio? Por quê?

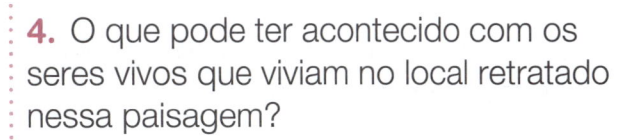

_____

4. O que pode ter acontecido com os seres vivos que viviam no local retratado nessa paisagem?

_____
_____
_____
_____

5. Como está o rio? Quais são as consequências dessas ações para as pessoas?

_____
_____
_____
_____

6. E no lugar onde você vive, será que existem rios como o que aparece na paisagem que você observou?

_____
_____
_____
_____

7. Onde você vive existem outros problemas provocados pelas ações humanas?
Converse com seu professor e com os colegas sobre isso.

LIÇÃO 8
AS CONDIÇÕES DO CLIMA E O MEU DIA A DIA

Observe as ilustrações a seguir. Elas mostram algumas atividades que Fernando faz no seu dia.

Fernando se arruma de manhã para ir à escola.

Fernando brinca com os colegas no recreio.

Fernando faz as tarefas de casa à tarde.

Fernando janta com os familiares à noite.

Fernando dorme à noite.

Ilustrações: José Luis Juhas

Fernando mora em um lugar onde em vários meses do ano ele precisa usar um agasalho durante a manhã. Depois, em boa parte do dia, a temperatura esquenta e o casaco não é mais necessário, mas à noite a temperatura volta a cair e por isso é preciso usar roupas mais quentes e dormir com cobertas.

Essa variação de temperatura ocorre não só onde Fernando mora. Ocorre também em vários lugares. Em alguns, com maior diferença entre a temperatura do dia e a da noite; em outros, nem tanto. Há também períodos do ano em que a percepção dessa mudança de temperatura é maior, como no tempo frio.

Mas não é só a temperatura que pode mudar durante o dia ou em determinadas épocas do ano. Há dias em que o céu está nublado e o Sol parece estar escondido. Às vezes chove, às vezes venta muito.

Dia de sol.

Dia chuvoso.

Dia nublado.

Dia com vento.

As estações do ano

A intensidade da luz e do calor do Sol que chega aos lugares varia durante os meses do ano. Isso determina as estações do ano: verão, outono, inverno e primavera.

No verão temos as temperaturas mais elevadas. É uma estação de bastante calor. No outono, a temperatura diminui anunciando a chegada do frio, que é o inverno. Na primavera, a temperatura começa a subir e muitas plantas florescem.

O verão vai de 21 de dezembro até 21 ou 22 de março, quando começa o outono, que termina em 21 de junho. O inverno vem na sequência e termina em 22 ou 23 de setembro dando início à primavera, que termina quando começa o verão.

ATIVIDADES

1. Você já percebeu mudanças de temperatura no seu dia a dia?

☐ SIM. ☐ NÃO.

2. Identifique no quadro a seguir as características que são do dia e as que são da noite.

CARACTERÍSTICAS	DIA	NOITE
TEM LUZ DO SOL		
NÃO TEM LUZ DO SOL		
É POSSÍVEL VER AS ESTRELAS E A LUA		
NÃO É POSSÍVEL VER AS ESTRELAS		
É MAIS QUENTE		
É MAIS FRIO		

3. Onde você vive, em que épocas do ano percebe mais mudanças na temperatura no decorrer do dia?

☐ VERÃO. ☐ INVERNO.

☐ OUTONO. ☐ PRIMAVERA.

4. Usamos acessórios ou roupas diferentes conforme a temperatura do dia. Qual acessório ou roupa você escolhe para um dia de:

1	2	3	4
MUITO CALOR	CALOR	FRIO	CHUVA

☐ CAMISETA.

☐ CALÇA COMPRIDA.

☐ BERMUDA.

☐ GORRO.

☐ CACHECOL.

☐ LUVAS.

☐ BOTA.

☐ *SHORT*.

☐ BLUSA DE MANGA COMPRIDA.

☐ CAMISETA REGATA.

5. Que roupas você usa quando o tempo está frio ou calor? Numere conforme a correspondência.

1 FRIO   **2** CALOR

☐ MEIAS.

☐ CHINELO.

☐ CASACO.

☐ TÊNIS.

6. Faça uma lista do que você costuma comer quando está calor e quando está frio.

_____
_____
_____
_____
_____
_____
_____

7. Vamos registrar como estão os dias durante duas semanas. Use os adesivos do final do livro para indicar isso.

Mês: _____ Ano: _____

Semana 1

DATA	DOMINGO	SEGUNDA--FEIRA	TERÇA--FEIRA
QUARTA--FEIRA	QUINTA--FEIRA	SEXTA--FEIRA	SÁBADO

Semana 2

DATA	DOMINGO	SEGUNDA--FEIRA	TERÇA--FEIRA
QUARTA--FEIRA	QUINTA--FEIRA	SEXTA--FEIRA	SÁBADO

Coleção Eu gosto m@is

CIÊNCIAS

1º ANO — ENSINO FUNDAMENTAL

SUMÁRIO

Lição 1 – Eu e meu corpo **355**
- O corpo humano 356
- Características físicas e personalidade 359
- Um líquido muito importante 360

Lição 2 – Percebendo o ambiente – os órgãos dos sentidos **361**
- Os sentidos que percebemos 362
- Sentimentos e emoções 365

Lição 3 – Alimentação **366**
- Os tipos de alimentos 367
- De onde vêm os alimentos 368
- Hábitos alimentares 368

Lição 4 – Higiene e saúde **371**
- Dentição 373
- A higiene do lugar em que vivemos 375

Lição 5 – A natureza **378**
- Os seres vivos 379
- Fases da vida 380
- Elementos não vivos 382
- Importância dos elementos não vivos 383

Lição 6 – Elementos da natureza **386**
- A água 386
- O solo 387
- O ar 388
- O Sol 389

Lição 7 – Noite e dia, dia e noite... .... **392**
- As horas do dia 393
- O relógio marca as horas 394
- Dia, noite e o ritmo de vida 395
- O tempo passa e transforma 396
- Semana, mês e ano 396

Lição 8 – Os materiais que nos cercam **401**
- Do que são feitos os objetos do dia a dia? 402
- Consumo e descarte 406

EU E MEU CORPO

Observe a tirinha da Magali a seguir.

Mega-Atleta, publicada na revista da *Magali* nº 163, setembro de 1995, Editora Globo.

Como você observou, a Magali está fazendo várias coisas nas cenas representadas na tirinha. Ela corre, sobe e desce de árvores, come a maçã e joga o resto da fruta no lixo.

Para fazer todas essas atividades, a Magali precisou usar muitas partes do seu corpo. Vamos ver quais são elas.

O corpo humano

O corpo dos seres humanos é constituído de partes. Ele pode ser dividido em cabeça, tronco e membros.

Na cabeça encontram-se os olhos, as orelhas, o nariz e a boca. A cabeça se liga ao tronco por meio do pescoço.

O tronco é formado pelo tórax e pelo abdome.

Ao tórax estão ligados os braços, que são os membros superiores.

Ao abdome estão ligadas as pernas, que são os membros inferiores.

Então, os membros são assim formados:
- membros superiores: braços, antebraços e mãos;
- membros inferiores: coxas, pernas e pés.

Com o corpo, as pessoas podem realizar diferentes atividades: caminhar, correr, dançar, pensar, ouvir música, comer e estudar.

Nosso corpo tem partes externas e internas.

Quando você se olha no espelho ou observa um amigo ou uma amiga vê as partes externas do corpo, como a pele, a cabeça, os ombros, os braços e as pernas. Mas você não consegue ver as partes internas do corpo, que são chamadas órgãos.

O coração, os pulmões, o estômago e o cérebro são alguns dos órgãos internos do corpo.

Internamente, também temos os ossos, que formam o esqueleto. Os ossos são importantes para dar sustentação ao corpo e ajudar a realizar os movimentos.

Você já percebeu como seus ossos se mexem quando movimenta os pés ou abre e fecha as mãos?

Os **músculos** cobrem os ossos e permitem os movimentos do corpo. A **pele**, por sua vez, protege o corpo.

Na **cabeça** estão os cabelos, os olhos, o nariz, as orelhas e a boca. Dentro da cabeça está o crânio.

O **crânio** é uma caixa óssea que protege o cérebro, órgão que controla todas as atividades importantes para a vida do ser humano.

No **tronco** estão vários órgãos, como o estômago, o fígado, os intestinos e os rins. Protegidos por uma caixa óssea no tronco ficam o coração e os pulmões.

Você pode perceber a presença dessa caixa óssea ao apertar seu peito. Se colocar a mão na barriga, na altura do umbigo, verá que lá não tem essa caixa óssea.

Os músculos e os ossos dão movimento e sustentação ao nosso corpo para realizarmos diversas atividades.

ATIVIDADES

1. Reveja a tirinha da Magali que abriu esta lição. Pinte as partes do corpo que ela usou durante as atividades indicadas a seguir.

A) SUBIR NA ÁRVORE.

B) PEGAR A MAÇÃ.

C) COMER.

D) JOGAR O RESTO DA MAÇÃ NO LIXO.

2. Circule o nome das partes do corpo que ficam na cabeça.

BOCA	MÚSCULOS	OLHOS
CABELOS	NARIZ	ORELHA
COTOVELO	PELE	OSSOS
MÃOS	PÉS	UMBIGO

3. Complete as frases com as palavras do quadro a seguir.

> músculos   pele   ossos

a) OS _____ SUSTENTAM O CORPO E AJUDAM NOS MOVIMENTOS.

b) A _____ PROTEGE O CORPO.

c) OS _____ COBREM OS OSSOS E PERMITEM OS MOVIMENTOS DO CORPO.

4. Pinte os ☐ de acordo com as legendas.

🟥 cabeça   🟦 tronco   🟨 membros

☐ PÉS   ☐ ESTÔMAGO   ☐ PULMÕES

☐ BOCA   ☐ MÃOS   ☐ CORAÇÃO

☐ BRAÇOS   ☐ ORELHAS   ☐ PERNAS

Características físicas e personalidade

Observe as imagens.

As imagens mostram várias pessoas, que são crianças assim como você. No mundo existem muitas pessoas, e nenhuma é exatamente igual à outra. Nem todos têm a mesma cor de pele, a mesma altura, o mesmo tipo de cabelo, o mesmo sorriso. Até as pessoas de uma mesma família são diferentes.

Cada pessoa possui características que lhe são próprias. Observe os colegas de classe; cada um tem um jeito diferente.

As **características físicas** são as que diferenciam visualmente uma pessoa de outra. A cor da pele, o comprimento do cabelo e o formato dos olhos são alguns exemplos de características físicas.

Mas toda pessoa tem um jeito de ser, que advém da personalidade, que é um conjunto de características referentes ao modo de agir, pensar e sentir. Por exemplo, algumas pessoas são tímidas, enquanto outras são mais falantes; algumas gostam de brincadeiras mais agitadas, enquanto outras gostam de brincadeiras mais calmas.

Muitas vezes esse jeito de ser se altera conforme o ambiente em que estamos, se somos bem recebidos em um lugar, se conseguimos nos expressar e nos comunicar com as outras pessoas. Por isso, é muito importante que cada um de nós respeite as pessoas com as quais convivemos.

E o que é respeitar os outros? É não criticar o colega pelo modo como ele é, como se veste, como fala etc. É não colocar apelido, não fazer fofoca, deixar a pessoa falar sem interromper, enfim, atitudes que normalmente você não gostaria que fizessem com você e que vão desagradar a outra pessoa.

ATIVIDADES

1. Desenhe suas características físicas.

2. Identifique o *emoticon* que mais expressa a sua personalidade.

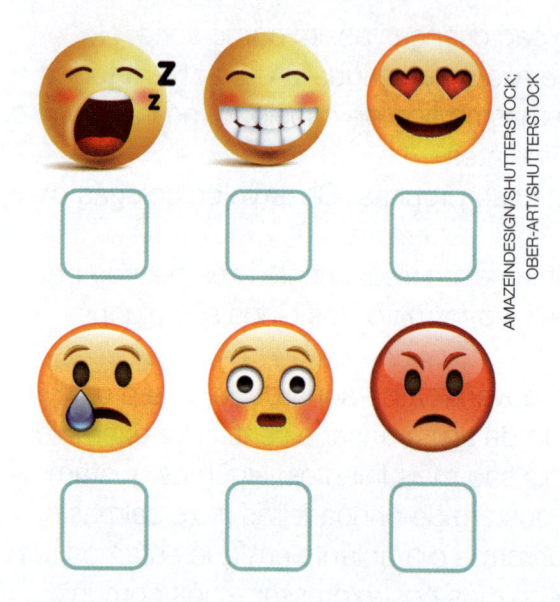

AMAZEINDESIGN/SHUTTERSTOCK; OBER-ART/SHUTTERSTOCK

3. Escreva algumas características da sua personalidade.

_____

_____

4. Agora desenhe um colega seu.

Um líquido muito importante

Olhando no espelho você consegue ver muitas partes do seu corpo. Apalpando, consegue sentir a presença dos ossos; colocando a mão no peito, na região do coração, sente que ele faz tum, tum, tum. E na hora daquela fome, dentro da barriga, melhor, na região do abdome, às vezes parece até que tem um leão rugindo no estômago.

Mas tem uma parte do corpo que a gente percebe quando faz um corte na pele. Já adivinhou do que estamos falando?

Quando nos machucamos e cortamos a pele, além da dor danada, escorre aquele sangue vermelho. E todo mundo não vê a hora que ele pare de escorrer.

Isso porque o sangue é um elemento muito importante para o funcionamento do corpo e não se pode perdê-lo. O sangue circula dos pés à cabeça, transportando várias substâncias para o corpo funcionar bem. E sabe quem faz o sangue circular por todo o corpo? É o coração, que, para bombear o sangue, faz o seu tum, tum, tum, que nunca pode parar.

LIÇÃO 2
PERCEBENDO O AMBIENTE – OS ÓRGÃOS DOS SENTIDOS

Observe as imagens a seguir e identifique o que cada criança está fazendo nelas.

As crianças estão realizando atividades nas quais percebem diversas sensações.

A visão, os cheiros, os sons, os gostos e as sensações que temos, como de calor ou de frio, são percebidos por nosso corpo pelos **órgãos dos sentidos**.

Os órgãos dos sentidos são os olhos, a língua, as orelhas, o nariz e a pele.

Os sentidos que percebemos

Com os olhos, podemos ver. A **visão** é um dos sentidos do ser humano. O sentido da visão nos permite ver as coisas que existem ao nosso redor.

Com as orelhas, podemos ouvir. Elas têm o formato parecido com o de uma concha, que permite captar sons vindos de todas as direções. Ouvimos os sons pelo sentido da **audição**.

O nariz é o órgão do **olfato**. Com o olfato, sentimos o cheiro das flores, dos perfumes, dos alimentos e podemos reconhecer cheiros que indicam perigo, como vazamento de gás, alimentos estragados etc.

A língua é o órgão do **paladar**. Com ela e o olfato, podemos sentir os sabores pelas **papilas gustativas**. A língua identifica quatro tipos de sabores: doce, amargo, salgado e azedo.

A pele reveste o nosso corpo. Com ela, sentimos o quente ou o frio, o duro ou o mole, o liso ou o áspero. Esse é o sentido do **tato**.

Todas as sensações que percebemos com os órgãos dos sentidos são controladas pelo cérebro. É este órgão tão importante do corpo humano que identifica aquilo que vemos, ouvimos, percebemos pelo olfato, sabores e tato.

VOCABULÁRIO

papilas gustativas: pequenas estruturas na língua capazes de identificar os sabores.

É preciso ter cuidado com som em volume muito alto, pois ele pode afetar sua audição.
Evite usar fones de ouvido durante longo período.
É preciso também ter cuidado na hora de limpar as orelhas. Objetos pontiagudos, cotonetes e outros podem ferir a parte interna das suas orelhas.

ATIVIDADES

1. Observe as imagens a seguir e escreva o número correspondente ao principal sentido necessário em cada situação.

1) VISÃO

2) AUDIÇÃO

3) OLFATO

4) PALADAR

5) TATO

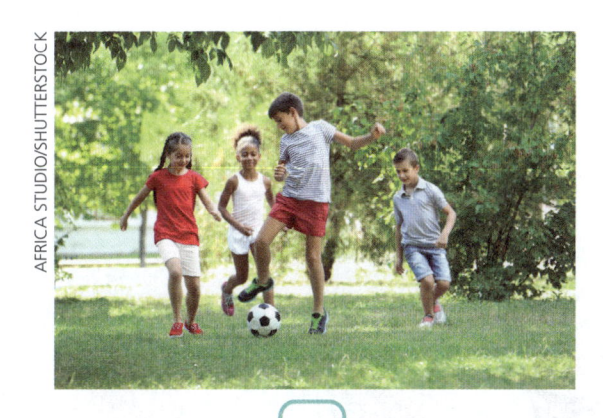

2. Observe as imagens das frutas e faça o que se pede.

- FAÇA UM ◯ (CÍRCULO) NAS FRUTAS DOCES.

- FAÇA UM ▢ (QUADRADO) NAS FRUTAS AZEDAS.

- FAÇA UM **X** NAS FRUTAS DE CASCA LISA.

- FAÇA UM △ (TRIÂNGULO) NAS FRUTAS DE CASCA ÁSPERA.

3. Relacione cada órgão do sentido àquilo que ele nos permite fazer.

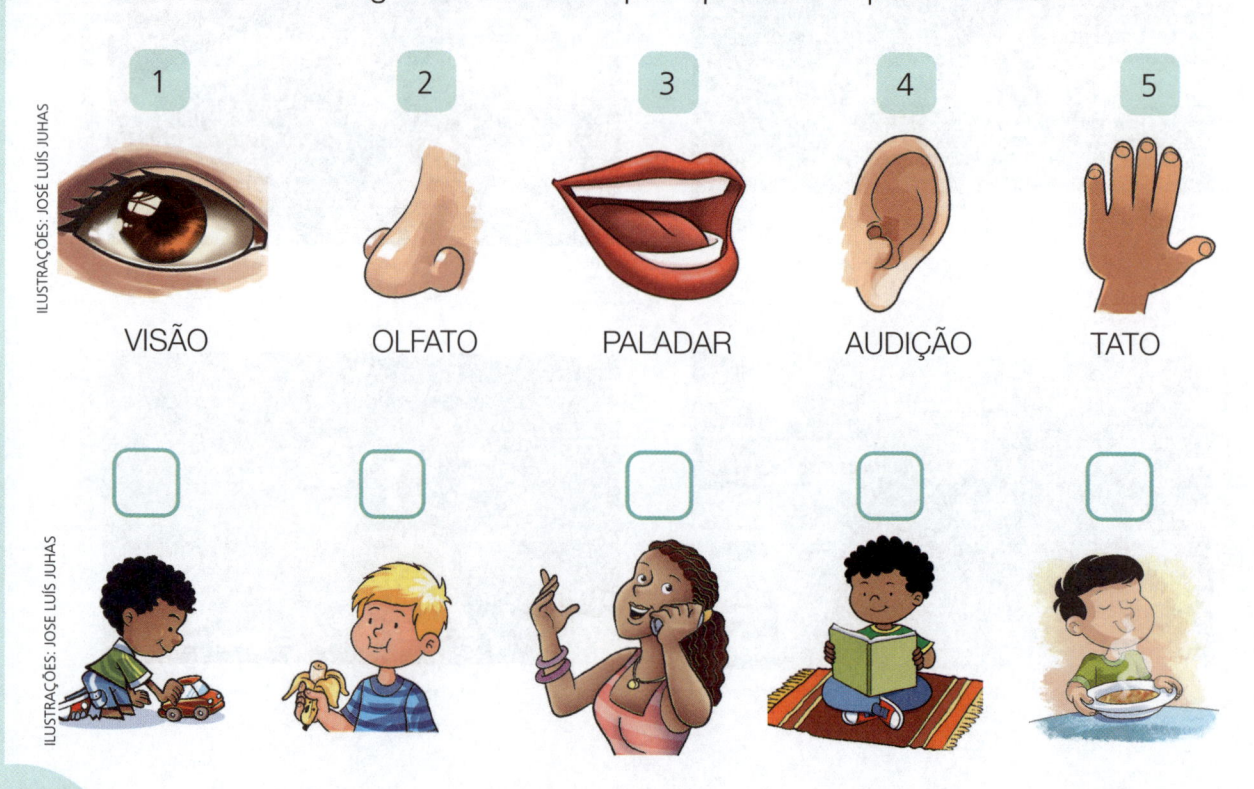

1	2	3	4	5
VISÃO	OLFATO	PALADAR	AUDIÇÃO	TATO

Sentimentos e emoções

Além das sensações que sentimos por meio dos órgãos dos sentidos, nós, seres humanos, temos também sentimentos e emoções.

Alguns acontecimentos ou situações podem nos fazer rir ou chorar. O modo como nos sentimos depende de nossas emoções. Por exemplo, quando alguém lhe dá uma bronca, você pode se sentir com raiva ou triste, e quando alguém lhe conta uma novidade muito boa, você pode se sentir alegre e animado.

ATIVIDADE

- Numere as emoções e os sentimentos expressos nos quadros de acordo com a numeração das palavras correspondentes.

1) ANIMADO

2) FELIZ

3) PREOCUPADO

4) TRISTE

LIÇÃO 3

ALIMENTAÇÃO

Menino mede sua estatura.

Observe a imagem acima.

De um ano para outro, às vezes em um período de tempo mais curto, o seu corpo se modifica. É possível observar isso na sua altura, peso e até no crescimento do cabelo e das unhas.

Para que seu corpo cresça, os alimentos são indispensáveis. Eles são importantes também para a nossa saúde.

Devemos comer alimentos saudáveis todos os dias para crescer, ter energia e disposição para realizar nossas atividades, como estudar, brincar e correr.

Você brinca, corre, joga bola, lê, estuda, conversa e faz muitas outras coisas. Para realizar cada uma delas, o corpo precisa de energia.

Essa energia de que precisamos vem dos alimentos que ingerimos.

Você também cresce. Ano a ano seu corpo vai ganhando altura e peso. Também para o crescimento o corpo precisa dos alimentos que consumimos.

Alguns alimentos podem ser consumidos sem preparo, isto é, crus. É o caso das frutas, das verduras e dos legumes. Porém, antes de serem ingeridos crus, eles devem ser muito bem lavados. Outros alimentos precisam de cozimento para serem consumidos, como as carnes, o feijão e o arroz.

Os tipos de alimentos

Os alimentos podem ter origem animal, vegetal e mineral. Veja os exemplos:

Alimentos de origem animal

| Carne bovina. | Leite. | Ovo. |

Alimentos de origem vegetal

| Maçãs. | Cenouras. | Repolho. |
| Alface. | Óleo vegetal. | Feijão. |

Alimentos de origem mineral

| Sal. | Água. |

De onde vêm os alimentos

Alguns alimentos são consumidos sem que grandes transformações sejam necessárias. Eles vêm de hortas, sítios ou fazendas.

Ovos de codorna.

Frutas.

Legumes e verduras.

Outros alimentos são transformados em diferentes produtos nas indústrias. Eles são chamados **alimentos industrializados**.

A linguiça, o presunto e o salame são alimentos derivados da carne de porco.

A manteiga, o queijo e o iogurte são alimentos derivados do leite.

O fubá ou farinha de milho, o óleo de milho e o amido de milho são, como o próprio nome já diz, alimentos derivados do milho.

Existem muitos alimentos que são obtidos pelo processo de industrialização de outros alimentos, como:
- Soja: óleo e margarina.
- Trigo: farinha e pão.
- Cacau: chocolate.
- Uva: suco e geleia.

Hábitos alimentares

Devemos praticar bons hábitos em relação à alimentação, como:
- lavar bem as mãos antes e depois das refeições;
- fazer tanto as refeições principais (café da manhã, almoço e jantar) como os lanches nas horas certas;
- evitar balas, biscoitos e salgadinhos especialmente entre as refeições, pois esses alimentos não são nutritivos, engordam e estragam os dentes;
- comer frutas, legumes, verduras e beber muito suco natural;
- lavar bem as frutas e verduras;
- beber água filtrada ou fervida.

ATIVIDADES

1. Circule os alimentos de origem vegetal e assinale com um **X** os alimentos de origem animal.

(lentilha) OSOZNANIE.JIZNI/SHUTTERSTOCK

(ovo) NATTIKA/SHUTTERSTOCK

(banana) BERGAMONT/SHUTTERSTOCK

(leite) DONATAS1205/SHUTTERSTOCK

(batata) NATTIKA/SHUTTERSTOCK

(peixe) PIYATO/SHUTTERSTOCK

2. Pinte os ☐ de acordo com as legendas.

🟩 ALIMENTOS NATURAIS

🟦 ALIMENTOS INDUSTRIALIZADOS

☐ IOGURTE

☐ TRIGO

☐ PRESUNTO

☐ BANANA

☐ CENOURA

☐ CHOCOLATE

☐ QUEIJO

☐ MEL

☐ REPOLHO

☐ PEIXE

3. Cite três alimentos que são consumidos cozidos e três alimentos que são consumidos crus.

_____
_____
_____
_____

CIÊNCIAS

4. Observe as imagens e responda: Que alimentos os seres humanos obtêm destes animais?

ALEXANDER RATHS/SHUTTERSTOCK

SMEREKA/SHUTTERSTOCK

VOLODYMYR BURDIAK/SHUTTERSTOCK

5. Assinale com um **X** as frases verdadeiras.

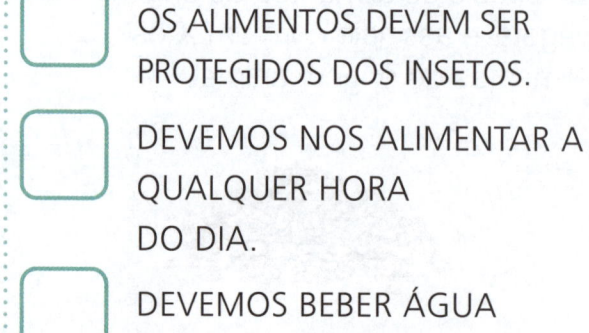

☐ OS ALIMENTOS DEVEM SER PROTEGIDOS DOS INSETOS.

☐ DEVEMOS NOS ALIMENTAR A QUALQUER HORA DO DIA.

☐ DEVEMOS BEBER ÁGUA FILTRADA OU FERVIDA.

☐ É NECESSÁRIO LAVAR BEM AS MÃOS ANTES E DEPOIS DAS REFEIÇÕES.

☐ DEVEMOS DAR PREFERÊNCIA AOS ALIMENTOS INDUSTRIALIZADOS.

6. Escreva o nome dos alimentos que compõem seu prato preferido.

_____
_____
_____
_____
_____
_____
_____
_____
_____

HIGIENE E SAÚDE

Observe a seguir as imagens e suas legendas.

1. Tomar banho.

2. Lavar as mãos antes das refeições.

3. Praticar esportes.

4. Usar roupas limpas e confortáveis.

5. Escovar os dentes após as refeições.

6. Cortar as unhas.

7. Dormir de 8 a 10 horas por noite.

Para ter saúde, devemos cuidar do nosso corpo e da nossa mente.
Manter a higiene, comer alimentos saudáveis, fazer exercícios e dormir o suficiente são fatores importantes para ter saúde.

ATIVIDADES

1. Observe novamente as imagens da página anterior e identifique pelo número delas as que considera importantes.

_____

_____

2. Complete as frases a seguir de acordo com as ilustrações.

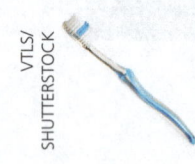

a) ESCOVO MEUS DENTES COM A _____.

b) PARA LAVAR MEU CORPO DURANTE O BANHO, USO O _____.

c) COM O _____ PENTEIO OS CABELOS.

d) CORTO AS UNHAS COM A _____.

3 Pinte apenas os objetos que usamos para fazer a higiene do corpo.

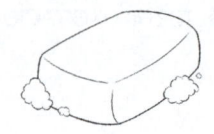

4 Assinale o que você faz para ter boa saúde.

☐ LAVO SEMPRE AS MÃOS ANTES DAS REFEIÇÕES.

☐ ANDO SEMPRE DESCALÇO.

☐ DURMO REGULARMENTE.

☐ FAÇO EXERCÍCIOS FÍSICOS.

☐ NÃO ESCOVO MEUS DENTES.

☐ VOU AO MÉDICO E AO DENTISTA REGULARMENTE.

☐ ALIMENTO-ME BEM.

☐ USO ROUPAS SUJAS.

☐ LAVO AS MÃOS DEPOIS DE USAR O BANHEIRO.

☐ CORTO E LIMPO SEMPRE AS UNHAS.

5. Escreva abaixo da figura qual é o hábito de higiene que a pessoa está praticando.

_____   _____

_____

Dentição

A primeira dentição começa a aparecer em torno dos 6 meses de idade. Ela é formada pelos **dentes de leite**.

Por volta dos 3 anos, a criança já tem os 20 dentes de leite igualmente distribuídos nos maxilares superior e inferior.

Quando a criança atinge os 6 ou 7 anos de idade, os dentes de leite começam a cair e são substituídos pelos **dentes permanentes**.

Quando os 32 dentes permanentes tiverem nascido, a dentição estará completa.

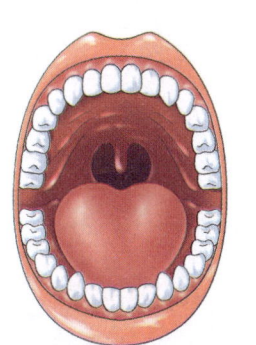

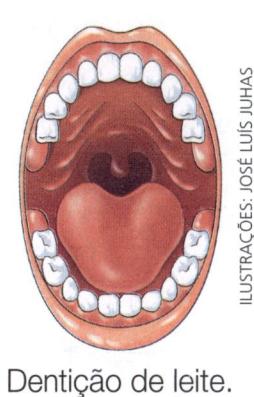

Dentição permanente.

Dentição de leite.

Higiene bucal

Desde cedo, devemos adquirir hábitos de higiene bucal (da boca). Ou seja, devemos cuidar da saúde bucal para que nossos dentes sejam fortes e não tenham cáries.

As cáries são causadas por pequenos seres invisíveis a olho nu, chamados **bactérias**.

Para preveni-las, devemos:
- escovar os dentes após as refeições;
- usar fio dental para remover os resíduos que ficam depositados entre os dentes e entre estes e a gengiva;
- usar creme dental com flúor;
- manter boa alimentação;
- evitar alimentos que contêm muito açúcar, como biscoitos recheados, que, pela consistência pegajosa, facilitam a formação de cáries;
- comer doces com moderação e nunca entre as refeições.

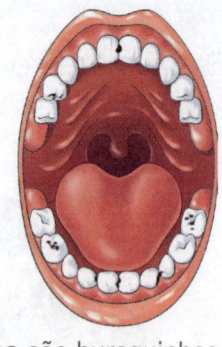

Cáries são buraquinhos ou pontinhos pretos que se formam nos dentes, indicando que estão sendo corroídos.

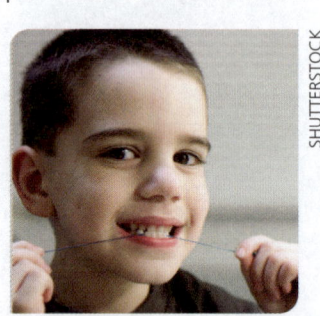

ATIVIDADES

1. Assinale a resposta certa.

a) A PRIMEIRA DENTIÇÃO TEM INÍCIO POR VOLTA DOS:

☐ 6 MESES DE IDADE.

☐ 6 ANOS DE IDADE.

b) A DENTIÇÃO PERMANENTE É FORMADA POR:

☐ 12 DENTES.

☐ 20 DENTES.

☐ 32 DENTES.

☐ 36 DENTES.

2. Complete.

A primeira dentição é formada pelos _____.

A segunda dentição é formada pelos _____.

3. O que são cáries?

_____
_____
_____
_____
_____

374

4. O que causa as cáries?

_____

_____

A higiene do lugar em que vivemos

A saúde também depende da higiene do lugar em que vivemos.

Todos podem ajudar a tornar limpo o lugar em que vivem, por exemplo, sendo cuidadosos com o lixo. Grande parte do lixo pode ser reciclada, isto é, aproveitada na fabricação de novos produtos. Para isso, ele precisa ser separado por categoria:

VIDRO	PLÁSTICO	METAL
PHOTKA/SHUTTERSTOCK	BIG FOOT PRODUCTIONS/SHUTTERSTOCK	CARLOS CAETANO/SHUTTERSTOCK

PAPEL	RESTOS DE ALIMENTOS
KELLIS/SHUTTERSTOCK	MADLEN/SHUTTERSTOCK

Os vidros, plásticos, metais e papéis são recicláveis, isto é, são usados para fazer novos vidros, plásticos, metais e papéis. Os restos de alimentos são usados para fazer adubo.

> Nunca jogue lixo em vias públicas pela janela do carro ou do ônibus. Espere e jogue-o em um cesto apropriado.

ATIVIDADES

1. Responda marcando com um **X**.

a) HÁ LIXEIRA NA SUA ESCOLA?

☐ SIM   ☐ NÃO

b) QUANDO VOCÊ VÊ ALGUÉM JOGANDO LIXO NO CHÃO, CHAMA A ATENÇÃO DA PESSOA?

☐ SIM   ☐ NÃO

c) NA RUA ONDE VOCÊ MORA, O LIXO É COLETADO DIARIAMENTE?

☐ SIM   ☐ NÃO

d) É CORRETO JOGAR LIXO PELA JANELA DO CARRO OU DO ÔNIBUS?

☐ SIM   ☐ NÃO

2. Observe a cena e responda oralmente.

a) O QUE A MENINA ESTÁ FAZENDO?

b) VOCÊ ACHA CORRETA A ATITUDE DELA? POR QUÊ?

c) O QUE VOCÊ DIRIA A ELA?

d) COMO VOCÊ AGIRIA?

3. Leve cada lixo para a lixeira correta.

plástico

papel

restos de alimentos

vidro

metal

4. Leia e pinte as cenas corretas em relação ao lixo.

a) ENTERRAR O LIXO (CASO NÃO PASSEM OS COLETORES DE LIXO).

b) JOGAR O LIXO EM UM TERRENO VAZIO.

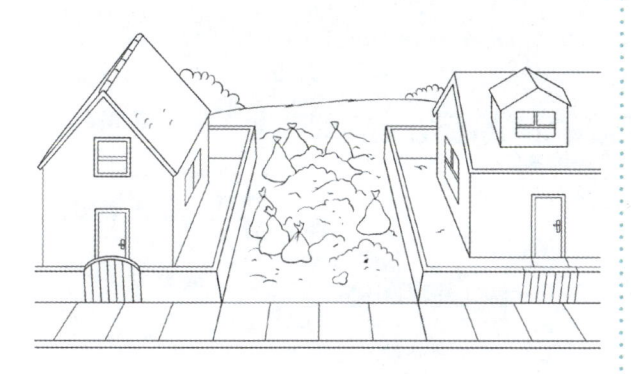

c) JOGAR O LIXO EM CÓRREGOS E RIOS.

d) COLOCAR O LIXO EM SACOS PLÁSTICOS E FECHAR BEM.

e) PEGAR O LIXO COM AS MÃOS.

f) COLOCAR FOGO NO LIXO.

ILUSTRAÇÕES: JOSÉ LUIS JUHAS

LIÇÃO 5 — A NATUREZA

Observe a imagem a seguir e identifique os elementos que estão nela.

Paisagem do Pantanal.

Na imagem, encontramos vários elementos:
- luz do Sol;
- água;
- animais;
- vegetais;
- solo;
- rochas.

Todos esses elementos fazem parte do **ambiente**.

Os seres vivos

Os animais e os vegetais são **seres vivos**.

Os seres vivos nascem, alimentam-se, crescem, podem se reproduzir e, por fim, morrem.

O girassol é um ser vivo. Ele nasce, cresce, reproduz-se e morre.

O pato é um ser vivo. Ele nasce, cresce, reproduz-se e morre.

Os **seres humanos** são seres vivos e fazem parte do grupo dos animais. Eles têm a capacidade de realizar várias atividades. Veja algumas delas nas imagens a seguir.

Pensar.

Estudar.

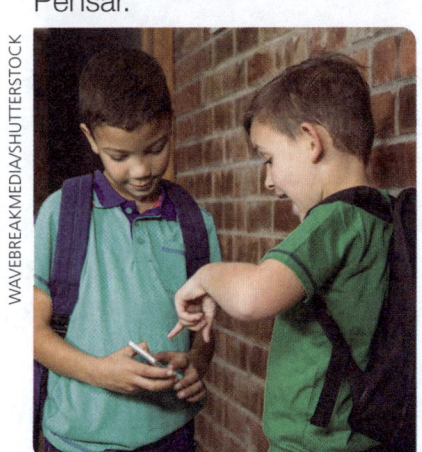

Conversar.

Brincar.

Fases da vida

Todos os seres vivos passam por fases da vida, que podem variar de acordo com cada espécie e com o ambiente em que vivem.

Você já viu o ciclo de vida do girassol e do pato na página 379. Agora, veja as fases da vida do ser humano.

A **infância** tem início com o nascimento e acaba aproximadamente aos 12 anos, quando começa a adolescência.

A **adolescência** é uma fase de muitas mudanças no corpo e nos sentimentos; nela também ocorrem várias descobertas.

Depois da adolescência tem início a fase **adulta**, quando a pessoa já tem personalidade e gostos mais definidos. É nessa fase que o corpo está totalmente formado e maduro para que ocorra a reprodução, e é nela que passamos grande parte de nossas vidas.

No Brasil, **idosos** são as pessoas acima dos 60 anos de idade.

Você sabia que em todas as fases da vida existem direitos assegurados pela legislação para garantir o bem-estar às pessoas? Para as crianças e adolescentes há o Estatuto da Criança e do Adolescente, que assegura o direito à alimentação, à saúde, à educação e prioridade ao socorro e à proteção, além de outros direitos. Para as pessoas acima de 60 anos o Estatuto do Idoso também assegura direitos específicos para garantir uma vida com saúde, bem-estar e dignidade.

ATIVIDADES

1. Relacione as fotos às fases da vida correspondentes.

| ADOLESCENTE | ADULTO | CRIANÇA | IDOSO |

2. Escreva o nome de uma pessoa com a qual você convive que seja:

a) criança: _____

b) adolescente: _____

c) adulta: _____

d) idosa: _____

3. Você está em qual fase da vida?

_____

Elementos não vivos

Os **elementos não vivos** não nascem, não se alimentam, não se reproduzem e não morrem.

Os **minerais** são elementos não vivos, como a água, o solo, as rochas, o carvão e as <u>pedras preciosas</u>.

A água é fundamental para a vida dos animais e vegetais.

A luz do Sol fornece calor e energia para os seres vivos.

As rochas são aglomerados sólidos de minerais.

O solo é importante para a vida de muitas espécies e fonte de nutriente.

VOCABULÁRIO

pedras preciosas: são pedras mais valiosas que as comuns, por apresentarem cores, brilhos, pureza e transparência difíceis de serem encontradas na natureza.

Importância dos elementos não vivos

Os **vegetais** e os **animais** precisam da luz do Sol, da água, do solo e do ar para crescer e se desenvolver. É da natureza que todos os seres vivos retiram seus alimentos e tudo de que precisam para sobreviver.

Os seres humanos transformam os elementos da natureza para viver. Os outros animais, os vegetais e os minerais são usados nessa transformação.

ATIVIDADES

1. Recorte de jornais e revistas figuras de seres vivos e de elementos não vivos e cole-as a seguir.

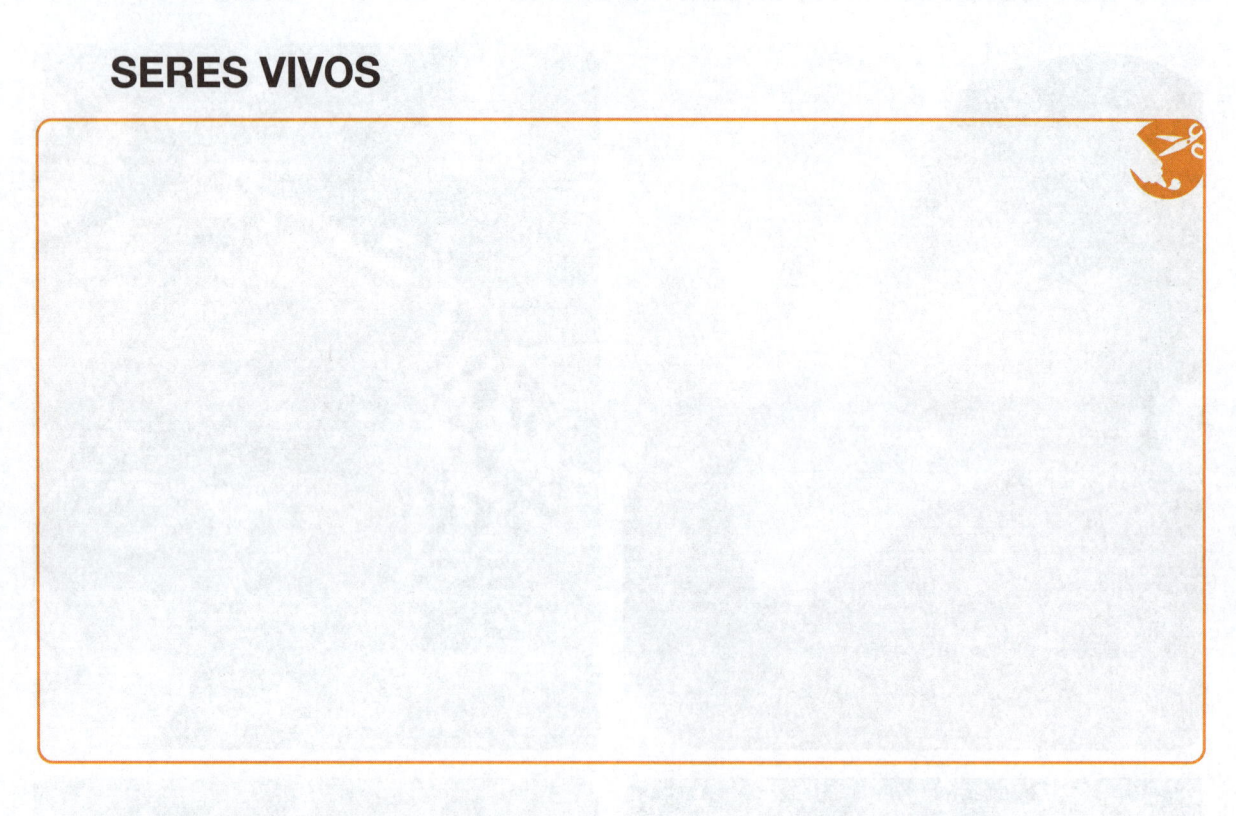

SERES VIVOS

ELEMENTOS NÃO VIVOS

2. Faça a correspondência de acordo com a numeração das palavras.

1 ANIMAL **2** VEGETAL **3** MINERAL

3. Leia a letra da música e responda às **questões seguintes**.

AS FLORES JÁ NÃO CRESCEM MAIS,
ATÉ O ALECRIM MURCHOU,
O SAPO SE MANDOU,
O LAMBARI MORREU,
PORQUE O RIBEIRÃO SECOU!

OH, TRÁ LÁ LÁ LÁ LÁ,
OH, TRÁ LÁ LÁ LÁ LÁ,
OH, TRÁ LÁ LÁ LÁ LÁ,
LÁ OH!

DOMÍNIO PÚBLICO

a) Que seres vivos são citados na letra?

_____

b) Que elemento não vivo é citado na música?

_____

LIÇÃO 6

ELEMENTOS DA NATUREZA

A água

Os seres vivos necessitam de **água** para viver. Ela faz parte da natureza e está presente nos oceanos, nos rios, nos lagos, nas lagoas, nas nuvens e também nas geleiras.

A água dos oceanos é salgada e representa a maior porção de água do mundo.

Rio.

Praia.

Lagoa.

Geleira.

Sem água não existiria vida.

O solo

O **solo**, também chamado **terra**, tem grande importância na vida dos seres vivos, pois é dele que retiramos parte dos nossos alimentos.

O solo é composto de pequenas partículas de areia, argila, restos de animais e plantas mortas.

No interior do solo existem pequenos buraquinhos, nos quais ficam armazenados a água e o ar de que as raízes das plantas e outros organismos necessitam para beber e respirar.

No solo vivem muitos animais, como os tatus, as formigas e as minhocas. É nele também que a maioria das plantas se desenvolve.

As plantas protegem o solo com suas raízes, que crescem e se entrelaçam debaixo da terra, criando uma tela natural bastante resistente ao desgaste provocado pela água das chuvas.

Um dos usos do solo é para o cultivo de plantas.

O ar

Embora não vejamos o ar, ele está em toda parte.

Criança brinca com pipa, que é movida pelo vento.

O **ar** é muito importante para a vida dos seres vivos. As pessoas, os animais e as plantas respiram o ar, que é uma mistura de gases. Um dos gases que encontramos no ar é o oxigênio.

Quando o ar está em movimento, é chamado **vento**.

LEIA MAIS

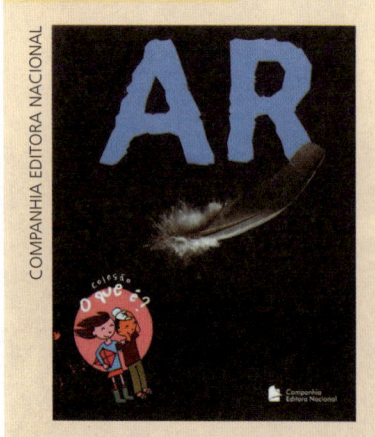

Ar

Philippe Nessman. Ilustrações de Peter Allen. São Paulo: Companhia Editora Nacional, 2006.

O ar é indispensável para a vida. No entanto, ele não pode ser visto nem tocado. Mas o que é ar? Como os balões voam? Os astronautas podem respirar na Lua? Realize as experiências com a Lola e o Simão e descubra os segredos desse precioso elemento.

O Sol

Observe a imagem a seguir. Além das crianças se balançando, o que você identifica nela?

Crianças brincam em balanço no parque.

Na imagem, a presença da luz solar é bem visível pela sombra das pessoas no chão.

Quem fornece luz e calor para o nosso planeta é o Sol. Sem ele tudo seria frio e escuro, e provavelmente não existiria vida. A presença ou não da luz solar caracteriza o dia e a noite.

As plantas necessitam da luz solar para se desenvolverem.

A exposição moderada ao Sol traz benefícios à saúde, pois o contato da pele com os raios solares ajuda na absorção de vitamina D pelo nosso organismo. A vitamina D é responsável pelo fortalecimento dos ossos e melhora o rendimento do cérebro.

Entretanto, é preciso ter cautela com a exposição prolongada ao Sol. A luz do Sol tem os chamados raios ultravioleta, que agridem a pele quando ficamos muito expostos a eles.

São esses raios os responsáveis por bronzear a pele, causar sardas e pintas e envelhecimento precoce da pele. Podem também causar doenças bem graves.

Entre 10 horas e 16 horas (ou 4 horas da tarde), os efeitos dos raios ultravioleta são mais intensos, por isso nesse período é preciso evitar ficar sob o Sol, protegendo-se em locais fechados ou na sombra.

ATIVIDADES

1. Assinale o nome dos locais nos quais podemos encontrar água.

☐ RIOS ☐ OCEANO ☐ NUVENS

☐ SOL ☐ PEDRAS ☐ ROCHAS

☐ LAGOS ☐ SOLO

☐ GELEIRAS

2. Como é a água dos oceanos?

_____

_____

3. Pinte os elementos que compõem o solo.

| AREIA | NUVEM | RESTOS DE PLANTAS MORTAS | VENTO |
| GELO | RESTOS DE ANIMAIS | SOL | ARGILA |

4. O que é o vento?

_____

_____

5. Encontre no caça-palavras os elementos naturais.

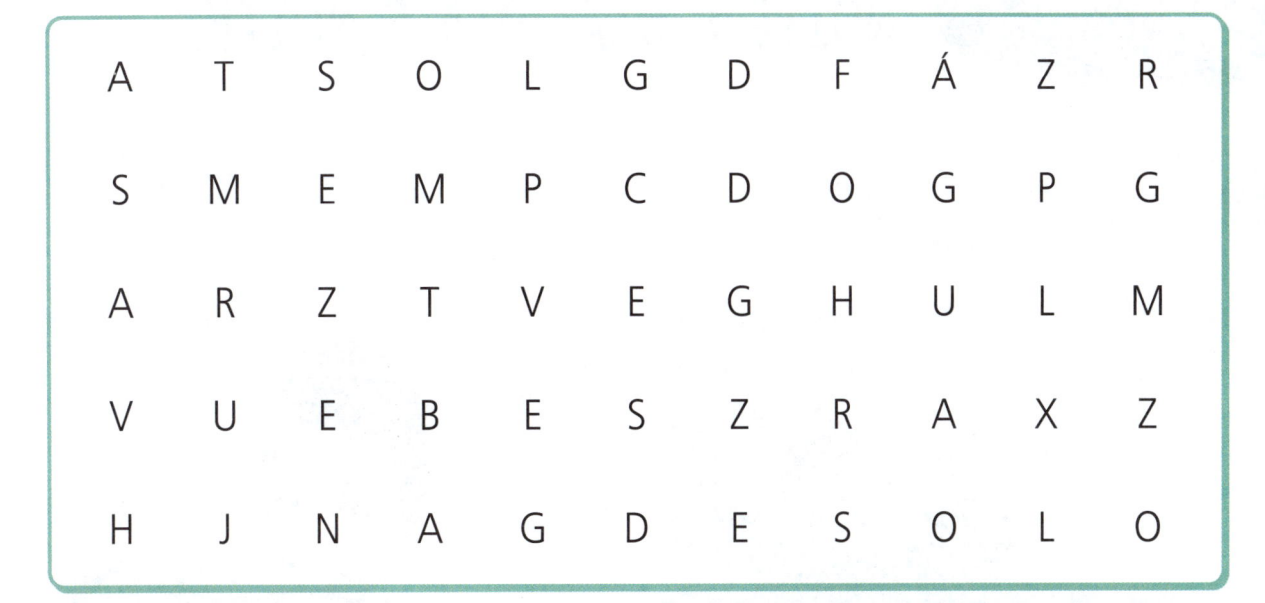

A	T	S	O	L	G	D	F	Á	Z	R
S	M	E	M	P	C	D	O	G	P	G
A	R	Z	T	V	E	G	H	U	L	M
V	U	E	B	E	S	Z	R	A	X	Z
H	J	N	A	G	D	E	S	O	L	O

6. Desenhe o elemento da natureza responsável por transmitir luz e calor aos seres vivos.

LIÇÃO 7

NOITE E DIA, DIA E NOITE...

Observe as imagens.

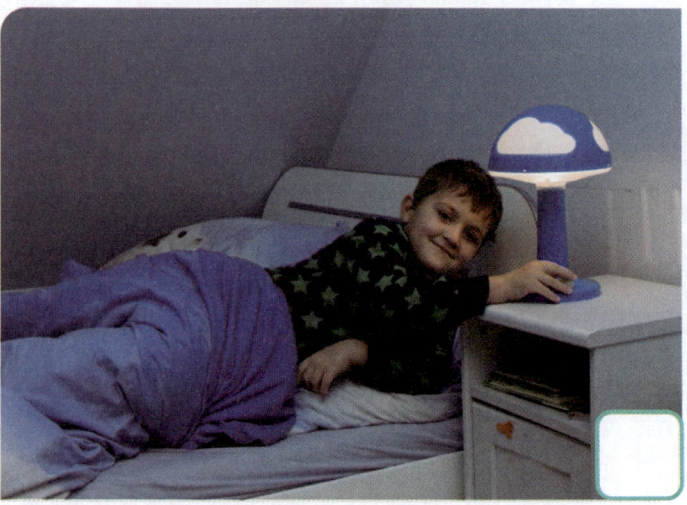

Pelas imagens, você pode observar que as crianças realizam diferentes atividades. Identifique as fotos com as letras que indicam as atividades que estão fazendo.

a) Acordando.

b) Tomando café da manhã.

c) Estudando.

d) Tomando banho.

e) Escovando os dentes.

f) Dormindo.

Cada atividade que as pessoas realizam tem um horário para acontecer. O café da manhã, por exemplo, ocorre logo depois que acordamos. O almoço, no meio do dia, e o jantar, depois que a noite chega.

Como você viu na lição 6, é pela presença da luz solar ou não que sabemos se é dia ou noite.

Em geral, a luz do Sol que chega até nós tem duração de 12 horas. A sua presença marca o que chamamos de dia. Depois escurece e a noite vem. Durante a noite, dependendo das condições climáticas, podemos ver no céu as estrelas e a Lua.

O nosso corpo reage a essas alterações de presença e ausência da luz do Sol. Por exemplo, quando amanhece, em geral, nosso corpo fica desperto e desenvolvemos várias atividades. Quando a noite chega, o corpo muda de comportamento e começamos a ficar com sono, indicando que precisamos dormir.

As horas do dia

O dia está dividido em horas. Veja os horários que Ricardo faz suas atividades nas imagens a seguir.

Cada dia dura 24 horas. Nos relógios os ponteiros mostram até o 12, porque marcamos o tempo em horas do dia (com luz do Sol) e horas da noite. Veja o que os ponteiros marcam nas situações representadas a seguir.

O relógio marca as horas

Para marcar as horas usamos o relógio. Existem vários tipos de relógios, mas os dois mais comuns são o com ponteiros e o digital.

O relógio de ponteiros é chamado analógico, que tem um ponteiro menor que marca as horas e outro maior que marca os minutos.

O relógio digital indica no visor, por meio de números, a hora em que estamos.

Este relógio marca 5 horas, pois o ponteiro pequeno está apontando para o 5 e o grande está no 12.

Este relógio marca 9 horas, pois o ponteiro pequeno está apontando para o 9 e o grande está no 12.

O relógio digital indica 5 horas.

O relógio digital indica 9 horas.

Dia, noite e o ritmo de vida

Por que as borboletas voam de dia e as mariposas à noite? Por que a flor onze-horas abre geralmente por volta desse horário?

Todos os seres vivos têm um relógio dentro deles.

Não é um relógio de verdade, desses que a gente vê sempre. É um mecanismo que faz com que o animal ou a planta perceba a presença ou ausência de luz e outras alterações que ocorrem no ciclo de tempo do Sol iluminando a Terra. Esse mecanismo é chamado relógio biológico e funciona em praticamente todos os seres vivos.

É por isso que as corujas são mais ativas à noite e os passarinhos anunciam a chegada da manhã. Quando um animal desenvolve mais suas atividades à noite, dizemos que é um animal noturno, e, quando a maior parte das atividades ocorre durante o dia, dizemos que é um animal diurno.

Além da coruja e das mariposas, os morcegos, os felinos, os lobos, os gambás e os vaga-lumes são exemplos de animais noturnos.

Os macacos, o bicho-preguiça, muitos peixes, os cavalos e os bois são animais diurnos.

O tempo passa e transforma

Todos os seres vivos se modificam com o passar do tempo, mesmo que a gente não consiga perceber isso.

Veja alguns exemplos:

ILUSTRAÇÕES: LUIS MOURA

Ovo.

Pintinho.

Galinha e galo.

Galinha chocando.

Galinha e pintinhos.

Sementes de millho.

Broto.

Milho em flor.

Formação de espiga.

Espiga e sementes de milho.

Com o passar do tempo os ovos da galinha deram origem aos pintinhos, que cresceram e se tornaram frangos, galos ou galinhas.

A mesma coisa ocorreu com o milho. A semente, depois de ser plantada, precisou germinar, crescer, produzir flores e espigas.

Os seres humanos também se transformam com o passar do tempo. É um processo muito mais longo do que ocorre com a galinha e o milho. Você se lembra de quando era bebê? Quanto tempo passou?

Semana, mês e ano

Além de organizarmos o tempo em horas e dias, podemos organizá-lo em semanas, meses e anos.

A semana é formada por sete dias. Ela começa no domingo e termina no sábado. Os dias da semana são:

Domingo	Segunda-feira	Terça-feira	Quarta-feira	Quinta-feira	Sexta-feira	Sábado

Quase todos os meses têm 30 ou 31 dias, à exceção de fevereiro, que tem 28 ou 29 dias, de quatro em quatro anos.

Os meses do ano são doze:

Janeiro	Fevereiro	Março	Abril
Maio	Junho	Julho	Agosto
Setembro	Outubro	Novembro	Dezembro

Podemos organizar os dias, as semanas e os meses em um calendário. Veja a seguir.

2023

JANEIRO							FEVEREIRO							MARÇO							ABRIL						
D	S	T	Q	Q	S	S	D	S	T	Q	Q	S	S	D	S	T	Q	Q	S	S	D	S	T	Q	Q	S	S
1	2	3	4	5	6	7				1	2	3	4				1	2	3	4							1
8	9	10	11	12	13	14	5	6	7	8	9	10	11	5	6	7	8	9	10	11	2	3	4	5	6	7	8
15	16	17	18	19	20	21	12	13	14	15	16	17	18	12	13	14	15	16	17	18	9	10	11	12	13	14	15
22	23	24	25	26	27	28	19	20	21	22	23	24	25	19	20	21	22	23	24	25	16	17	18	19	20	21	22
29	30	31					26	27	28					26	27	28	29	30	31		23	24	25	26	27	28	29
																					30						

MAIO							JUNHO							JULHO							AGOSTO						
D	S	T	Q	Q	S	S	D	S	T	Q	Q	S	S	D	S	T	Q	Q	S	S	D	S	T	Q	Q	S	S
	1	2	3	4	5	6					1	2	3							1			1	2	3	4	5
7	8	9	10	11	12	13	4	5	6	7	8	9	10	2	3	4	5	6	7	8	6	7	8	9	10	11	12
14	15	16	17	18	19	20	11	12	13	14	15	16	17	9	10	11	12	13	14	15	13	14	15	16	17	18	19
21	22	23	24	25	26	27	18	19	20	21	22	23	24	16	17	18	19	20	21	22	20	21	22	23	24	25	26
28	29	30	31				25	26	27	28	29	30		23	24	25	26	27	28	29	27	28	29	30	31		
														30	31												

SETEMBRO							OUTUBRO							NOVEMBRO							DEZEMBRO						
D	S	T	Q	Q	S	S	D	S	T	Q	Q	S	S	D	S	T	Q	Q	S	S	D	S	T	Q	Q	S	S
					1	2	1	2	3	4	5	6	7				1	2	3	4						1	2
3	4	5	6	7	8	9	8	9	10	11	12	13	14	5	6	7	8	9	10	11	3	4	5	6	7	8	9
10	11	12	13	14	15	16	15	16	17	18	19	20	21	12	13	14	15	16	17	18	10	11	12	13	14	15	16
17	18	19	20	21	22	23	22	23	24	25	26	27	28	19	20	21	22	23	24	25	17	18	19	20	21	22	23
24	25	26	27	28	29	30	29	30	31					26	27	28	29	30			24	25	26	27	28	29	30
																					31						

POR RYAN7/SHUTTERSTOCK

Note que no calendário os dias da semana aparecem abreviados:
D = Domingo.
S = Segunda-feira, sexta-feira e sábado.
T = Terça-feira.
Q = Quarta-feira e quinta-feira.

ATIVIDADES

1. Observe as imagens e escreva nos quadrinhos se é DIA ou NOITE.

2. Faça um **X** na imagem que representa o dia e **O** na que representa a noite.

a) QUE ELEMENTOS REPRESENTADOS NA IMAGEM **A** PERMITIRAM QUE VOCÊ CONCLUÍSSE A SUA RESPOSTA? _____

b) QUE ELEMENTOS REPRESENTADOS NA IMAGEM **B** PERMITIRAM QUE VOCÊ CONCLUÍSSE A SUA RESPOSTA? _____

3. Associe as atividades ao período em que você as realiza, indicando o número correspondente.

1. PELA MANHÃ

2. À TARDE

3. À NOITE

☐ VOCÊ VAI À ESCOLA.

☐ VOCÊ TOMA BANHO.

☐ VOCÊ BRINCA.

☐ VOCÊ JANTA.

☐ VOCÊ FAZ SUA LIÇÃO DE CASA.

4. Indique as horas que os relógios estão marcando.

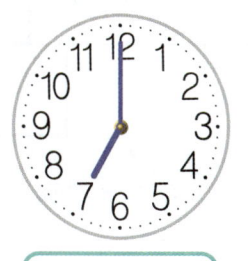

5. Classifique os animais quanto aos hábitos noturnos e diurnos.

1. DIURNO

2. NOTURNO

☐ MACACO ☐ BORBOLETA

☐ LOBO ☐ BEIJA-FLOR

☐ VAGA-LUME ☐ CAVALO

☐ MARIPOSA

399

6. Marque os dias da semana em que você vai à escola.

| Domingo | Segunda-feira | Terça-feira | Quarta-feira |

| Quinta-Feira | Sexta-feira | Sábado |

7. Observe o calendário a seguir e responda às questões.

2023

JANEIRO	FEVEREIRO	MARÇO	ABRIL
D S T Q Q S S	D S T Q Q S S	D S T Q Q S S	D S T Q Q S S
1 2 3 4 5 6 7	1 2 3 4	1 2 3 4	1
8 9 10 11 12 13 14	5 6 7 8 9 10 11	5 6 7 8 9 10 11	2 3 4 5 6 7 8
15 16 17 18 19 20 21	12 13 14 15 16 17 18	12 13 14 15 16 17 18	9 10 11 12 13 14 15
22 23 24 25 26 27 28	19 20 21 22 23 24 25	19 20 21 22 23 24 25	16 17 18 19 20 21 22
29 30 31	26 27 28	26 27 28 29 30 31	23 24 25 26 27 28 29
			30

MAIO	JUNHO	JULHO	AGOSTO
D S T Q Q S S	D S T Q Q S S	D S T Q Q S S	D S T Q Q S S
1 2 3 4 5 6	1 2 3	1	1 2 3 4 5
7 8 9 10 11 12 13	4 5 6 7 8 9 10	2 3 4 5 6 7 8	6 7 8 9 10 11 12
14 15 16 17 18 19 20	11 12 13 14 15 16 17	9 10 11 12 13 14 15	13 14 15 16 17 18 19
21 22 23 24 25 26 27	18 19 20 21 22 23 24	16 17 18 19 20 21 22	20 21 22 23 24 25 26
28 29 30 31	25 26 27 28 29 30	23 24 25 26 27 28 29	27 28 29 30 31
		30 31	

SETEMBRO	OUTUBRO	NOVEMBRO	DEZEMBRO
D S T Q Q S S	D S T Q Q S S	D S T Q Q S S	D S T Q Q S S
1 2	1 2 3 4 5 6 7	1 2 3 4	1 2
3 4 5 6 7 8 9	8 9 10 11 12 13 14	5 6 7 8 9 10 11	3 4 5 6 7 8 9
10 11 12 13 14 15 16	15 16 17 18 19 20 21	12 13 14 15 16 17 18	10 11 12 13 14 15 16
17 18 19 20 21 22 23	22 23 24 25 26 27 28	19 20 21 22 23 24 25	17 18 19 20 21 22 23
24 25 26 27 28 29 30	29 30 31	26 27 28 29 30	24 25 26 27 28 29 30
			31

POR RYAN7/SHUTTERSTOCK

a) QUE DIA DA SEMANA É HOJE? _____

b) CIRCULE NO CALENDÁRIO O DIA E O MÊS EM QUE ESTAMOS.

8. Os meses estão embaralhados. Organize os meses do ano escrevendo nos quadrinhos a sequência correta.

| Maio | Novembro | Dezembro | Julho | Abril | Junho |

| Agosto | Fevereiro | Outubro | Março | Janeiro | Setembro |

400

8 OS MATERIAIS QUE NOS CERCAM

Observe as imagens.

PPANAM/SHUTTERSTOCK

ELTON ABREU/SHUTTERSTOCK

CHICCODODIFC/SHUTTERSTOCK

SERHII KROT/SHUTTERSTOCK

IMOVED STUDIO/SHUTTERSTOCK

MARKOBR/SHUTTERSTOCK

BILDAGENTUR ZOONAR GMBH/SHUTTERSTOCK

Do que são feitos os objetos do dia a dia?

Todos os dias você faz uso de objetos semelhantes aos das imagens.

Você já se perguntou do que são feitos?

Os materiais que nos rodeiam são feitos a partir dos elementos retirados da natureza, como o solo e a vegetação.

O vidro, que está presente em vários objetos, é feito da areia retirada do solo misturada com outros materiais.

As peças de cerâmica, como o filtro, são feitas de argila, também extraída do solo.

A panela e outros objetos de metal são produzidos de minérios que são extraídos do solo. Os minérios são transformados em aço, que pode ser usado para fazer uma trave de gol, uma geladeira ou um carro, por exemplo.

Os brinquedos e muitos outros objetos de plástico são produzidos a partir do petróleo, um material existente em locais bem profundos da terra em determinadas regiões do mundo. É do petróleo, por exemplo, que se produz também gasolina, gás de cozinha e óleo diesel.

Lápis, mesas, cadeiras, armários e outros objetos de madeira são feitos de troncos de árvores ou outras partes retiradas dos vegetais.

O papel é feito da celulose, que é um material extraído de árvores.

As roupas de vestir, cortinas e toalhas de banho são feitas de tecido. Existem tecidos que vêm de fibras vegetais, como o algodão; tecidos que vêm do casulo do bicho-da-seda; e tecidos sintéticos que são produzidos de derivados de petróleo.

Extração de minérios para a produção de aço usado na fabricação de vários materiais utilizados pelo ser humano.

Madeira cortada em área de plantio de eucalipto para a produção de papel e outros materiais.

Caderno com espiral de metal.

Muitos objetos que usamos são feitos de mais de um material, como um caderno que tem folhas de papel e espiral de metal ou plástico, roupas de tecido que têm botões de metal, plástico e até madeira etc.

Jaqueta de couro com botões e zíperes de metal.

Calça de tecido com botões e enfeites de metal.

Garrafa de vidro com tampa de plástico e aro de metal.

ATIVIDADES

1. Vamos identificar o principal material de que são feitos alguns objetos que usamos no dia a dia. Cole os adesivos do final do livro nos lugares correspondentes.

Vidro

Madeira

Plástico

Metal

Papel

Argila

Tecido

2. Desenhe, em uma folha avulsa, alguns objetos que você usa no seu dia a dia e identifique do que são feitos. Procure desenhar objetos produzidos com diferentes materiais.

3. Agora, dos objetos que você desenhou do seu dia a dia, risque aqueles que você poderia deixar de usar.

Consumo e descarte

Tudo o que consumimos é produzido utilizando-se de materiais que saem da natureza.

O lixo é o principal descarte desses materiais, mas muito deles podem ser reaproveitados para a produção de outros objetos, o que chamamos de **reciclagem**.

Tudo que é de papel pode ser usado para fazer papel novamente. Latas de alumínio viram novas latas. Vidro vira vidro de novo, e o plástico também volta a ser plástico.

O processo de reciclagem começa pela coleta seletiva. Para isso, e só separar os lixos em: papel, plástico, metal e vidro. Com essa atitude, você está dando sua contribuição à natureza. Esses materiais serão reciclados ou reaproveitados na fabricação de novos produtos.

Lixeiras coletoras de lixo para reciclagem. Cada cor e desenho indicam o tipo de lixo que podemos colocar nelas.

ATIVIDADES

1. Responda marcando um **X** no quadrinho correspondente.

a) NA SUA CASA É FEITA A SEPARAÇÃO DO LIXO PARA A COLETA SELETIVA?

☐ SIM   ☐ NÃO

b) NA SUA ESCOLA HÁ LIXEIRAS SEPARADAS PARA CADA TIPO DE LIXO?

☐ SIM   ☐ NÃO

2. Vamos registrar o lixo que produzimos em um dia?

Faça uma lista de tudo o que você descartou em um único dia. A cada atividade, anote o que vira lixo. No dia seguinte, conte e classifique conforme o tipo de material o lixo que você produziu.

Manhã	Meio-dia

Tarde	Noite
_____	_____
_____	_____
_____	_____
_____	_____
_____	_____
_____	_____

3. Na sala de aula, com você e os colegas, o professor vai listar os tipos de lixo que cada aluno produziu. Mas, antes, responda às questões a seguir com um **X**.

a) VOCÊ IMAGINA QUE TEM MAIS OBJETOS DE QUE MATERIAL?

☐ VIDRO   ☐ PLÁSTICO   ☐ METAL

☐ MADEIRA   ☐ PAPEL   ☐ CERÂMICA

b) POR QUE VOCÊ IMAGINA ISSO?

_____

_____

c) AO FINAL DA ATIVIDADE, O QUE VOCÊ IMAGINOU ESTAVA CORRETO?

☐ SIM   ☐ NÃO

4. Veja a história em quadrinhos e depois responda às questões.

a) POR QUE VOCÊ ACHA QUE O CEBOLINHA ESTÁ SE DESFAZENDO DE ALGUNS BRINQUEDOS?

☐ PORQUE NÃO GOSTA MAIS DELES.

☐ PORQUE CANSOU DE BRINCAR COM ELES.

☐ PORQUE ESTÃO VELHOS.

☐ PORQUE QUER NOVOS BRINQUEDOS.

b) CEBOLINHA VAI COMPRAR BRINQUEDOS NOVOS?

_____

_____

c) SE ELE NÃO FOSSE A UMA FEIRA DE TROCAS DE BRINQUEDOS, O QUE ACONTECERIA COM O QUE ELE QUER SE DESFAZER?

_____

_____

d) O QUE VOCÊ ACHA DE UMA FEIRA DE TROCAS DE BRINQUEDOS?

_____

_____

e) VOCÊ TEM BRINQUEDOS QUE GOSTARIA DE TROCAR?

_____

_____

Coleção Eu gosto m@is

ARTE

1º ANO
ENSINO FUNDAMENTAL

SUMÁRIO

Lição 1 – Conhecendo manifestações artísticas 413

Lição 2 – Cores primárias 415

Lição 3 – Linhas 417

Lição 4 – Instrumento musical – tambor 419

Lição 5 – Páscoa – Coelho da Páscoa 422

Lição 6 – Instrumento musical – Flauta de Pã 425

Lição 7 – Dia das Mães – Quadro de borboleta 429

Lição 8 – Festa Junina – Lanterna junina 432

Lição 9 – Composição de desenho ligando pontos 436

Lição 10 – Dia dos Pais – Porta-lápis para escritório 437

Lição 11 – Dia das Crianças – Palhacinho 439

Lição 12 – Dia dos Professores – Maçã em PET 442

Lição 13 – Fazendo uma ciranda 446

1 CONHECENDO MANIFESTAÇÕES ARTÍSTICAS

Observe as imagens a seguir.

Indígena kamayurá pintando parede da escola da aldeia Mavutsinim. Gaúcha do Norte, Mato Grosso, 2011.

Grupo Samba de Roda do Quilombo. Laranjeiras, Sergipe, 2013.

Cena de dança do espetáculo *Álbum das Figurinhas*. São Paulo, São Paulo, 2013.

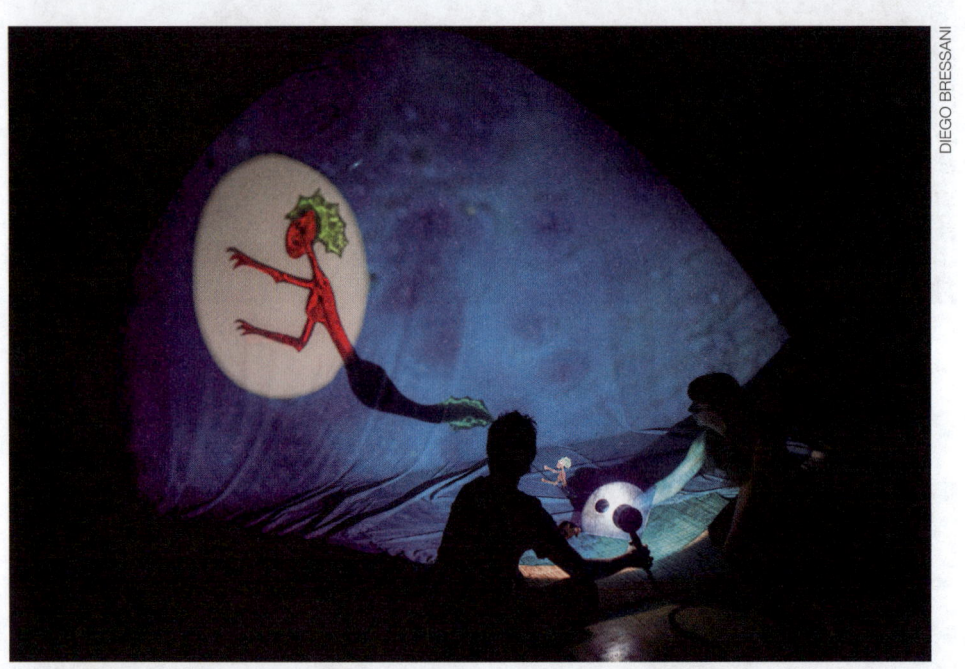

Cenas do espetáculo *Iara, o encanto das águas*, da Cia. Lumiato, Brasília (DF), 2018.

As imagens mostram expressões artísticas praticadas pelos seres humanos. Elas fazem parte da nossa cultura.

ATIVIDADES

1. O que você achou dessas imagens?

2. Você conhece outras formas de expressão artística? Comente com seus colegas.

CORES PRIMÁRIAS

As cores primárias são as **cores puras**, sem nenhuma mistura.

São elas: o **azul**, o **amarelo** e o **vermelho**.

Observe esta obra. Ela se chama *Composição A* e foi pintada pelo artista holandês Piet Mondrian, que nasceu em 1872 e morreu em 1944. Mondrian gostava de usar as cores primárias em suas obras.

Composição A, de Piet Mondrian, 1920. Óleo sobre tela, 90 cm × 91 cm.

ATIVIDADE

Pinte a composição abaixo usando apenas as cores primárias. Use lápis de cor ou giz de cera.

SEÇÃO 3

LINHAS

Existem diferentes formas de linhas. Uma linha pode ser **reta**, **curva**, **quebrada**, **sinuosa** ou **mista**.

Usando linhas, é possível criar qualquer desenho e escrever todas as letras e números.

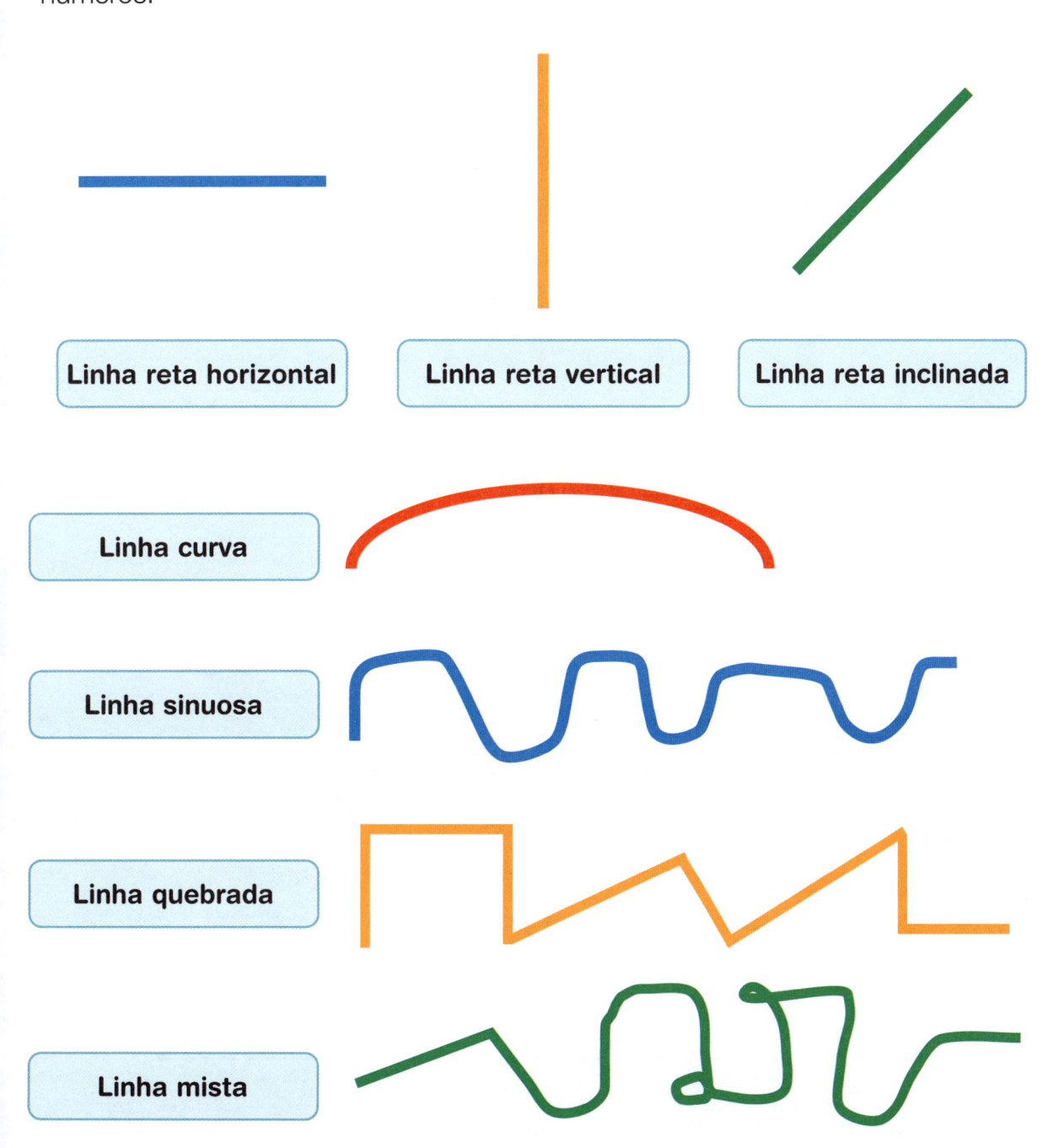

Linha reta horizontal

Linha reta vertical

Linha reta inclinada

Linha curva

Linha sinuosa

Linha quebrada

Linha mista

ATIVIDADE

Agora que você conhece as diferentes formas de linhas, ligue os pontos do barco usando apenas linhas retas inclinadas. Faça as linhas com caneta hidrocor e depois pinte o desenho com lápis de cor.

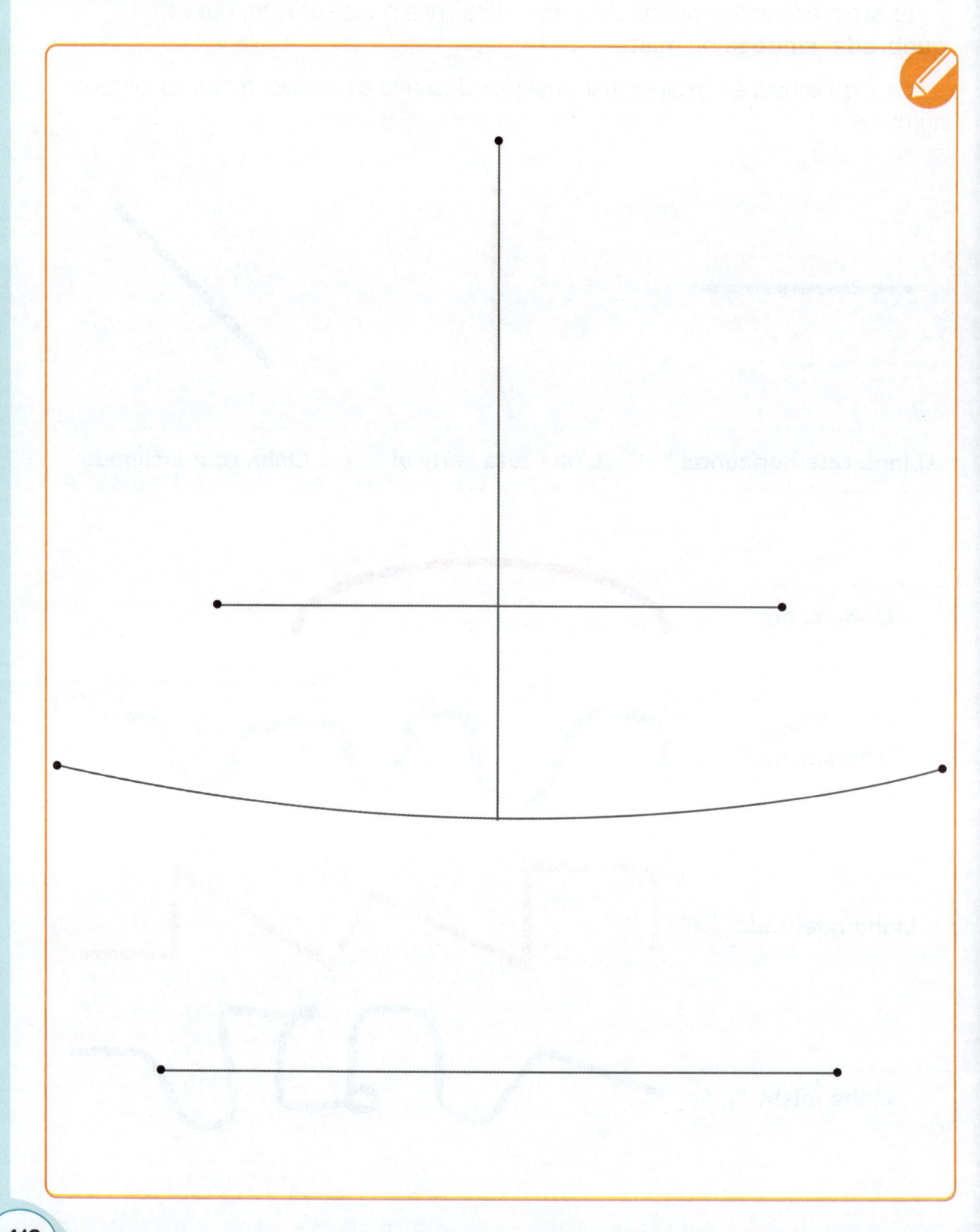

4 INSTRUMENTO MUSICAL – TAMBOR

O tambor é um instrumento musical de **percussão**. É formado por uma membrana esticada sobre uma armação, que pode ser aberta ou fechada, dependendo do som que se quer produzir.

O tambor tem origem na Idade da Pedra. Nessa época, provavelmente, era feito com pedaços de troncos de árvore cobertos com pele de animais.

Os tambores têm várias formas. Um dos mais conhecidos hoje é a bateria, utilizada por grupos de *rock* e por bandas em geral.

Vamos construir um tambor usando materiais reutilizáveis.

MATERIAIS

1 lata de achocolatado	1 bexigão	barbante
tecido	fitas de cetim	2 palitos de churrasco
2 bolinhas de isopor	tesoura	cola quente

A cola quente deve ser usada na presença de um adulto.

PASSO A PASSO

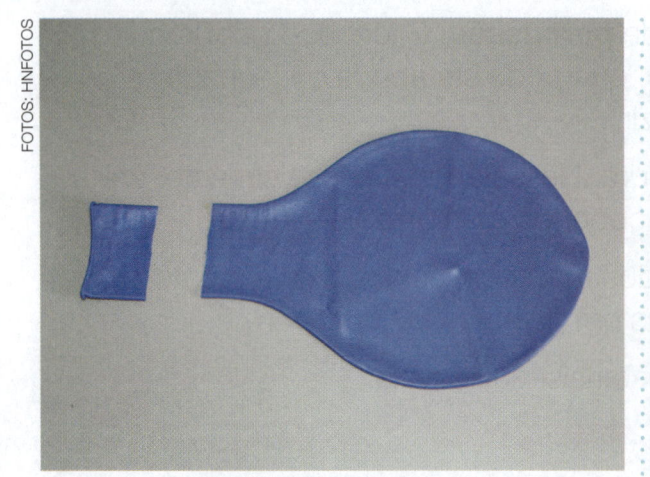

1. Corte a ponta da bexiga.

2. Estique a bexiga na abertura da lata de achocolatado. Amarre bem firme com a lã. Corte o que sobrou da bexiga.

3. Cole o tecido na lateral da lata.

4. Cole uma fita de cada lado da lata, para pendurar o tambor no pescoço. Enfeite com fitas as laterais da lata, para dar um bonito acabamento.

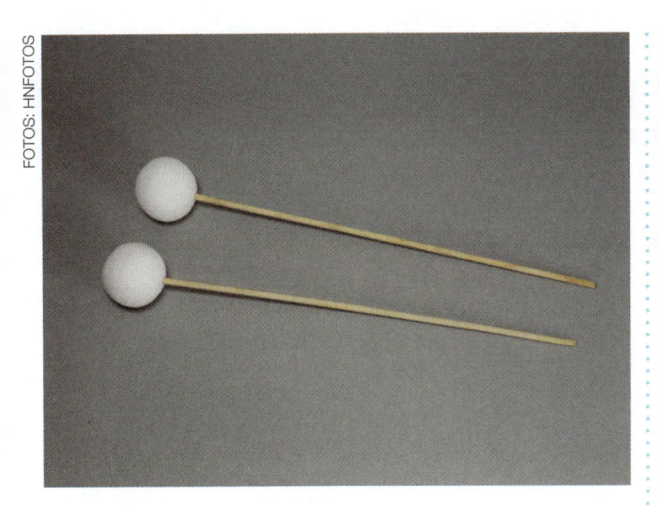

5. Para fazer as baquetas, espete a bolinha de isopor na ponta do palito de churrasco.

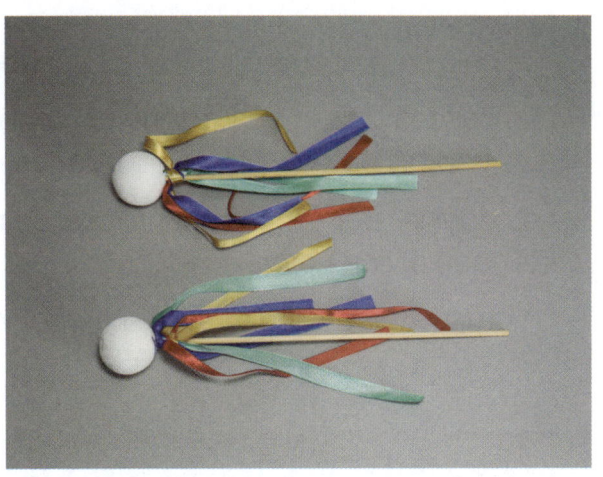

6. Amarre fitas coloridas nas baquetas para enfeitar.

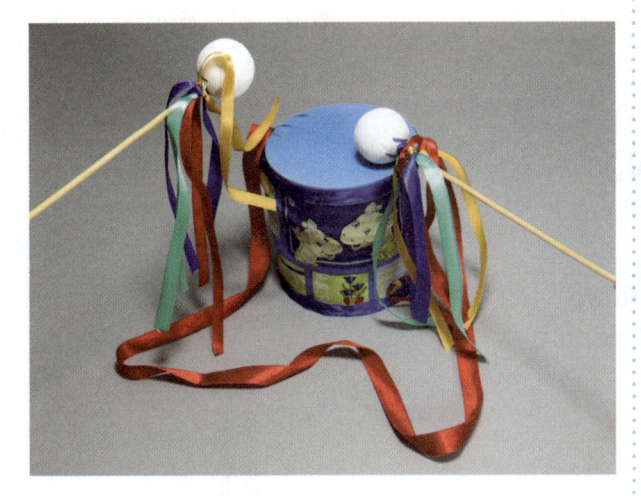

7. O tambor está pronto para ser usado.

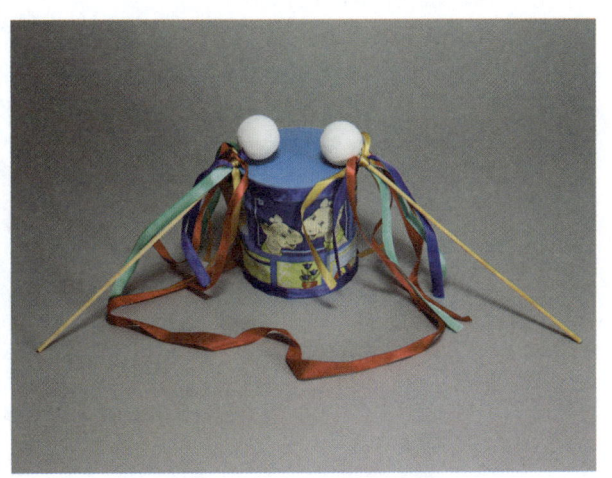

É só bater com as baquetas e curtir o som.

LIÇÃO 5

PÁSCOA – COELHO DA PÁSCOA

A palavra **páscoa** significa "passagem".

A Páscoa contém uma série de símbolos, com diversos significados. Alguns deles são o círio pascal, o óleo, a água, a pomba.

O coelho, por ser um animal que se reproduz com facilidade, representa fertilidade e vida nova.

Vamos criar a escultura de um coelho utilizando materiais recicláveis.

MATERIAIS

massa semipronta de papel machê	água	tinta plástica
régua	rolinho de papel higiênico	fita-crepe
tinta guache/acrílica	pincéis	caneta permanente

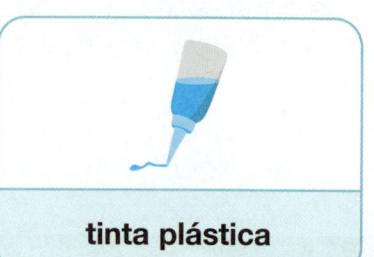

PASSO A PASSO

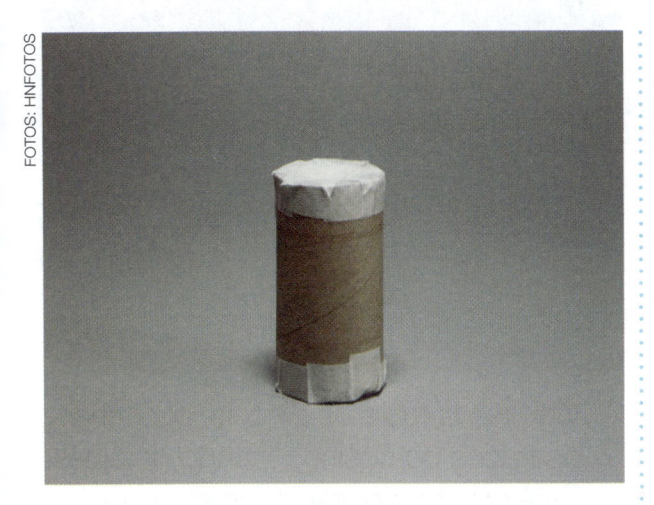

1. Com a fita-crepe, feche os dois lados do rolinho de papel higiênico.

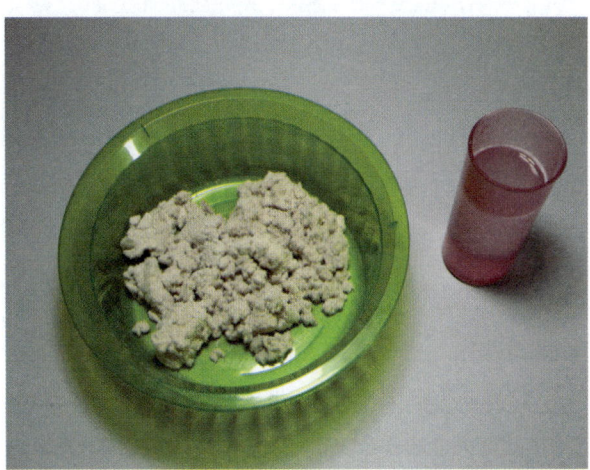

2. Coloque a massa de papel machê em uma bacia e acrescente água, conforme as instruções da embalagem.

3. Amasse até obter uma massa homogênea.

4. Cubra todo o rolinho de papel higiênico com a massa.

5. Acrescente as orelhas, o focinho e o rabinho do coelho. Deixe secar por três dias.

6. Com as tintas e os pincéis, desenhe os traços do coelho, criando detalhes. Está pronto o nosso simpático coelho.

Caso não encontre a massa pronta de papel machê em sua cidade, veja abaixo uma receita caseira:

Receita caseira de papel machê

Material:

- 2 rolos de papel higiênico
- água
- meio quilo de cola branca
- balde
- peneira

Modo de preparo:

Rasgue o papel higiênico em pedaços dentro do balde e acrescente a água, deixando de molho até ficar bem mole.

Pegue pequenas porções da massa e aperte com a mão para tirar a água. Use a peneira nessa etapa.

Esfarele todo o papel com as mãos e acrescente a cola aos poucos, até formar uma massa consistente e úmida.

Papel sulfite ou jornal também podem ser usados, mas, nesses casos, use água quente. O processo pode ser um pouco mais demorado.

6 INSTRUMENTO MUSICAL – FLAUTA DE PÃ

Os instrumentos musicais de **sopro** existem desde a Idade da Pedra e foram aperfeiçoados com o passar dos anos. A flauta de Pã é um instrumento de sopro feito de uma fileira de tubos unidos de diversos tamanhos.

Essa flauta é associada à lenda do deus grego Pã. Diz a lenda que Pã era metade homem e metade bode e tinha barba e chifres. Ele se apaixonou por uma linda ninfa, mas ela, com medo da aparência de Pã, fugiu. Quando ele conseguiu alcançá-la, ela se transformou em um caniço, uma espécie de cana fina e comprida. Pã pegou o caniço em suas mãos e suspirou de tristeza, produzindo um som triste e doce. Encantado, ele uniu os pedaços de caniço, criando assim esse instrumento musical.

Vamos construir uma flauta de Pã usando materiais reutilizáveis.

MATERIAIS

- 7 canudos plásticos
- tesoura
- tinta plástica
- régua
- caneta permanente
- massa de modelar
- dois retângulos de papelão (6 cm × 3 cm)
- cola quente

A cola quente deve ser usada na presença de um adulto.

PASSO A PASSO

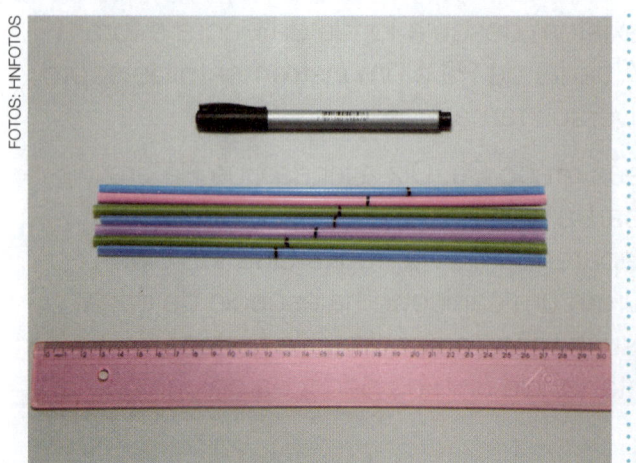

1. Usando a régua, marque as medidas nos canudos para obter as notas musicais a seguir:

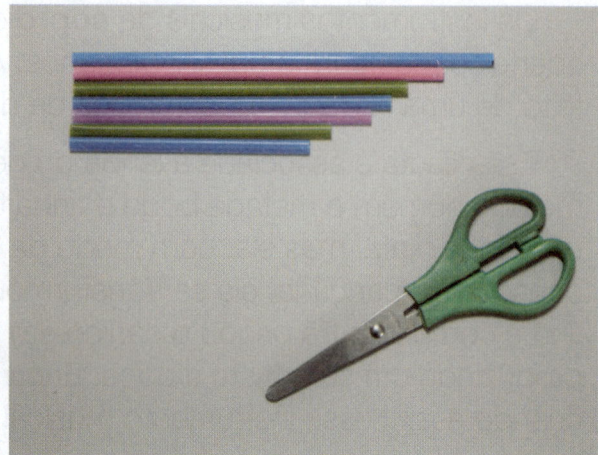

2. Corte com a tesoura nas medidas marcadas.

17 centímetros	Dó
15 centímetros	Ré
13,5 centímetros	Mi
13 centímetros	Fá
12 centímetros	Sol
10,5 centímetros	Lá
9,5 centímetros	Si

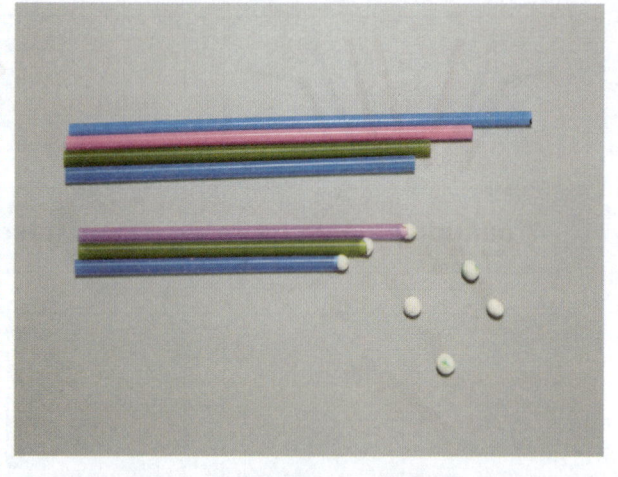

3. Feche a ponta dos canudos usando bolinhas de massa de modelar.

Leve outros tipos de flauta para a sala de aula e perceba os diferentes tons.

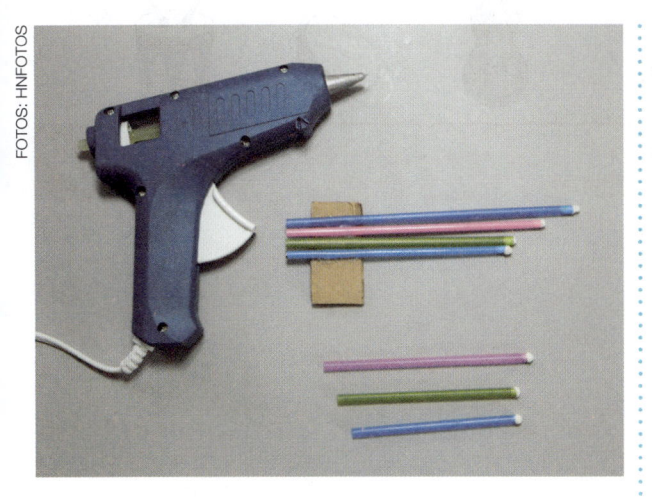

4. Cole com cola quente no retângulo de papelão os canudos em ordem crescente.

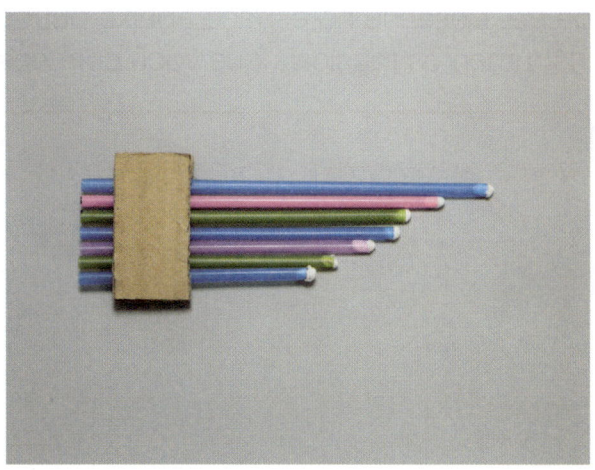

5. Para dar melhor acabamento, cole o outro retângulo de papelão por cima.

6. Enfeite o papelão com a tinta plástica para que sua flauta de Pã fique bem bonita.

7. Agora é só assoprar suavemente para obter um lindo som.

ATIVIDADE

Você aprendeu a fazer um tambor e uma flauta de Pã. Desenhe no espaço abaixo outros instrumentos musicais que você conhece.

DIA DAS MÃES – QUADRO DE BORBOLETA

O Dia das Mães é uma data para celebrar e homenagear as mães.

A origem dessa comemoração vem da Grécia Antiga. Segundo a lenda grega, Reia, a mãe dos deuses, costumava comemorar a chegada da primavera e a festa acabou virando uma tradição.

Com o passar dos anos, começou-se a comemorar o Dia das Mães no quarto domingo após a Quaresma. Depois, cada país acabou criando a própria data, de acordo com a tradição local.

No Brasil, comemoramos o Dia das Mães no segundo domingo do mês de maio.

Vamos criar um quadro com materiais reutilizáveis para presentear a mamãe ou outra pessoa especial.

MATERIAIS

- retângulos de papelão
- palitos de sorvete
- tesoura 
- régua
- cola líquida
- tinta guache
- pincéis
- caneta permanente

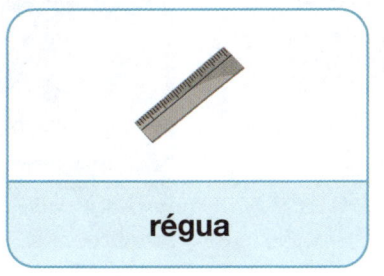

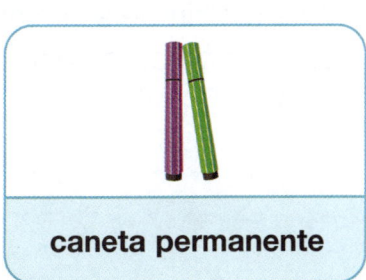

PASSO A PASSO

FOTOS: HNFOTOS

1. Recorte o papelão na medida 31,5 cm × 18 cm, pinte e espere secar.

2. Pinte as mãos dos alunos e carimbe no papelão, formando as asas de uma borboleta.

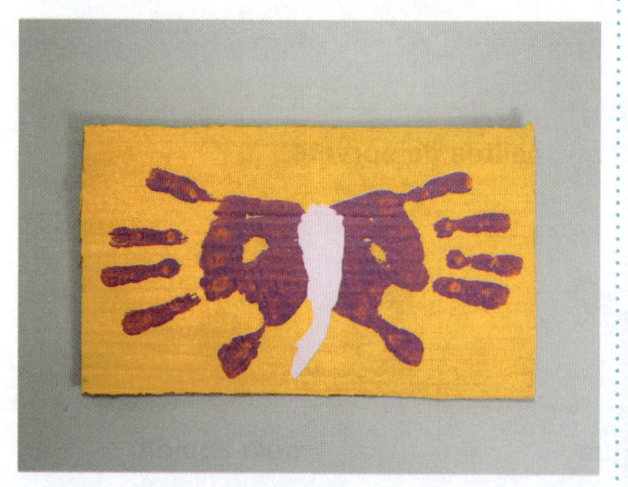

3. Pinte e carimbe a lateral da mão para formar o corpo da borboleta. Espere secar.

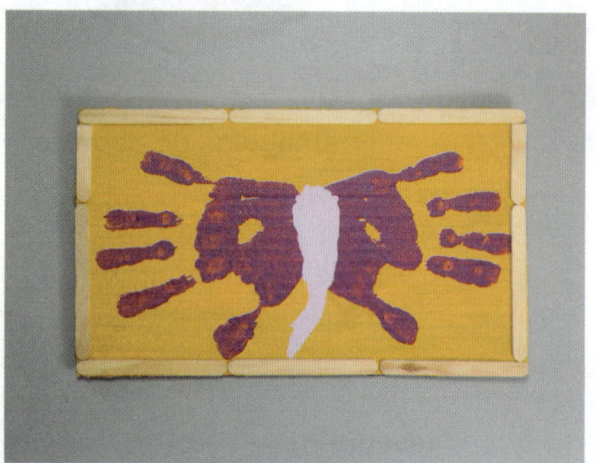

4. Cole os palitos de sorvete em volta do papelão para formar uma moldura.

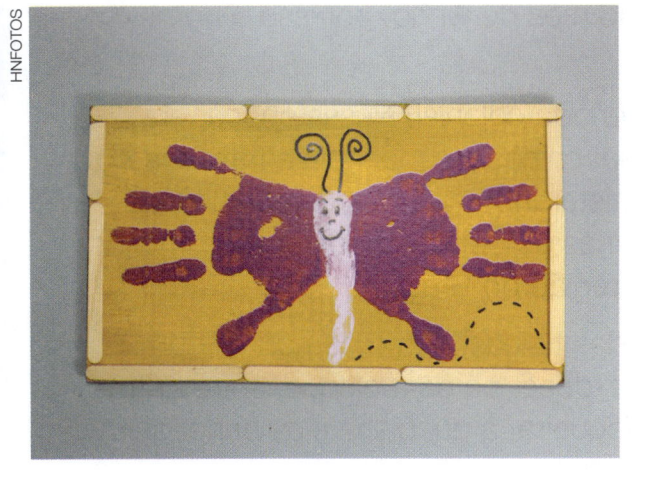

5. Com a caneta permanente, desenhe os detalhes da borboleta. Pronto! O quadro já pode ser entregue para a mamãe!

ATIVIDADE

Faça um jardim florido para as borboletas.

LIÇÃO 8

FESTA JUNINA – LANTERNA JUNINA

As Festas Juninas são comemoradas no mês de junho, por isso o nome "junina".

Esses festejos vieram de Portugal no período colonial. Nessa época, era grande a influência das culturas portuguesa, chinesa, espanhola e francesa no Brasil. A influência dessas culturas foi se misturando aos elementos culturais já existentes no Brasil. As culturas dos indígenas e dos africanos deram às festas juninas características diferentes em cada região do Brasil.

As Festas Juninas são feitas com comidas típicas, como pamonha, curau, milho cozido, pipoca, canjica, pinhão, arroz-doce, pé de moleque, entre outras guloseimas. Também não podem faltar a fogueira, a quadrilha e as brincadeiras.

Vamos construir uma lanterna junina usando materiais reutilizáveis.

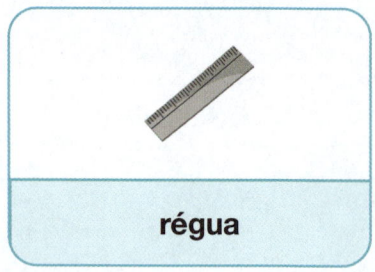

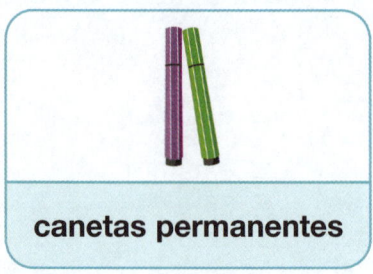

MATERIAIS

- caixa de leite

A cola quente deve ser usada na presença de um adulto.

- cola líquida
- cola quente
- tesoura
- régua
- canetas permanentes
- papel colorido

PASSO A PASSO

1. Higienize a caixa de leite, depois abra-a, utilizando a tesoura. Recorte as rebarbas da caixa, formando um retângulo.

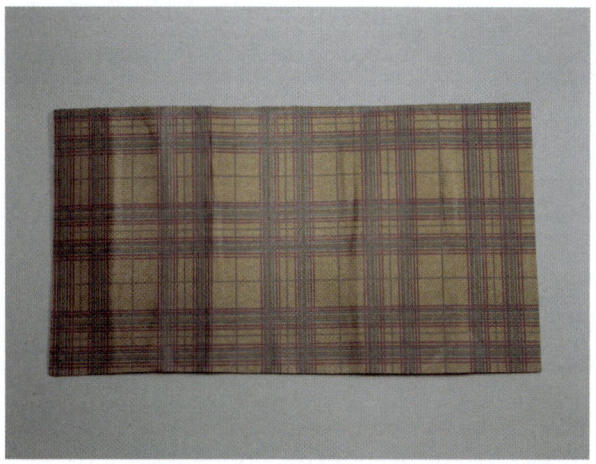

2. Passe cola na parte de fora da caixa e cole o papel colorido. Espere secar.

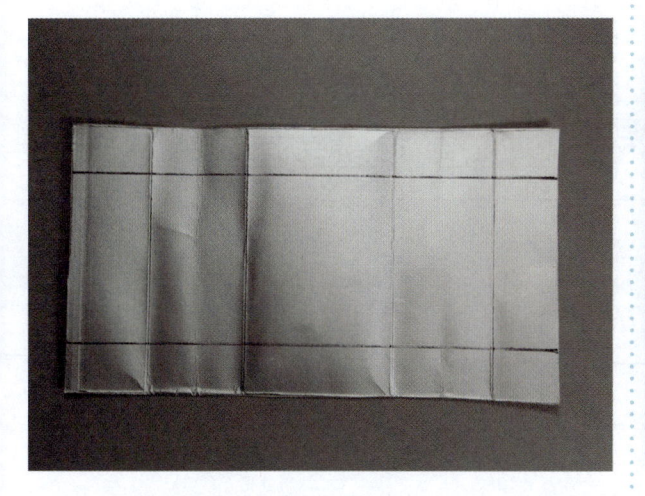

3. Com a régua, faça 2 tiras com 3 cm de largura dos dois lados da caixa, como na imagem.

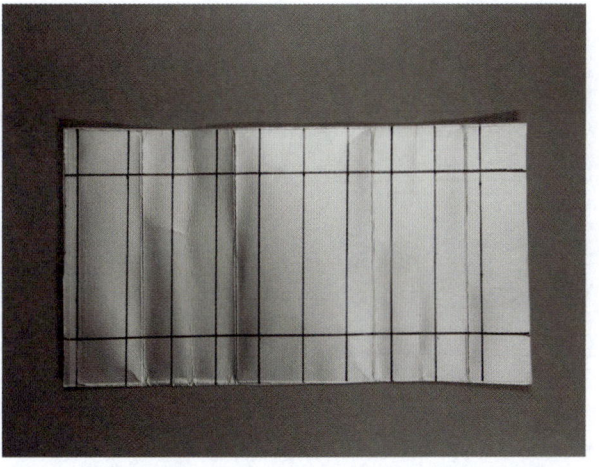

4. Em seguida, na parte do meio, faça tiras de 3 cm, uma ao lado da outra, como na imagem.

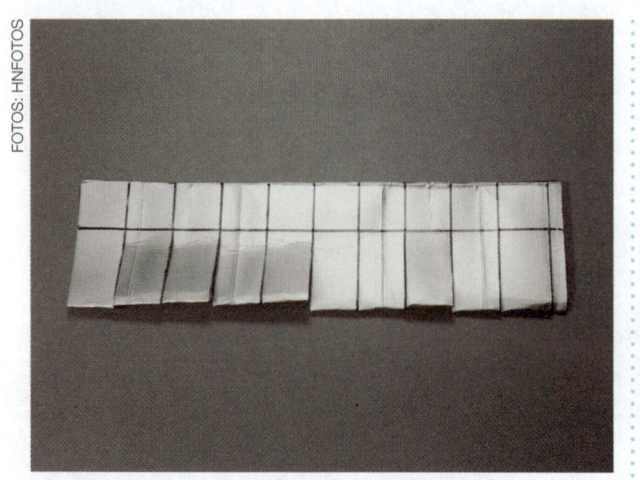

5. Dobre a caixa ao meio e corte as tiras do centro com cuidado.

6. Desdobre a caixa e vire-a.

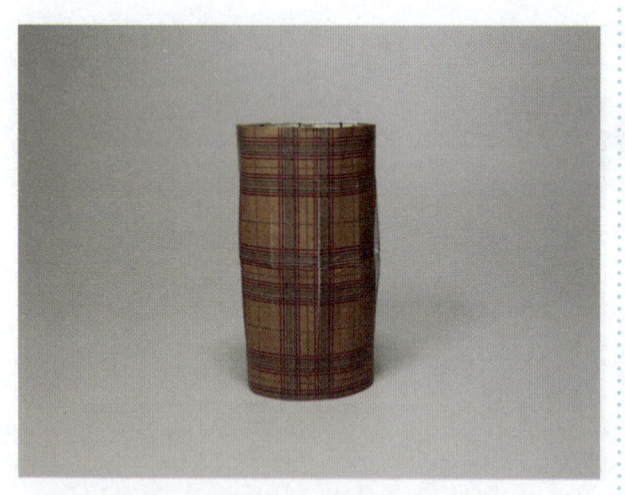

7. Cole as laterais da caixa com a cola quente.

8. Empurre a parte de cima contra a de baixo, forçando a abertura das tiras.

9. Cole uma fita na parte de cima para pendurar a lanterna. Cole fitas embaixo para enfeitar.

ATIVIDADE

Pinte as bandeirinhas com as cores primárias.

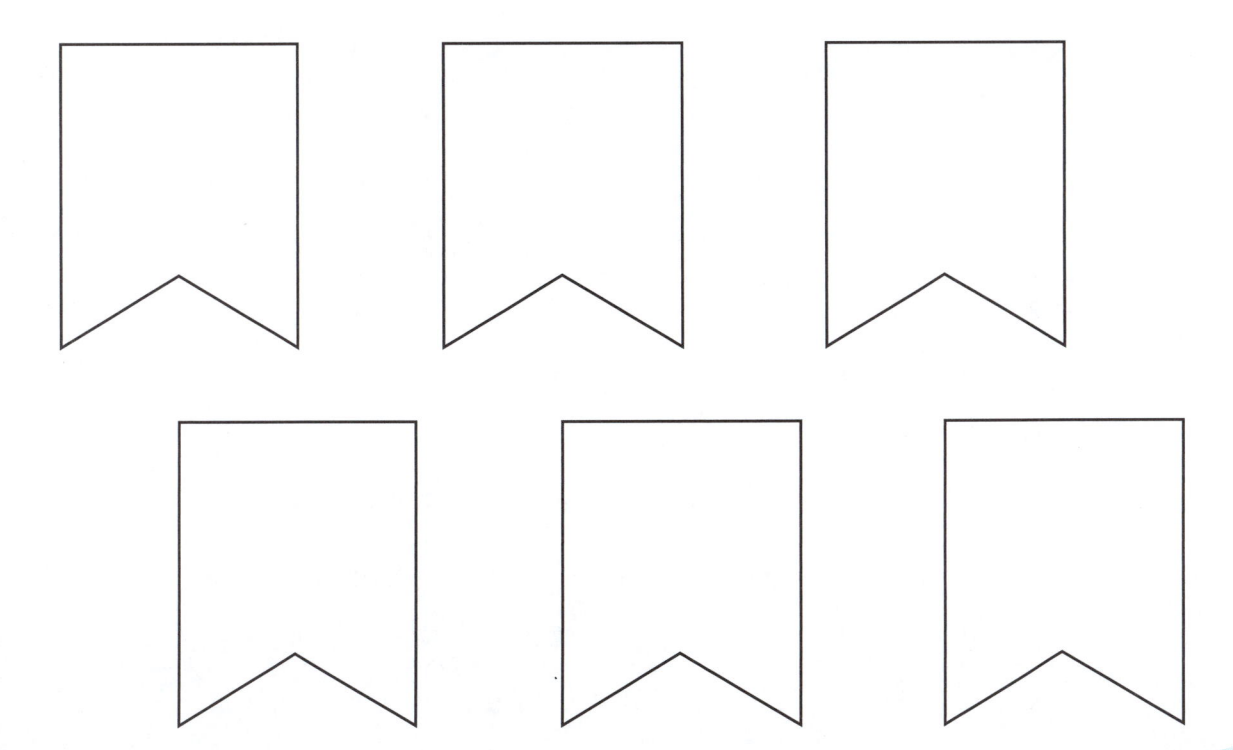

LIÇÃO 9

COMPOSIÇÃO DE DESENHO LIGANDO PONTOS

Ligue os pontos com lápis grafite e crie um desenho. Depois pinte-o com lápis de cor.

Observe o modelo:

LIÇÃO 10 — DIA DOS PAIS – PORTA-LÁPIS PARA ESCRITÓRIO

O Dia dos Pais é comemorado no Brasil no segundo domingo do mês de agosto.

O registro mais antigo que se tem notícia dessa homenagem é o de uma jovem da antiga Babilônia, há mais de quatro mil anos, que esculpiu em pedra um "cartão" para o seu pai.

A data é comemorada em vários países do mundo, porém em datas diferentes.

Vamos construir um porta-lápis para a mesa do papai ou outra pessoa especial usando materiais reutilizáveis.

MATERIAIS

- lata de achocolatado
- filtro de café (usado)
- cola líquida
- pincel

Você pode criar um porta-lápis para você mesmo!

PASSO A PASSO

1. Primeiro, limpe bem o filtro de café com uma escovinha. Deixe secar bem. Depois, rasgue com as mãos o filtro em pequenos pedaços.

2. Passe cola na lata do achocolatado usando o pincel e vá colando os pedaços do filtro.

3. Forre toda a lata com os pedaços do filtro. Depois, passe uma camada grossa de cola por toda a lata. Deixe secar.

4. O porta-lápis para dar ao papai ou a outra pessoa especial está pronto!

11 DIA DAS CRIANÇAS – PALHACINHO

O Dia das Crianças é celebrado no Brasil no dia 12 de outubro. Em outros países, porém, é comemorado em outras datas.

Esta data celebra os direitos das crianças, ajudando a conscientizar as pessoas sobre os cuidados necessários para seu desenvolvimento.

Vamos construir um brinquedo de assoprar em forma de palhaço usando materiais reutilizáveis.

MATERIAIS

- retalhos coloridos de EVA
- tule
- lã 
- bolinhas de isopor pequena
- garrafa PET
- caneta permanente
- cola quente

A cola quente deve ser usada na presença de um adulto.

PASSO A PASSO

1. Corte o gargalo da garrafa PET conforme a imagem.

2. Coloque as bolinhas de isopor dentro do gargalo da garrafa PET, embrulhe com o tule e amarre com a lã.

3. Nos retalhos do EVA, desenhe com a caneta permanente o chapéu, os olhos, o nariz, a boca e a gravata do palhaço.

4. Recorte as partes e complete os detalhes com a caneta permanente.

5. Para fazer a gravata, aperte com os dedos bem no meio do retângulo e amarre com a lã.

6. Com a cola quente, cole as partes recortadas nos devidos lugares. O brinquedo de assoprar está pronto. Agora é só ter fôlego e se divertir!

ATIVIDADE

Recorte e cole figuras dos brinquedos que você mais gosta.

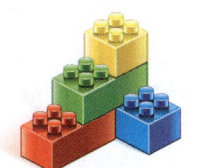

LIÇÃO 12 — DIA DOS PROFESSORES – MAÇÃ EM PET

A profissão de professor é considerada o mais nobre dos ofícios. Isso porque, para seguir qualquer outra carreira, temos primeiro de aprender com os professores. Desse modo, o professor tem papel fundamental no desenvolvimento de uma nação.

O dia 15 de outubro não é considerado feriado, porém, em algumas regiões, não se tem aula nesse dia.

Vamos construir uma lembrancinha para presentear seu professor usando materiais reutilizáveis.

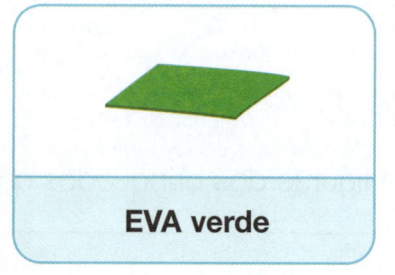

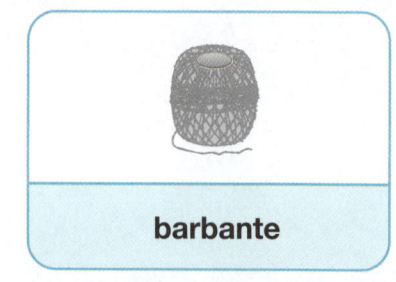

MATERIAIS

- garrafa PET
- EVA verde
- barbante
- tinta vermelha
- *glitter*
- pincel
- tesoura
- furador

PASSO A PASSO

1. Corte a garrafa PET conforme a imagem.

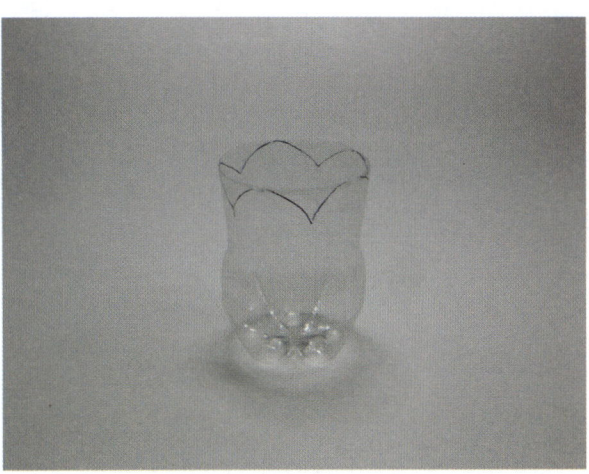

2. Risque com a caneta permanente a cada dois gomos da garrafa e arredonde na parte de cima, conforme a imagem.

3. Recorte as partes que você desenhou.

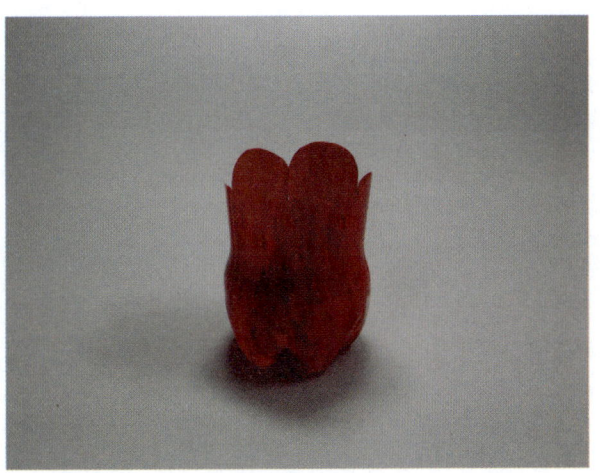

4. Com a tinta vermelha, pinte por dentro da garrafa. Deixe secar e pinte novamente.

FOTOS: HNFOTOS

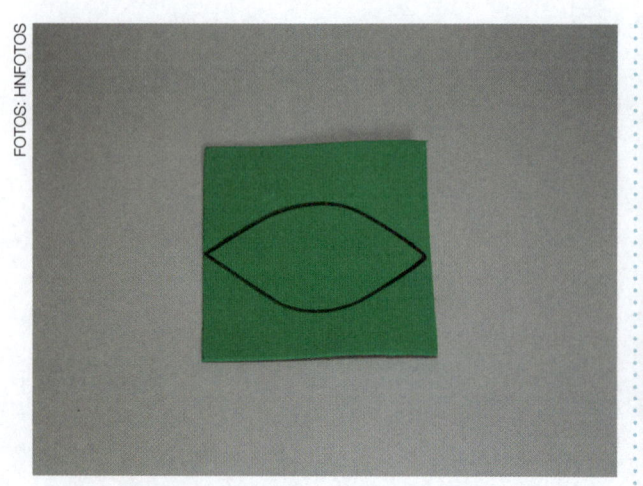

5. Desenhe um formato de folha no EVA.

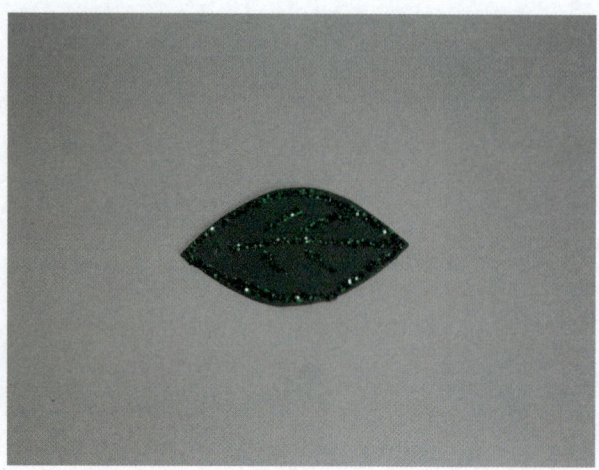

6. Recorte, passe *glitter* e faça um furo na ponta.

7. Amarre o barbante no furo feito na folha. Em seguida, faça um furinho em um dos gomos da garrafa pintada.

8. Amarre a outra ponta do barbante no furo feito na garrafa, depois dobre os gomos para baixo.
Faça alguns pontinhos com a cola na maçã e passe o *glitter* vermelho.

444

ATIVIDADE

Escreva uma mensagem para seu professor.

LIÇÃO 13

FAZENDO UMA CIRANDA

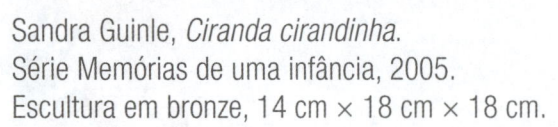

Sandra Guinle, *Ciranda cirandinha*.
Série Memórias de uma infância, 2005.
Escultura em bronze, 14 cm × 18 cm × 18 cm.

Milton Dacosta, *Ciranda*, 1942.
Óleo sobre tela, 75,5 cm × 88 cm.

Você acabou de ver duas formas de representação da ciranda. Aprendemos essa forma de integração entre as pessoas desde a infância. Na ciranda, também podemos cantar, bater palmas e os pés. Essa forma de manifestação está presente na história dos seres humanos há muitos anos.

Vamos aprender agora a fazer uma ciranda de papel.

MATERIAIS

| papel colorido | cola líquida | tesoura |

PASSO A PASSO

1. Pegue uma folha avulsa de papel e dobre-a ao meio.

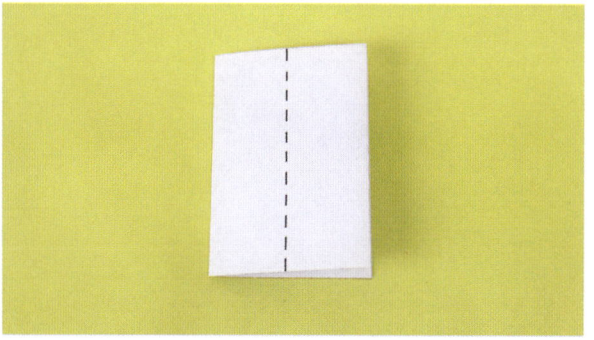

2. Depois dobre novamente ao meio e no mesmo sentido que a primeira dobra e dobre outra vez ao meio, no mesmo sentido.

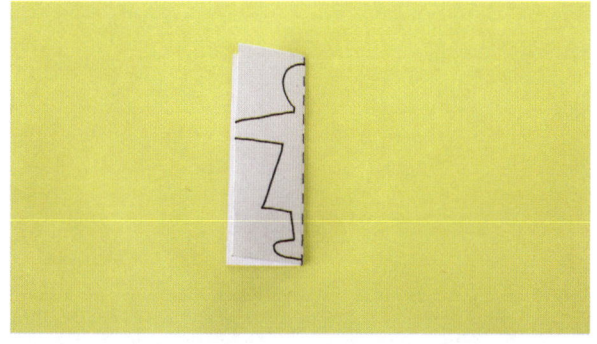

3. Em seguida, desenhe uma figura humana pela metade (com todas as partes do corpo, cabeça, braço, tronco e perna), na parte onde está a dobra central, seguindo a ilustração.

4. Com uma tesoura sem ponta, recorte o desenho seguindo a linha sem cortar o contorno da mão. Desdobre o papel com cuidado para não rasgar.

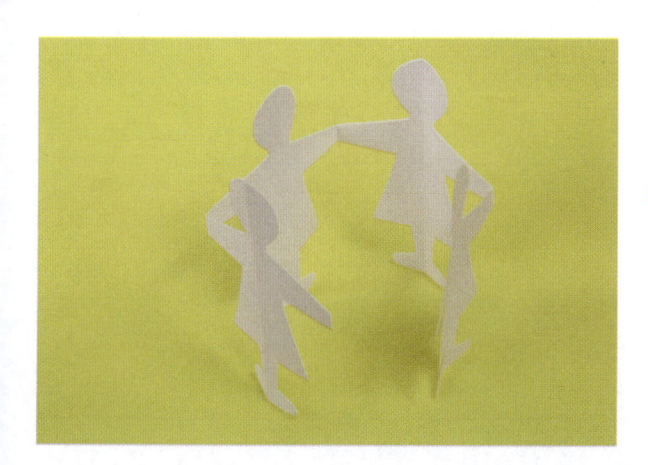

5. Agora, cole as duas últimas figuras do recorte pelas mãos, formando um círculo, e coloque-as em pé.

ATIVIDADE

Este espaço é seu! Desenhe livremente.

Coleção Eu gosto m@is

LÍNGUA INGLESA

1º ANO
ENSINO FUNDAMENTAL

CONTENTS

Lesson 1 – Greetings 451
(Cumprimentos)

Lesson 2 – My family 453
(Minha família)

Lesson 3 – My body and my clothes 455
(Meu corpo e as minhas roupas)

Lesson 4 – The colors 458
(As cores)

Lesson 5 – The numbers 462
(Os números)

Lesson 6 – Fruits 464
(Frutas)

Lesson 7 – Vegetables 467
(Legumes e verduras)

Lesson 8 – Animals 469
(Animais)

Lesson 9 – My schoolbag 471
(Minha mochila)

Lesson 10 – The school 473
(A escola)

Lesson 11 – My house 475
(Minha casa)

Glossary 477
(Glossário)

LESSON 1

GREETINGS
(Cumprimentos)

HI, I AM ANNE.

HELLO, I AM BILL.

GOOD MORNING!

GOOD AFTERNOON!

GOOD EVENING!

GOOD NIGHT!

ACTIVITIES

1. Let's write.
(Vamos escrever.)

GOOD MORNING! _____

_____

GOOD AFTERNOON! _____

_____

GOOD EVENING! _____

_____

GOOD NIGHT! _____

_____

HELLO! _____

_____

HI! _____

_____

2. Link.
(Ligue.)

BOA TARDE!   HELLO!

BOM DIA!   GOOD AFTERNOON!

OLÁ!   HI!

BOA NOITE!   GOOD NIGHT!

OI!   GOOD MORNING!

3. Let's draw and write.
(Vamos desenhar e escrever.)

HI, I'AM _____.

LESSON 2

MY FAMILY
(Minha família)

- GRANDMOTHER
- FATHER
- DAUGHTER
- MOTHER
- SON
- GRANDFATHER

Lie Kobayashi

ACTIVITIES

1. Introduce your favorite relative.
(Apresente seu parente favorito.)

2. Introduce your family.
(Apresente a sua família.)

FATHER _____

MOTHER _____

BROTHER(S) _____

SISTER(S) _____

GRANDFATHER(S) _____

GRANDMOTHER(S) _____

LESSON 3

MY BODY AND MY CLOTHES
(Meu corpo e as minhas roupas)

My body
(Meu corpo)

Ilustrações: Lie Kobayashi

ACTIVITIES

1. Link.
(Ligue.)

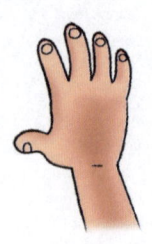

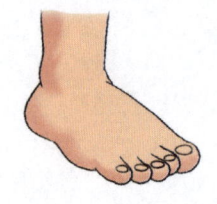

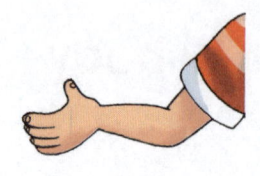

ARM　　　　FOOT　　　　HAND　　　　HEAD　　　　LEG

2. Let's find the word.
(Vamos encontrar as palavras.)

HEAD

LEG

ARM

HAND

```
L E G A C W N D
P O R R K Z B C
B O C M W V I E
W C A D O P Q R
H A N D D W H O
C B O T H E A D
```

3. Let's draw a little monster.
(Vamos desenhar um monstrinho.)

VOCABULARY

ARM: BRAÇO　　　**FOOT**: PÉ　　　**HEAD**: CABEÇA
BODY: CORPO　　**HAND**: MÃO　　**LEG**: PERNA

Clothes

(Roupas)

T-SHIRT
(camiseta)

SHIRT
(camisa)

SKIRT
(saia)

SOCKS
(meias)

CAP
(boné)

SWEATSHIRT
(agasalho)

SHORTS
(bermuda)

SHOES
(sapatos)

SNEAKERS
(tênis)

LÍNGUA INGLESA

LESSON 4

THE COLORS
(As cores)

VOCABULARY

BLACK: PRETO
BLUE: AZUL
BROWN: MARROM
GRAY: CINZA
GREEN: VERDE

ORANGE: LARANJA
PINK: ROSA
RED: VERMELHO
YELLOW: AMARELO
WHITE: BRANCO

ACTIVITIES

1. What is your favorite color?

My favorite color is _____.

2. Let's color.
(Vamos colorir.)

Black (preto)
Gray (cinza)
Golden (dourado)
Brown (marrom)
Yellow (amarelo)
Blue (azul)
Green (verde)
Red (vermelho)
Pink (rosa)

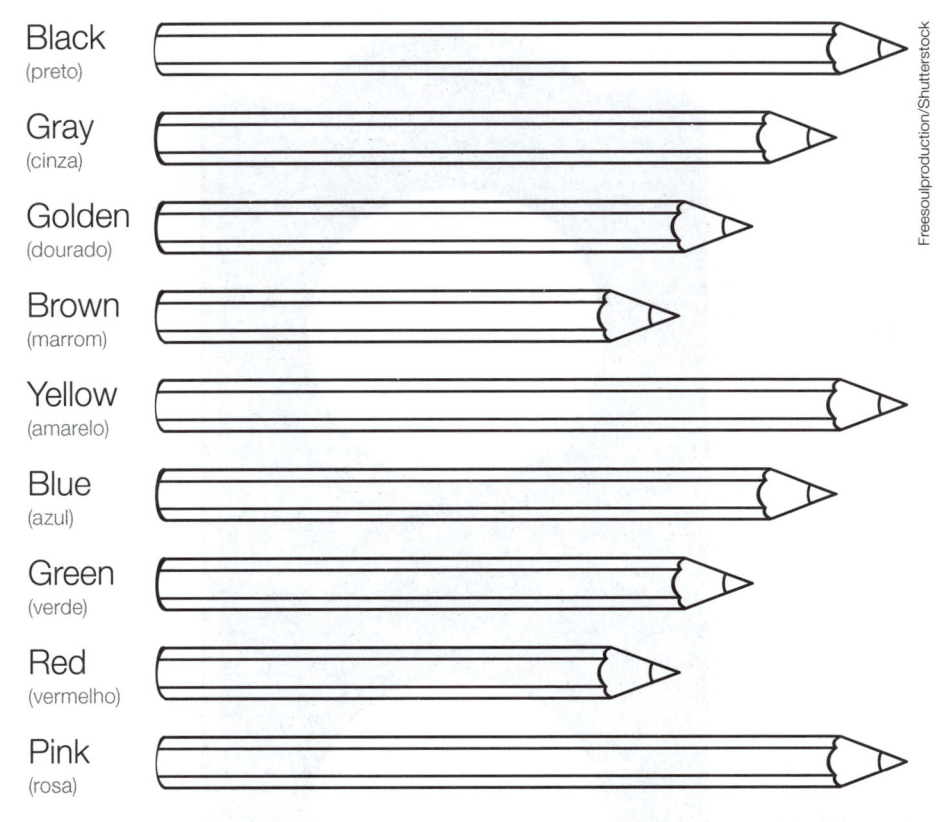

3. Let's color and copy.
(Vamos colorir e copiar.)

◯ BLUE _____   ◯ ORANGE _____

◯ BLACK _____   ◯ BROWN _____

◯ GRAY _____   ◯ PINK _____

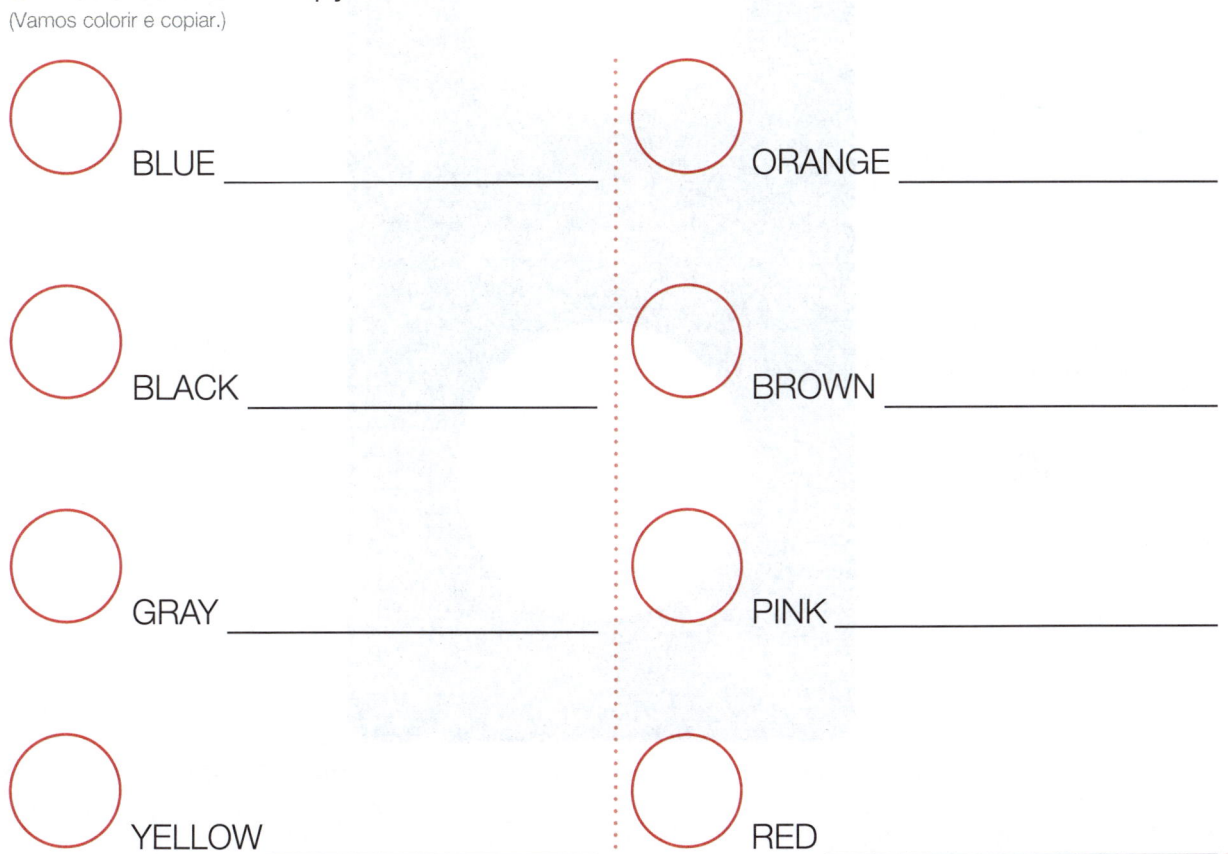

◯ YELLOW _____   ◯ RED _____

4. Color the traffic lights. Glue the names of the colors.
(Pinte o semáforo. Cole os nomes das cores.)

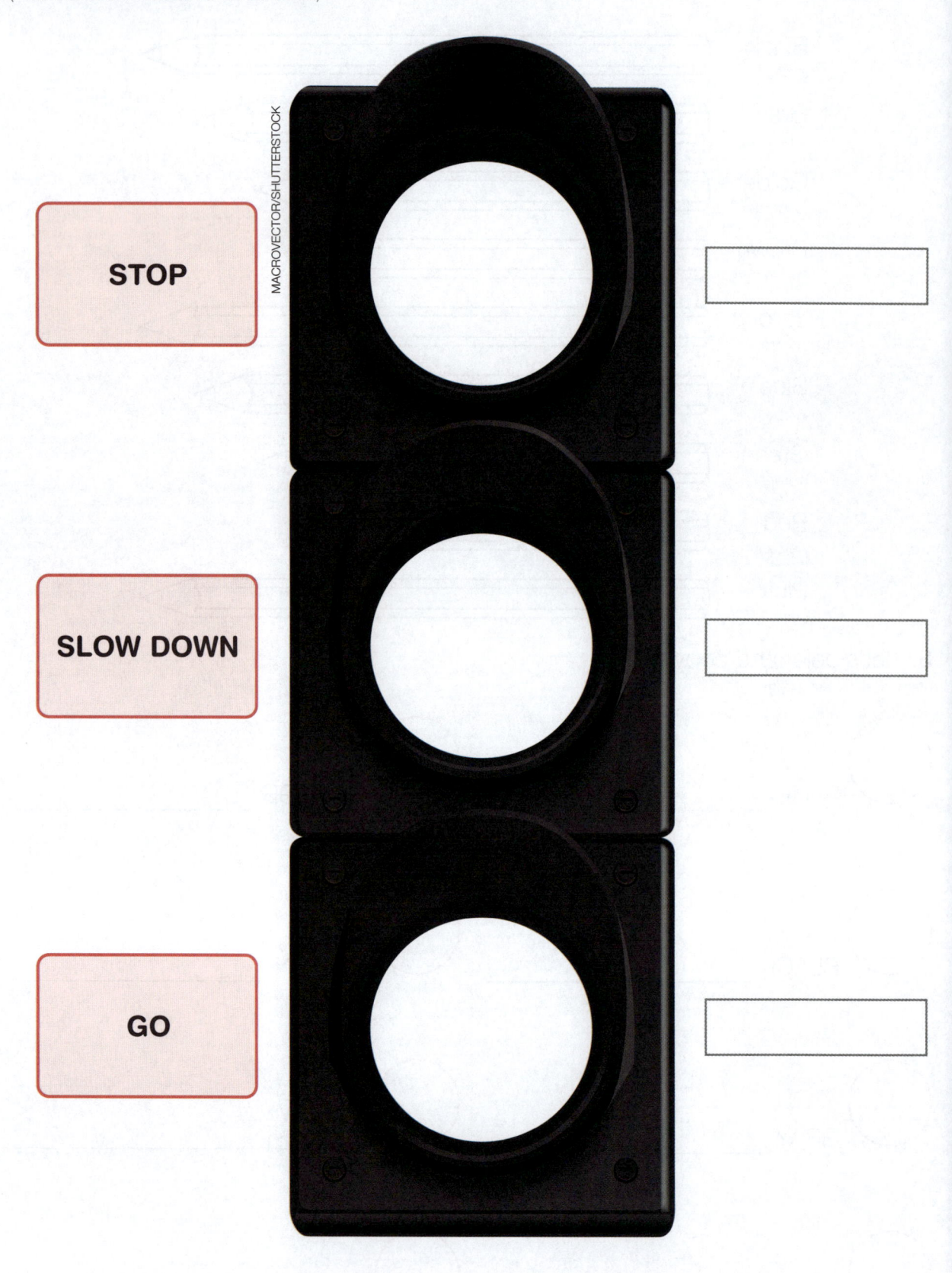

STOP

SLOW DOWN

GO

5. Let's pay attention and describe the clothes.
(Vamos prestar atenção e descrever as roupas.)

Model:

WHITE SNEAKERS

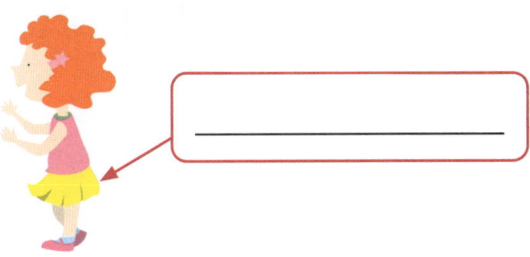

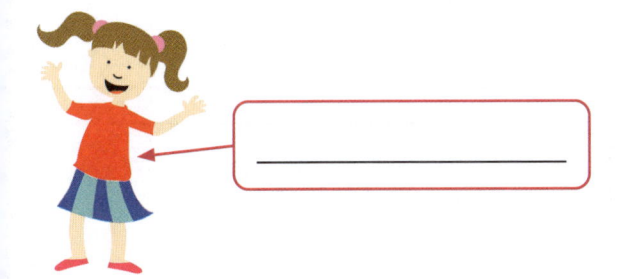

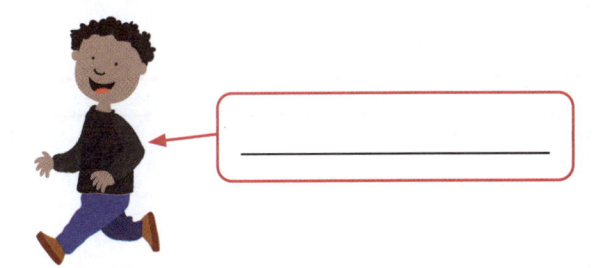

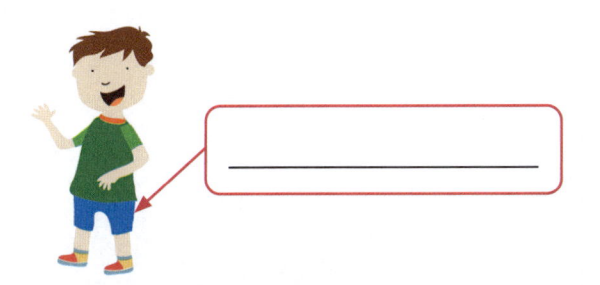

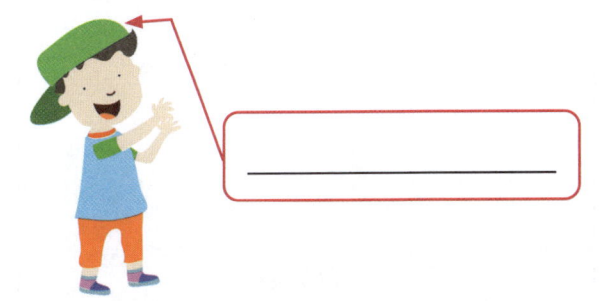

_____

_____

_____

_____

_____

LESSON 5

THE NUMBERS
(Os números)

| 1 ONE | 2 TWO | 3 THREE | 4 FOUR | 5 FIVE |

ACTIVITIES

1. Let's draw and count.
(Vamos desenhar e contar.)

ONE

TWO

THREE

FOUR

FIVE

2. Count and write the numbers.
(Conte e escreva os números.)

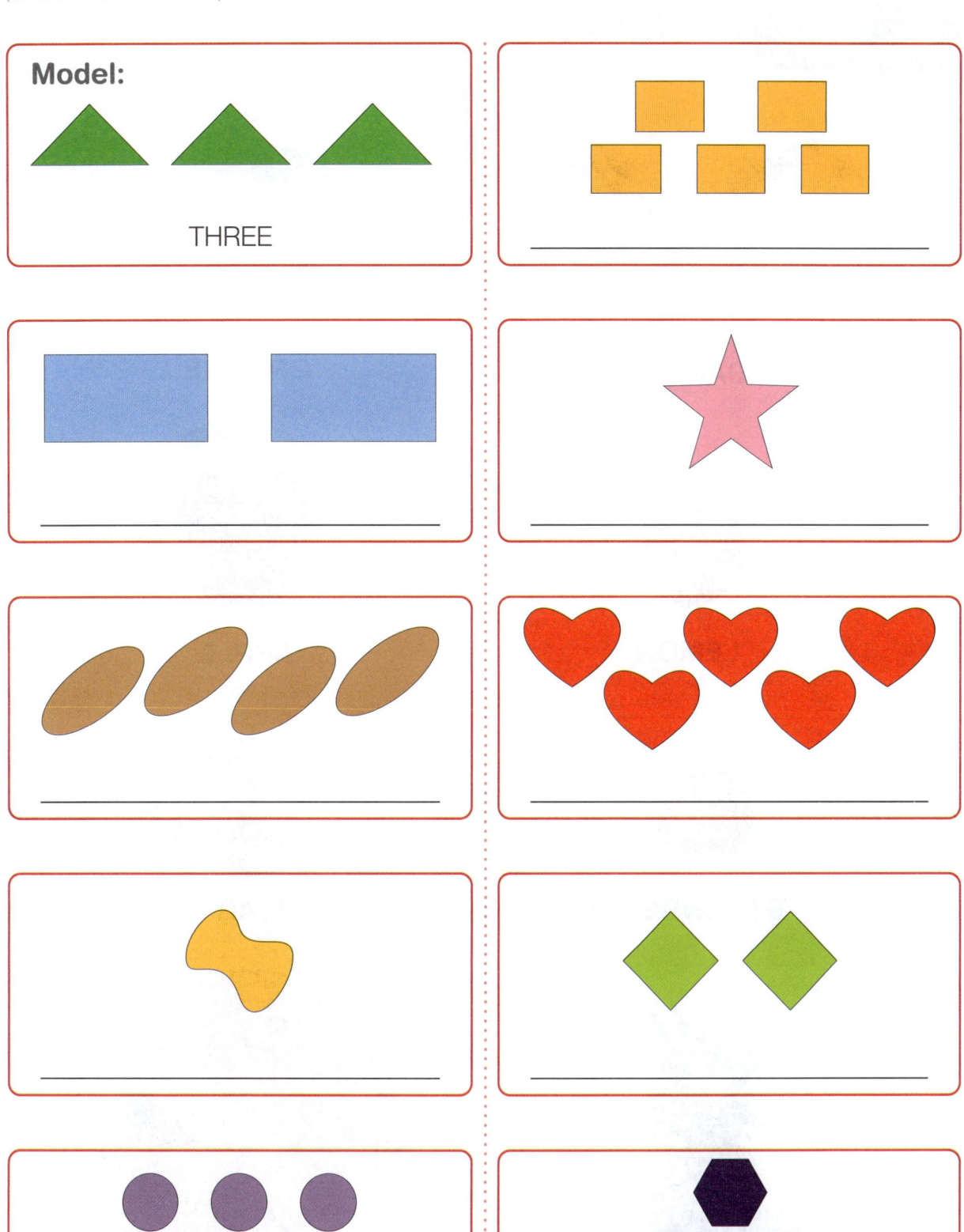

Model:

THREE

LESSON 6

FRUITS
(Frutas)

BANANA

ORANGE

LEMON

APPLE

STRAWBERRY

PEAR

PINEAPPLE

WATERMELON

ACTIVITIES

1. Let's make some juice.
(Vamos fazer suco.)

_____   _____

2. Let's make a fruit salad.
(Vamos fazer uma salada de frutas.)

_____   _____

3. Let's go to the supermarket.
(Vamos ao supermercado.)

LESSON 7

VEGETABLES
(Legumes e verduras)

TOMATO

LETTUCE

ONION

BROCCOLI

POTATO

CAULIFLOWER

SPINACH

CARROT

CORN

ACTIVITIES

1. Match the columns.
(Relacione as colunas.)

LETTUCE

POTATO

CARROT

TOMATO

ONION

CORN

2. Let's have lunch.
(Vamos almoçar.)

3. Let's go to the supermarket.
(Vamos ao supermercado.)

LESSON 8

ANIMALS
(Animais)

LÍNGUA INGLESA

DOG
ROSA JAY/SHUTTERSTOCK

FISH
ALEXANDRA LANDE/SHUTTERSTOCK

MONKEY
DAVORANA/SHUTTERSTOCK

IGUANA
ERIK LAM/SHUTTERSTOCK

CAT
FESUS ROBERT/SHUTTERSTOCK

BIRD
ROSA JAY/SHUTTERSTOCK

DUCK
PANBAZIL/SHUTTERSTOCK

RABBIT
ERIC ISSELEE/SHUTTERSTOCK

ACTIVITIES

1. My favorite animal.
(Meu animal preferido.)

2. Let's find and count.
(Vamos procurar e contar.)

_____ DOG   _____ DUCKS   _____ FISHES

_____ MONKEYS   _____ CATS   _____ BIRD

LESSON 9

MY SCHOOLBAG
(Minha mochila)

LÍNGUA INGLESA

Ilustrações: Lie Kobayashi

SHARPENER

ERASER

PENCIL

RULER

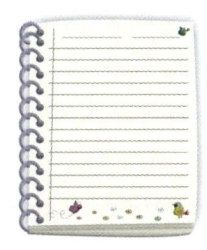

PENCIL CASE

PEN

NOTEBOOK

ACTIVITIES

1. Inside my pencil case.
(Dentro do meu estojo.)

_____

_____

_____

_____

_____

_____

471

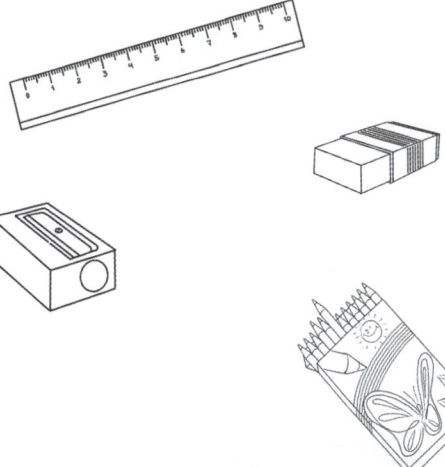

2. Let's guess.
(Vamos adivinhar.)

3. Match.
(Combine.)

| A | ERASER | C | NOTEBOOK | E | SHARPENER |
| B | PENCIL | D | RULER | F | PENCIL CASE |

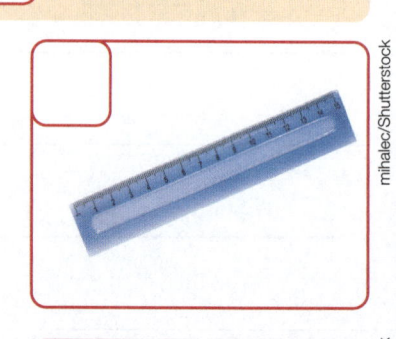

LESSON 10

THE SCHOOL
(A escola)

CLASSROOM
TEACHER
BOARD
DESK
STUDENT
LUNCHBOX
SCHOOLBAG

Lie Kobayashi

ACTIVITIES

1. Match the columns.
(Relacione as colunas.)

A) CLASSROOM ( ) PROFESSOR(A)

B) DESK ( ) SALA DE AULA

C) LUNCHBOX ( ) LOUSA

D) BOARD ( ) ALUNO(A)

E) STUDENT ( ) LANCHEIRA

F) TEACHER ( ) CARTEIRA

2. Let's find the words.
(Vamos encontrar as palavras.)

TEACHER – BOARD
STUDENT – DESK

T	E	A	C	H	E	R	A	C	B
V	R	Y	X	A	I	B	E	Y	O
W	Q	D	Ç	I	X	Y	P	F	A
G	T	E	G	W	X	A	Z	B	R
H	T	S	T	U	D	E	N	T	D
J	A	K	Z	J	O	R	R	Y	Q

LÍNGUA INGLESA

473

3. Complete the sentences.
(Complete as frases.)

I'M A _____.

THIS IS MY _____.

THIS IS A _____.

THIS IS A _____.

THIS IS MY _____.

LESSON 11

MY HOUSE
(Minha casa)

BEDROOM

BATHROOM

KITCHEN

GARAGE

BACKYARD

GARDEN

LIVING ROOM

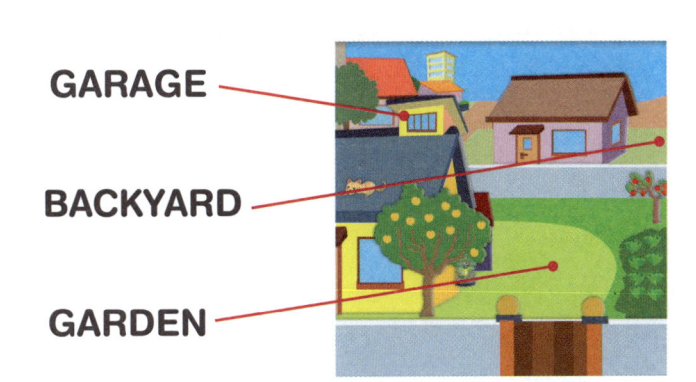

ACTIVITIES

1. Match the columns.

(Relacione as colunas.)

A) BATHROOM　　　　　　　　( ) SALA DE ESTAR

B) KITCHEN　　　　　　　　　( ) GARAGEM

C) GARDEN　　　　　　　　　( ) QUINTAL

D) BEDROOM　　　　　　　　( ) QUARTO

E) LIVING ROOM　　　　　　 ( ) COZINHA

F) BACKYARD　　　　　　　　( ) BANHEIRO

G) GARAGE　　　　　　　　　( ) JARDIM

2. Let's play Word Search! Find the names of all rooms in a house.

(Vamos jogar Caça-palavras! Ache os nomes dos cômodos.)

BEDROOM

BACKYARD

GARAGE

KITCHEN

LIVING ROOM

BATHROOM

GARDEN

L	I	V	I	N	G	R	O	O	M	D
A	N	D	W	U	Z	I	K	A	F	G
V	W	G	B	E	D	R	O	O	M	O
T	E	V	A	E	X	A	V	B	N	O
K	I	T	C	H	E	N	T	S	D	H
O	L	T	K	W	G	A	R	A	G	E
O	I	G	Y	A	C	W	S	O	A	B
R	P	B	A	T	H	R	O	O	M	E
B	A	C	R	Y	A	R	D	M	R	H
G	A	R	D	E	N	D	O	O	Y	G

476

GLOSSARY

GREETINGS
(cumprimentos)

Good afternoon! – Boa tarde!

Good evening! – Boa noite! (No início da noite.)

Good morning! – Bom dia!

Good night! – Boa noite!

COLORS
(cores)

black – preto
blue – azul
brown – marrom
golden – dourado
gray – cinza
green – verde
orange – laranja
pink – rosa
red – vermelho
white – branco
yellow – amarelo

NUMBERS
(números)

one – um
two – dois
three – três
four – quatro
five – cinco
six – seis
seven – sete
eight – oito
nine – nove
ten – dez

FRUITS
(frutas)

apple – maçã
banana – banana
lemon – limão
orange – laranja
pear – pera
pineapple – abacaxi
strawberry – morango
watermelon – melancia

VEGETABLES
(legumes e verduras)

broccoli – brócolis
carrot – cenoura
cauliflower – couve-flor
corn – milho
lettuce – alface
onion – cebola
potato – batata
spinach – espinafre
tomato – tomate

CLOTHES
(roupas)

cap – boné
shorts – bermudas
shirt – camisa
shoes – sapatos
skirt – saia
sneakers – tênis
socks – meias
sweatshirt – agasalho
T-shirt – camiseta

LÍNGUA INGLESA

FAMILY
(família)

daughter – filha
father – pai
grandfather – avô
grandmother – avó
mother – mãe
son – filho

ANIMALS
(animais)

bird – ave
cat – gato
dog – cachorro
duck – pato
fish – peixe
iguana – iguana
monkey – macaco
rabbit – coelho

SCHOOL OBJECTS
(materiais escolares)

book – livro
classroom – sala de aula
eraser – borracha
notebook – caderno
pen – caneta
pencil – lápis
pencil case – estojo
schoolbag – mochila
sharpener – apontador

AT SCHOOL
(na escola)

board – lousa
desk – carteira
lunchbox – lancheira
student – aluno(a)
teacher – professor(a)

HOUSE
(casa)

backyard – quintal
bathroom – banheiro
bedroom – quarto
garage – garagem
garden – jardim
kitchen – cozinha
living room – sala

Coleção Eu gosto m@is

ALMANAQUE

Fichas de letras

A	A	B	B	C	C
A	A	B	B	C	C
D	D	E	E	F	F
D	D	E	E	F	F
G	G	H	H	I	I
G	G	H	H	I	I
J	J	J	J	K	K

ALMANAQUE

Fichas de letras

ALMANAQUE

K	K	L	L	L	L
M	M	N	N	O	O
M	M	N	N	O	O
P	P	Q	Q	R	R
P	P	Q	Q	R	R
S	S	T	T	U	U
S	S	T	T	U	U

Parte integrante da Coleção Eu gosto m@is – Integrado 1º ano – IBEP.

Fichas de letras

V	V	W	W	X	X
V	V	W	W	X	X
Y	Y	Z	Z	Ç	Ç
Y	Y	Z	Z	Ç	Ç
Á	Á	Ã	Ã	Â	Â
É	É	Ê	Í	Í	Ô
Ó	Ó	Õ	Õ	Ú	Ú

485

Parte integrante da Coleção Eu gosto m@is – Integrado 1º ano – IBEP.

Material Dourado

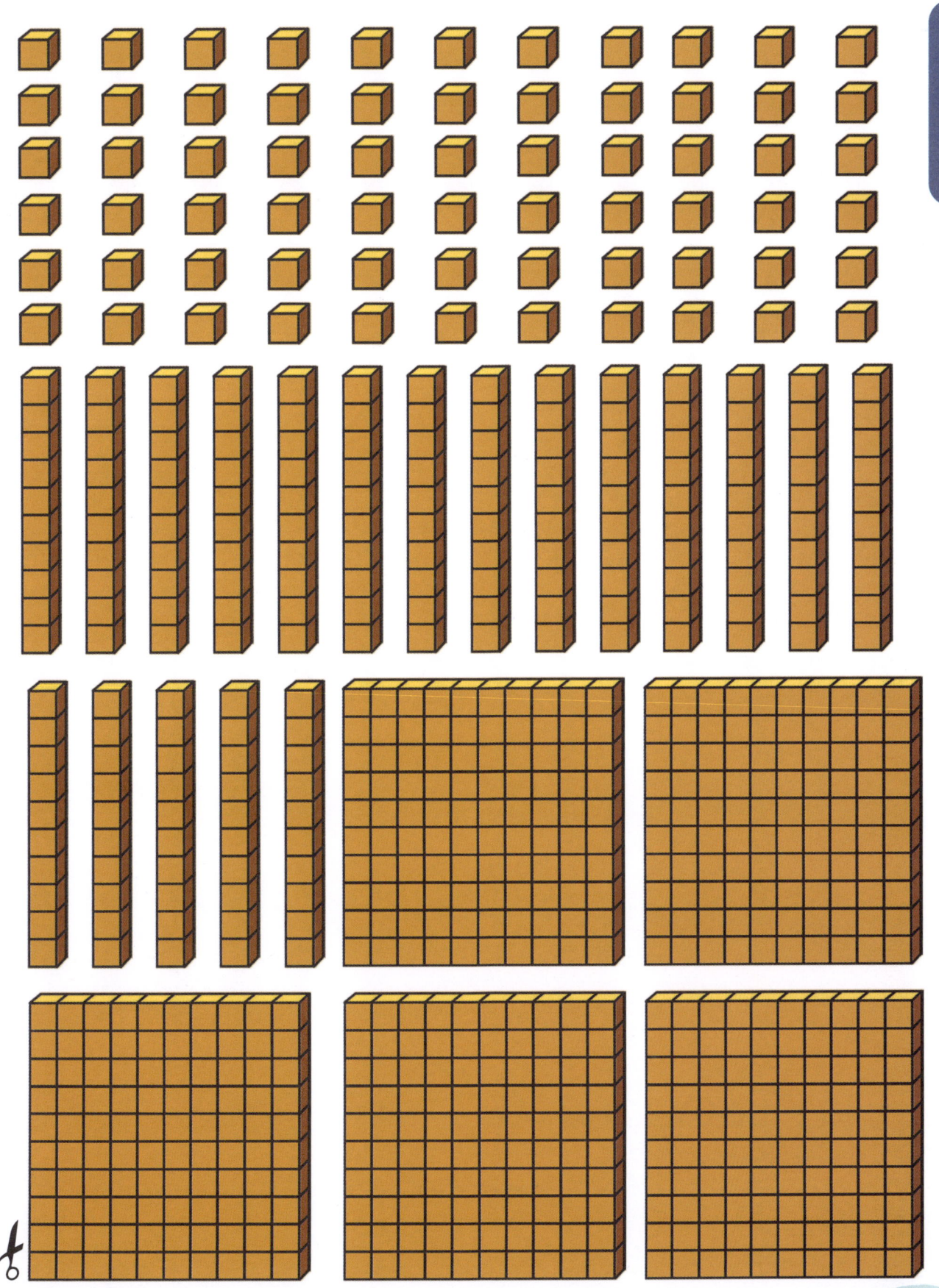

ALMANAQUE

Parte integrante da Coleção Eu gosto m@is – Integrado 1º ano – IBEP.

Moedas e cédulas

ALMANAQUE

489

Parte integrante da Coleção Eu gosto m@is – Integrado 1º ano – IBEP.

Moedas e cédulas

Cédulas

Envelope para cédulas e moedas

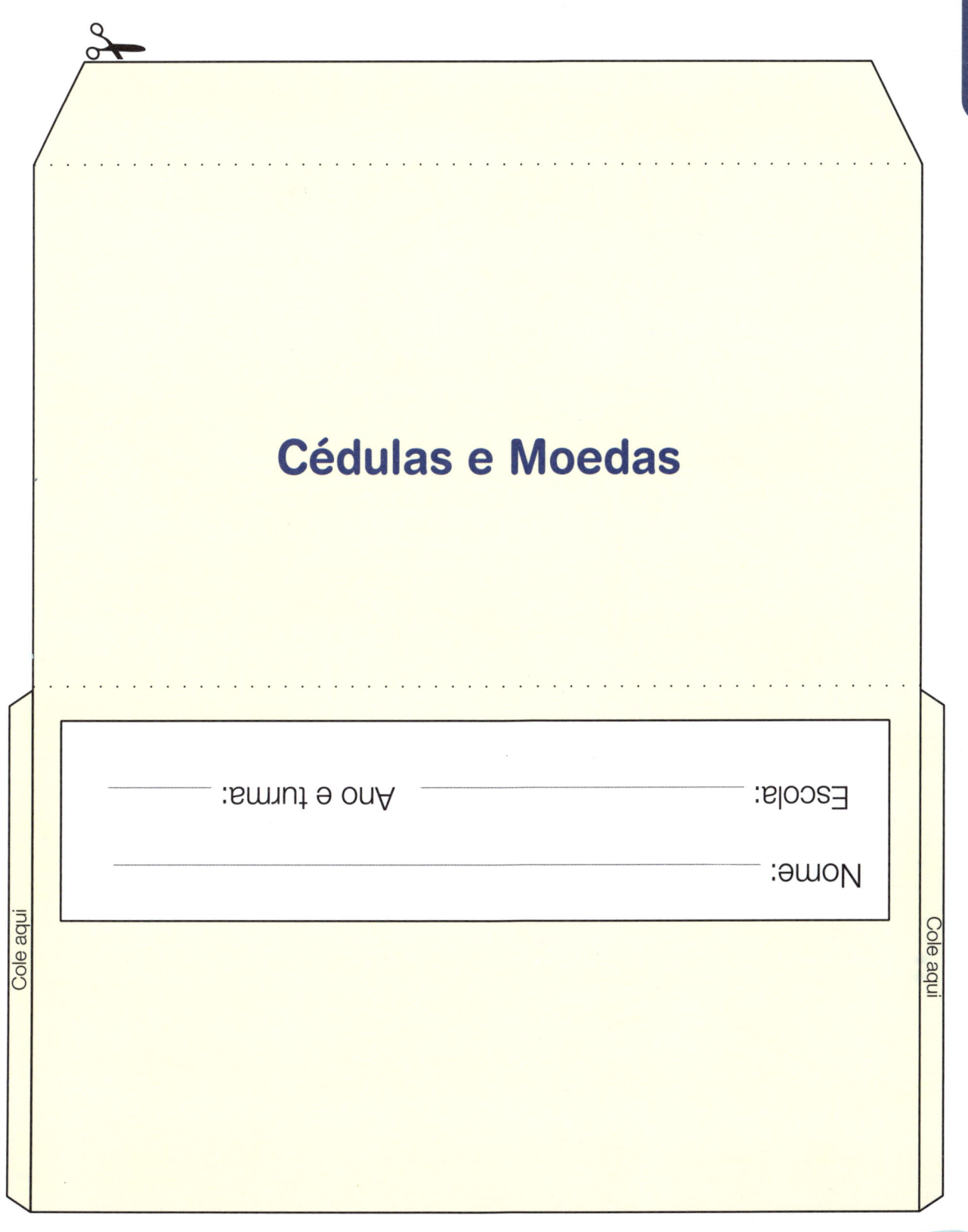

Cédulas e Moedas

Nome:

Escola: Ano e turma:

Cole aqui

Cole aqui

ALMANAQUE

Parte integrante da Coleção Eu gosto m@is – Integrado 1º ano – IBEP.

Adesivos para colar na página 135

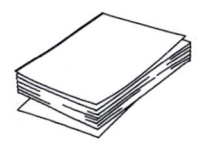

Adesivos para colar na página 319

SÍRIO-LIBANESES/ÁRABES	MACARRONADA
ALEMÃES	SUSHI
JAPONESES	QUIBE
ITALIANOS	SALSICHA

Adesivos para colar da página 352

DAWIDSON FRANÇA

Parte integrante da Coleção Eu gosto m@is – Integrado 1º ano – IBEP.

ADESIVO

Adesivos para colar na página 403, 404 e 405

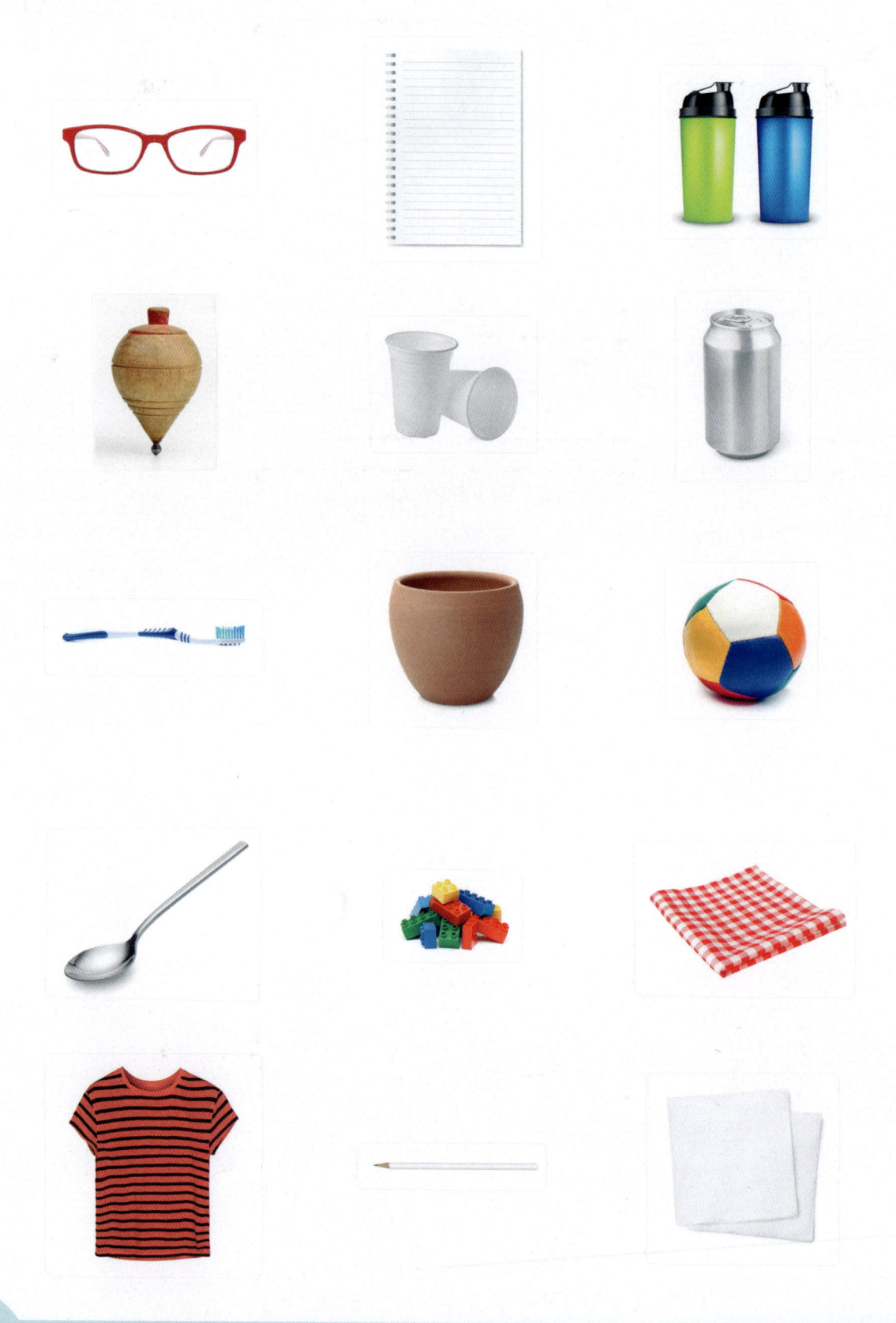

504

Parte integrante da Coleção Eu gosto m@is – Integrado 1º ano – IBEP.